羅光全書

冊八

中國哲學思想史

魏晉隋唐佛學篇（上）

臺灣學生書局印行

羅光著

中國哲學思想史

魏晉・隋唐佛學篇（上册）

臺灣學生書局印行

目錄

緒論

第二章　魏晉南北朝佛教哲學思想

第三章 佛教的認識論……三一九

緒論

(一) 古代印度的哲學思想

(1) 印度吠陀時期

我們要講隋唐佛教哲學思想，不必要詳細講述佛教源起和傳播的歷史，更不宜多談印度佛教史；否則我們所寫的書篇將成爲佛教史，而不是哲學史了。但是，我們卻也不能完全不提佛教的歷史，思想的演變和歷史的環境有密切的關係。因此我們便提綱挈要的講印度古代哲學和中國佛教史略。

在紀元前六百年，印度的喬達摩佛陀，青年出家，經過了六年的苦行和修禪，體驗了超脫人生痛苦的光明，開始傳道收徒，創立了佛教。

佛陀的思想，以印度古有宗教婆羅門教爲起點。印度古代文化在西洋稱爲印度學（Hinduismus），包括從紀元前兩千年到紀元後一千年印度的宗教、哲學、神話和自然科學的思想。這些思想互相分歧，互相矛盾、但也有幾個共同點：第一，信仰吠陀經典，第二，信仰業，因着業而有輪廻，第三，信仰輪廻可以解脫，第四，接受階級制度。

印度文化普通區分爲三個時期：第一個時期，爲吠陀（Veda）時期；第二個時期爲婆羅門(Brahama)時期（淨行書時期）；第三個時期爲鄔巴尼沙曇（Upanisades）時期（奧義書時期）。

吠陀時期約自紀元前一五〇〇年到一〇〇〇年，在這時期內，亞利安民族從小亞細亞侵入印度，佔據五河流域，開創印度文化，以吠陀經典爲基礎。吠陀（Veda）爲古印度的聖典，被信爲神的啟示，共分四部

理具吠陀（黎俱吠陀）——Rig-Veda——讚頌詩集

夜珠吠陀（耶柔吠陀）——Yajur-Veda——祭祀儀典集

三摩吠陀（傞瑪吠陀）——Soma-Veda——歌詠詩集

阿他婆吠陀（阿闥波吠陀）——Atharvana-Veda——禳災驅魔集

讚頌詩集收有一千零二十八篇詩，共有一萬零六百句詩，分爲十章，第三章到第七章，來源最古，約在紀元前第二世紀，其他四章則爲後出。祭祀儀典集由讚頌詩集中選擇若干詩

章而編成，爲祭祀時所用。歌詠詩集的大半部詩章也選自讚頌詩集，全集歌詠鬼神。禳災驅魔集的大部份詩章也來自讚頌詩集，爲禳災驅鬼之用。

印度亞利安人的最初宗教信仰，簡單樸素，爲一神兼多神教；一神之下，也信日月星辰和山川眾神，以自然的美麗歌頌自然界的神靈。到了讚頌詩集的末期，漸有一神教的傾向。在禳災驅魔集中，有一神名網輪諾（Varuna），被頌爲最高之神。吠陀經典對於宇宙世界信爲實有，以天地相合而生萬物，沒有尊神和創造萬物的信仰。印度古文化的第二時期，稱爲婆羅門時期，或淨行書時期。在這時期，印度亞利安民族已由五河進據印度中原，到了恆河流域。這一時期的印度人由自然信仰的多神教轉入一神教，祭祀典禮崇尚繁褥的禮儀，規定一切儀式，使全部人生都拘束在儀式以內。建立婆羅門主義，以吠陀爲神的啟示，以祭祀爲萬能，以婆羅門爲至上。

婆羅門主義在初期，繼承吠陀時期的信仰有三神，Ciua, Visnu, Krsna, 又以生主 Visnu 爲最高神。『生主』先生天空地三界，後生三界的太陽神、風神、火神、三神，又生三吠陀和三光明。但到了中期，則以『梵』（Brahama）爲最高，以爲獨立存在者；一切神人諸物都由梵所造。『梵』隱身在一切物中，乃是唯一實在；一切是『梵』自己的表現，是『梵』的形色。到了婆羅門的末期，『梵』被『自我』（Atman）所取代，『梵』成爲『自我』，發展後來在奧義書時期的『梵我不二』的思想。

在婆羅門主義中，輪廻的信仰已成定形。人在現生行善或行惡，在來生將受善報或惡報。來生的善報可以是天國，可以是再生到適當好的境界。惡報是地獄，又是再生到惡的境遇。輪廻的因緣爲業，業爲善行或惡行在來生的價值。

印度古文化的第三期爲奧義書時期，奧義書(Upanisades)反對淨行書專重禮儀的束縛，以抽象的理論解釋宇宙的奧妙，建立了印度哲學的基礎。

奧義書思想的特點在於『自我』(Ātman)。『自我』不是一個單體的自我，而是一個永常存在的存在，超越時間和空間。『梵』是宇宙原理，『自我』是個人原理；個人乃是『梵』的表現，『梵』和『自我』爲一。『自我』在形色上爲肉體，爲感覺的出發點；在本體上乃是每個人的精神自我。爲認識『自我』的本體，人要完全解脫肉體的束縛，以求純精神的獨立。人得到『自我』的認識，便超越了現實界的暫時存在的我，而和『自我』本體相合。

『自我』的本體就是『梵』，是宇宙最高的實在。這種實在和自我的本體同一；人的自我本體在『梵』中相融合。但是『梵』和『自我』究竟是同體呢？或只是同性而不同體呢？最古的奧義書，主張梵我同體，這種同體由唯心的主觀而實現。但是奧義書的一般主張，則以梵我不同體，梵乃是大我，每個人的自我爲小我，大我小我同性不相離。小我所追求的，在於認識大我而與大我相結合，這種追求，有些像莊子追求人和道的結合。奧義書講述這種追求能夠有四種境位：醒位、夢位、熟睡位、死位。在醒位，主觀和客觀相對立，人被困在外物的束縛裏。在夢位，人用醒位的感覺印象，自由造作境界。在熟睡位，人沒有主觀和客觀的意識。在死位，人能有大覺，精神和大我合而爲一。在這四位的進展裏，人和感覺相脫離，又使外面的客體消失，人逐漸進入自己的精神。在這種梵我同一的境界裏，乃有眞實的喜樂。

宇宙萬有都來自『梵』，來的方式有幾種說法：有一說爲唯心論，梵爲心的本體，一切萬有由識所造；有一說爲泛神論，梵爲萬有的本體、爲神，宇宙萬有乃是神的屬性；有一說爲實在論，宇宙萬有由梵所來，梵爲在萬有深處的支配者，然而萬物爲實有。

萬有的有情世界，卽生命世界，互相貫通。一個人在生命完結時，會重新進入另一生命，這另一生命，可以不是人而是動物植物，而有輪廻的生命觀。人除非得到解脫而回到本體，則必要輪廻轉生。

輪廻的眞正緣因，乃是無明，人因無明不認識『自我』，因而不認識『梵』，更不明瞭梵我同一。解脫之道在於破除無明，實現梵我同一的眞理。

(2) 佛教創立時的印度哲學思想

在奧義書的末期，印度哲學思想蓬勃發育，有似中國的春秋戰國時期。當時的哲學思想大體上說分爲兩類：一類爲正統的實有論（Āstika），一類爲異流（Nãstika）。正統和異流之分，在於承認或不承認吠陀的權威。

正統的思想分爲六派：正理派（Nyãya）、勝論派（Vaiçesika）、數論派（Sãmkhya）、瑜珈派（Yoga）、彌曼沙派（Pũrua-mimãmsn）、吠檀多派（Uttara-mimãmsa或Vedãnta）。異流的思想分爲三派：耆那教（Jainismus）、佛教(Budhismus)、順世派（Cãrvãka）。

(甲) 正理派

正理派也稱正論派，梵名 Nyãya，從 Ni 內部和 aya 行走而合成，字義爲進入內部的研究。這派的宗師爲喬答摩（Gautama），這派思想的成立，約在紀元前三世紀時。

正理派思想的中心在於理則學，爲印度因明學的代表。正理派的理則學從下列三方面去講解：

(A) 正確的智識

正確的智識爲客體的確定經驗；這種經驗應該和外面的客體相符合又應該在主體上產生不能懷疑的定心。在人的智識裏，常有三個元素：一是智識的主體，一是被認識的客體，一是主體和客體結合的方式。結合的方式不能是主體所造，而是從客體所收受。因此，正理派的主張和佛教的思想以及吠檀多派的思想都不相同。

認識的過程由感官開始，經由內部知覺（Manas）達於自我（Atman）。感官爲五官：眼耳鼻舌身（觸），感官和外境相接觸乃有知。感覺的知，經過內部感覺才能有自覺。內部知覺（Manas）爲非物質體，在每一自我內只有一個，因而只能在一時間內注視一個感覺，所沒有注意的，便等於沒有感覺，如中國人所云：心不在焉。

(B) 認識的因素

因素指着認識的標準（範疇）和認識的工具。正理派指定認識因素有四種：現量（感覺量）、比量、比喻量、聖教量。量的意義爲測量，測量知識的來源和確實性。

現量（Pratyaksa）表示明顯，親眼所見。凡一切直接認識都包括在現量以內，直接認識爲認識中最完全的，能使人心安定，不起疑惑。人的認識常分兩等：第一等爲不定的印象，第二等爲已定的認識。不定的印象，在人剛對外物有感覺時，感覺的印象爲一種籠統的印象，進而予以分析，乃知道物的內容。其名所指的客體，爲實有的永久客體，超出感覺以上，也不是理性所能認識，只能以瑜伽法直接透視。

比量（Anumāna）爲理則方程式，用於推理。正理派的因明方式爲五段方式：

〔宗〕這座山爲火山。

〔因〕因爲冒煙。

〔喻〕凡是冒煙的，必定有火，如同厨房的灶爐

〔合〕這座山冒煙。

〔結〕因此，這座山是火山。

這種五段推理式，實際上只有三段是推理方式，和亞里斯多德（Aristotelies）的理則方程式相同。因爲第一句是結論的問題，提出來爲找證明，第二句是講事實。這兩句和後面的結論及第三句所說的相同。把這兩句省去，第三句成爲亞里斯多德理則學三段推論式的大前

提，第四句為小前提，第五句為結論。

(C) 認識的客體

正理派以認識的客體有十二種，這種客體，也稱所量：我（Atman）、身（Sarīra）、根（Jndriya）、境（Artha）、覺（Budhi）、意（Manas）、作業（Prauritti）、煩惱（Dosa）、彼有（Pratyabhāva）、果（Phala）、苦（Duhkha）、解脫（Apavarga）。

所量，即被認識所量，為人生的現象。這十二種所量現象乃正理派的人生觀，和佛教的十二因緣有些相同。所量為生命的構成因素：我為自我，自我有身體，有根，即感官，有境，即感官的對象，有覺，即理性，有意，有作業，有煩惱，有彼有，即輪廻，有果，有苦，最後應有解脫。正理派所研究的對象為人生，對人生加以分析，追求痛苦的解脫。

（乙）勝論派

勝論派的始祖名迦那陀（Kanada），時在紀元前三世紀時。勝論派為實有論，承認宇宙萬有為客觀實有，和佛教思想不同，在因明論方面，勝論派接受正理派的理則法。

(A) 物體

物的成素爲原子，然和耆那派的主張互有分別。耆那派以原子爲同性質的一類原子，勝論派則以原子爲多類的。因此勝論派的梵名 Vaiçesika，表示不同性質原子論。物的範疇有六：本體(Dravya)、附加體(Guna)、作業行(Karma)、共類(Sāmãnya)、類別(Viçesa)、內附體(Samavãya)。後來學者又加上第七種範疇，虛無(Abhãva)。本體爲支持附加體及作業行的內在體，按本性說，本體可以單獨先於附加體而存在，但在實際上本體常和附加體一同存在。本體的種類有三：物質體、非物質體、精神體。物質體有地、水、火、風、以太、意。最後兩種爲單純的無形色體。以太不由原子而成，貫透宇宙萬物。地水火風意則由原子而成，又爲一切萬物的成素，故稱爲永存的自有體。

原子爲不能再分的元素，無形色，不可被感受所覺。原子不能單獨存在，常結集而成一物體。

非物質體有兩種；即空間和時間，和以太相似。以太和時間空間，三者都是永久存在的，貫透宇宙一切，使宇宙萬物可以存在。

精神體有靈魂和神靈。勝論派爲一神敎。靈魂不是『意』Manas，乃是『我』Ātman。我的本體爲非物質體，貫通全身，有愛惡憂樂。愛惡憂樂的行動，藉『意』而成。『意』似乎相當於中國哲學的『心』，然而沒有『心』的靈妙。

附加體不能自立而附於本體上，有十七種：色、味、香、觸、數、量、別體、合、離、彼體、此體、覺、樂、苦、欲、瞋、勤勇。後來學者又加上七種：重體、液體、潤、行、法、非法、聲。共二十四種。未來附加體若在實際上說，可以推至無限的種類。然而若以抽象的特性而言，亞里斯多德曾分爲量、質、行、受、關係、……等。

(B) 作業行

行，爲一種積極的附加體，附加在本體上，爲暫時性而非長久性。有取、捨、屈、伸、行五種。

取是向上的運動，捨是向下的運動，屈是收縮，伸是伸張，行是行動。取、捨爲垂直運動，屈、伸爲水平運動，行則是平直運動。這幾種運動都是空間運動，附屬於物質體，非物質體則不能有空間運動。然而空間運動的起源，必來自一生物，即是『自我』。

中國講勝論派的文據，有慧月所作，玄奘所譯的勝宗十句義論。十句義論解釋五種行業說：「若於上下虛空等處，極微等先合後離之因，名爲取業。捨業翻此。遠處先離近處今合之因，名屈。伸業返此。有質礙實，先合後離之因，名行業。」

(C) 因果律

印度哲學思想對於因果律的見解，大約可分作四派：第一派，佛教的思想否認因果關係，所謂原因在實際上對於果的本體沒有影響，只能產生一些機緣，使新事件應運而生。新事件將發生時，所謂原因已經消失。第二派，數論派和吠檀多派主張因中有果，果已先在因中。新事件發生時，乃是先已在因中存在的果表現於外，自成一獨立事物。第三派爲勝論派，主張果不先在因中，果從因而生，乃一項新的實有。第四派爲耆那派的主張，因果相合而相離，果在因中，然只是質料，果由因中生出而成一新事件時，則加有新的本性。

(D) 靈魂

靈魂（Atman）爲一種非物質體，也可以說是精神體，單純，不可見，不可分，永久常存，通遍全身，有知，有情，有行。也就是自我。

人的靈魂都是同性的，但實際的本體則不相同，不同的原因在於前生的功過。靈魂和身體相結合的關鍵爲『意』（Manas）。『意』爲靈魂工作的因緣。

（丙）數論派

數論派起於紀元前六世紀，宗師爲迦毘羅（Kapila）。但是原始的著作都已喪失。現存的重要代表著作，爲紀元後第三世紀自在黑（Icvarakrsna）的數論頌（Sāmkhya Kārika）。自在黑爲印度古代哲學的代表思想家，數論派也是印度古代哲學的代表，其他學派如瑜伽派和吠檀多派都採取這派的思想。

數論派梵名（Sāmkhya）的意義爲計數，爲研究。這派的思想稱爲數論派，一方面因爲這派深入研究世物的原因，一方面因爲這派學說將世物列入範疇內，又將範疇的數目歸納爲二，即是物質和精神。

(A) 範疇

數論派主張萬物的原素爲二：物質和精神。

物質不是原子，而是朦朧不定的，不能稱爲量，也不能稱爲質，祇是含有量和質和能。物體的動所追溯到的最高根源不是精神，而是物質。物質由單純而進到複雜，變化出物體的生和毀。物質本身常存不滅。

由物質產生二十五諦。二十五諦中有七諦為因諦，七諦再生十六諦。按因果關係二十五諦的次序以自性為第一，為能造者；以後有七諦，這七諦為所造者，又為能造所造者；最後十六諦則為所造者，又為非能造所造者。

物質（Prakiti）（自性）

- 大（Mahat）或覺（Buddhi）
- 我慢（Ahamkãra）。
- 五根（Tanmãtnas）—色，（Rūpa），聲（Sabda），香（Gandha），味（Rasa），觸（Sparas）。
- 五知根（Buddhindriyas）—耳（Śrotra），皮（Tvac），眼（Caksvh），舌（Jihva），鼻（Ghrana）。
- 五作根（Kormendriyas）—舌（Vac），手（Pani），足（Pada），男女（Upastha），大遺（Payu）。
- 十根（Jndriyas）。
- 心根（Manas）。
- 五大（Mahabhutas）—空（Ākãśa），風（Yayu），火（Tejas），水（Ap），地（Prithivi）。

物質具有三德，為三種能。物質本體為根本原質，為第1諦，中國佛經譯為勝因、世性、冥性、自性，又名梵，具有發生一切變化的能，爲萬有的源起。三德：爲薩埵（Satva）、羅闍（Rajas）、三多摩（答摩）（Tamas）。薩埵爲有情，爲勇猛；羅闍爲微，爲塵；答摩爲闇鈍。唯識述記又說三德舊名染粗黑，今云黃寺黑，舊名喜愛闇，今名貪瞋癡，舊名樂苦癡，今言樂苦捨。三德爲三種能，可以譯爲善能、動能、闇能。這三種能的結合，使物體能有各色各形的種類。

精神（Purusa）爲單純體，有理性，沒有形色，永存不壞。人的靈魂即是精神體。精神和物質爲物體的原素，精神指導物質。宇宙的變化由物質而發動，然物質爲盲目的，需有精神的指導才能動作。精神自己不動作，祇指導物質的動作。精神和物質相合，物質乃有自我變動的意識，這便是自我，也是自性。

(B) 宇宙的進化

物質有了精神的指導，即是得了精神的引力，物質乃起變動，逐漸進化，而有宇宙的物體。

宇宙進化的次序：第一、有宇宙的理性，稱爲大（覺）（Mahat or Buddhi），僅由物質的薩埵而成。第二有我慢（Ahamkāra），爲自私、爲我持，也由薩埵而成。第三、由物質的三德結合而有清輕物體，卽五大：地水空火風（以太）。這三級的物體都是最清輕的物體，沒有形色，不可見聞。第四、由清輕物體而有五種重濁物體。五種重濁物體和五種清輕物體相應，祇是清濁不同。重濁物體的結構，一半爲相應清輕物體的答摩，一半由其他四種清輕物體所有答摩的八分之一而成。

清輕物體和重濁物體的區分，在印度哲學中有重要的價值，有些像宋明理學的清氣濁氣的區別。人的內外感官，以及理智、意和我慢，都由清輕物體和重濁物體相合而成。人的外面軀體爲重濁的物質，人的內體則爲清輕物質。內部體有生命、有意、有理智。意和理智結成人內部的最深部份，在輪廻投胎時，由前生轉入後生。

(C) 識

理智在人內部，由物質和精神而結成。理智爲一種極清體，可以收取外物的印象。理智的精神部份，具有光照的任務，物質部份則有工作的任務。「識」由外面感官所得外物印象而起，『意』(Manas)攝取印象而交於『我慢』(Ahāmkara)，『我慢』交於『理智』(Buddhi)，理智收取印象因着『精神』（Purusa）而成認識。

(D) 解脫

理智的本性爲極輕的，常是平靜，清明見底。精神可以在理智內享用一切智識而不染汚。然而因着前生的惡行，理智乃混濁不清。精神的本性在理智中不能明顯地反映出來，便不能對外物有正確的認識。人在死時，重濁的軀體毀壞，極輕的體則和靈魂投入來生，且限定來生的境遇。

來生實現爲現生時，前生所帶來的汚染理智，便變爲『無明』，精神以自性爲實有而有『我執』，理智以外物爲有而有『物執』，因此便有愛憎等慾情，而產生惡行惡業，死後仍再輪廻。人的解脫，在於消除理智中的汚染，使理智恢復清明。這種解脫卽是人生的最後宗向。

（丁）瑜伽派

瑜伽派爲印度古代的一種修行論，以數論派的哲學思想爲基礎，以鉢顚闍梨（Patañjali）爲宗師，在紀元前第二世紀成爲學派。瑜伽經包含四品：第一、爲三昧品（Samādhi-pāda），第二、爲方法品（Sādhaua-pāda），第三、爲神通品（Vibhūti-pāda），第四、爲獨存品（Kaivalya-pāda）。三昧品又稱爲禪定品，講述禪定的性質，以使人取得解脫。方法品說明禪定的方法，修行的實踐途徑。神通品論述實踐禪定能得的超凡神力，以能與天地萬物相通。獨存品分析解脫的性質，以達成最終目的。

(A) 宗教信仰

數論派不信神，爲無神論；瑜伽派則信神。神名 Icvara，雖不是宇宙的創造者，卻是位格神，爲宇宙的統治者，掌管世人的賞罰。神非物質，永久不變；然爲統治宇宙，神取一極清輕物體，乃能和世界接觸。當世界毀壞時，神解散所取的物體；但在世界重新另一刧時，神又取一極清輕物體，統治新世界。

宗敎信仰的實踐，見於瑜伽法的預備時期，人要有神的保祐，實行善事。在人實行瑜伽法以到神通境界而得解脫，則沒有宗敎信仰的儀式和行動了，而且人得解脫所達到的最終目的，並不是和神相結合，而是欣賞神的美善。

(B) 瑜伽的預備期

瑜伽實行法分爲『八梯』，名爲『八支行法』：禁制（Yama）、勸制（Niyama）、坐法（Āsana）、調息（Prãnãyãma）、制感（Pratyãhãra）、執持（Dhãrana）、靜慮（Dhyãna）、等

持（Samādhi）。

禁制和勸制屬於倫理規誡，爲瑜伽術的預備方法。坐法、調息、制感，屬於瑜伽術的修練方法。執持、靜慮、等持，則屬於理智的修練，爲瑜伽術的中心點，卽瑜伽術的本質。

瑜伽術的預備方法，在於實踐倫理規律。神的信仰在這預備階段具有很高的意義，神雖不是人生的來源和宗向，然而神是宇宙萬物的統治者，他可以協助人得達解脫。在預備接受瑜伽術時，常應呼求神的助佑。

倫理規誡分『禁律』和『勸律』。『禁律』卽爲禁制，禁止作惡，禁惡有五事：不殺生、不偷盜、不邪淫、不妄語、不貪。勸戒係勸人爲善，勸善也有五事：行清淨、知足、苦行、學誦、虔敬。這十事建立瑜伽的十誡。

(C) 瑜伽的修練

瑜伽術的修練法有三：坐法、調息和制感。

坐法爲坐禪的姿勢。身體端坐，脚腿交叉，雙手垂放腿上。脚腿交叉法有八十四種，雙手垂放法也有多種，目的都在使身體靜息以求心的靜息，又使人的精神達到神通的妙境。

調息爲調整呼吸的方法，分三部進行。第一部爲吸氣（Pûraka）、第二部爲保氣

（Kumbhak）、第三部爲吐氣（Rêcaka）。吸氣由一鼻孔緩緩吸入，然後將呼吸停止，經過和吸氣同樣長的時間後，由另一鼻孔，緩緩送出。這種方法對於心神的調協安靜，很有助力。但須由明師指導，否則能傷害身體的健康。

制感爲心理修練法，以管制內外的感覺。先對外面感官，嚴加約束，不使隨便視聽。再則管內在的感覺，使想像不亂現，心不亂想。以致於人心對於外面一切事物，成爲一個旁觀者，不生任何的牽掛。

(D) 瑜伽的完成

上面所講瑜伽修練法，都是外部的修練法，對於感覺予以約束管制。八支行法的最後三法：執持、靜慮、等持，則是內部的修練法。

執持，使心專注一事。修練者可以任意選擇一事，先選感覺的事，進而選想像的事，最後選理智的事，作爲題目，使心集中在這事上，久而久之，心乃習慣集於一點，不旁騖亂想。

靜慮，使人漸入於默觀。人心已習慣集中於一點，便能常注意於一個觀念。靜慮的目的，在於使人脫離物質。人常想自己不是這個，又不是那個，也不是自己，妄念既不起，我執能破除，心和境一致融合。

等持，為三摩地或三昧，為解脫的最高境地。人心消除一切思慮，再進而消除一切智識的客體。人心得到絕對的安寧和空虛，旣沒有外物的智識，又沒有自己的意識。這種境界可分兩級：第一級爲半意識境界（Savikalpa），朦朦朧朧有些自己的意識；同時卻獲得一種不可思議的神通，可以對外面一切事物具有直見，不用思索，直見事物的本體。第二級爲超越意識境界（Nirvikalpa），沒有自己的意識，消除一切行爲的業果，穩定於善，達成解脫。

（戊）彌曼差派及吠檀多派

彌曼差派和吠檀多派，都以吠陀經典爲基礎；前者研究婆羅門的儀曲，後者研究奧義書的哲理，兩者都信神，所講的學理，近於宗教神學。

(A) 彌曼差派

彌曼差派的宗師爲闍依弭尼(Jaimini)，生卒年代不可考。這派的思想在淨行書時期已開始，在紀元前四百年已經傳播，反對佛教非儀式的思想，強調吠陀書中關於儀式的學理和儀式。婆羅門的淨行書專門講說儀典，以儀典有聖化的功效。彌曼差派信服吠陀經典，以吠陀爲神的啟示，而神的啟示永久常存；因而有『聲常住』的思想。

人的言語，說了就消失了；然而聽了這話的人，常能回想所聽見的話；則人的言語中有一部份永不消失；因此，便說『聲常住』，而神的啟示則更永久常住。

這派爲辯護婆羅門的儀典，乃注意因明學。在吠陀經書裡祇有聖教量，彌曼差派則研究量，後來鳩摩羅什註釋經文，建立六種量：現量、比量、聲量、比喻量、義準量、無體量。量爲知識；現量爲感官的感覺知識，比量爲推論的知識，聲量由所聽事理而得知識，比喻量是類似的推論，義準量以一確定事而證明另一事，無體量以特徵性作推論而知特徵性的作用。彌曼差派的辯論，很具理則學的價值。

(B) 吠檀多派

彌曼差派爲婆羅門儀式作辯護，少有哲學的思想。吠檀多派則發揮奧義書的哲理，自成一派學說。

吠檀多派的始祖爲跋達羅衍那（一作婆陀羅延 Badarayana），所著經典共五百五十五誦，每誦祇有一二句話。後代學者多作論釋，各立學說，吠檀多派可視爲印度的最高哲學思想，討論哲學的高深問題。這些問題分成三類：第一類討論神（Brahman），第二類討論宇宙，第三類討論人的自我。這派思想的盛行，約在紀元後第八世紀。

(a) 尊神・梵

尊神（Brahman），爲一非物質者，超越宇宙，絕對唯一，然而沒有位格，似爲一無限的廣泛體。尊神不能稱爲單體，因爲是唯一的，不是由類別特性而成的單體。人的理智不能認識尊神，人的觀念不能解釋尊神，所可說的，祇是消極的說尊神不是這樣，不是那樣。如要解釋尊神，尊神可解釋爲幸福、智慧、存有。

吠檀多派堅決肯定尊神的唯一性，並且肯定尊神的唯一性不祇否決可以有別的尊神，也否定別的物體的存在，尊神包涵一切。

(b) 宇宙

若是祇有尊神是唯一的存有，宇宙萬有究竟是什麼呢？吠檀多派的喬陀婆陀（一名飴足，Ganadapada）主張宇宙萬有爲幻覺，並非實有，好似夢境。莊周曾不分白日的莊周和夢中的蝴蝶，喬陀婆陀就是以白天和夢境沒有區別。但是跋達羅衍那（Padarayana）則認爲宇宙萬有不完全是夢境的幻覺，祇是人的錯覺，好比路上有一竹竿，路人誤以爲蛇。竹竿本是實有，以竹竿爲蛇則是錯覺。錯覺和幻覺有分別。宇宙不是幻覺，因是宇宙的實有爲尊神；宇

宙的萬有則是人的錯覺，錯覺的緣因爲『幻術』（Maya）

(c) 幻術

宇宙萬有爲人的一種錯覺，然而爲什麼人們都有這種錯覺？錯覺的現象加在梵的本體上，是誰的能力呢？

這種能力稱爲幻術力（Maya）。梵卽尊神，永久安靜，沒有動作。錯覺的現象不能由尊神自己所加，然也不能因每個人所加；因爲這種錯覺印象乃是普遍印象，人人都有同樣的錯覺。吠檀多派乃創造一種幻術力，以這種幻術力爲錯覺印象的原因。幻術力爲尊神（梵）的力。尊神包涵一切，宇宙萬有不能在尊神以外而實際存在。萬有的存在乃是在尊神的本體上，然而又不是尊神的本體，祇是使人發生錯覺的印象。這種錯覺印象的原因，應來自尊神。尊神有一種幻術力，幻術力在尊神本體加上種種形形色色的幻覺印象，成爲宇宙世界。宇宙的實有祇有一個，乃是尊神（梵）；萬有的實有也是梵，萬有的實現可以稱爲神的遊戲（Lila）。

幻術力爲梵的力，不在梵以外；然而實際則像是一種和梵（善）對立的惡力，具有數論派所講物質具有的三德，卽勇猛有情、微塵、闇鈍。因這三德的種種結合的變化，又造成宇宙的形形色色錯覺。
幻術力具有兩方面的動力；一方面是掩蔽，一方面是放映。掩蔽動作使人處於無明中，不能認識梵的本體；放映動作則以錯覺印象加於梵的本體上，造成形色的宇宙。
然而這些錯覺的印象是先已在梵的本體以內呢？或是完全由幻術力所造呢？吠檀多派有兩派的答覆；一派認爲宇宙的形形色色現象，先已存在梵的本體內，幻術力祇把這些內在的現象顯映到外面；另一派的答覆則主張梵本性純淨，沒有多種的形色，形色爲幻術力所造。在這裡有一個很重要的哲學問題：卽是一與多的問題。吠檀多派堅持梵爲唯一的實有，爲絕對的一元論。但是宇宙的多種形色由何而來？梵是絕對的『一』，不能是『多』的原因。若是『多』來自幻術力，『多』便不是實有。
但是多又不能絕對是幻覺，因爲人的靈魂按着善業惡業，輪廻轉生。輪廻若是實在的，一個一個的人便是實在的，那麼『多』便是實存的了。『多』若是『實有』，梵的絕對唯一又怎樣解釋呢？吠檀多派到最後祇好說這是一種神秘不可測的義理。

(d) 自　我

奧義書的哲理，集中在『梵我同一』的一點上。吠檀多派解釋自我，也保持這項原理。

自我爲靈魂，或稱心。自我有兩方面的存在意義：自我的絕對存在爲梵；自我的相對存在爲個體的我。個體的我乃是幻術力所加的錯覺印象。

錯覺印象在每一個人心中實現，原因是人的構成所得三德中的闇鈍成份較比其他兩德的成份爲多，人心便有無明。闇鈍成份所以較其他兩德的成份爲多，源自前生的惡業。

吠檀多派教人努力消除無明，以求解脫輪廻。解脫的方法，採用瑜伽派的方法，用倫理規誡和靜坐。但是瑜伽派解脫的目的，在於空虛一切想念，使精神回歸原始的淸淨；吠檀多派解脫的目的，則在於認識梵，使自我和梵同歸於一。

得到解脫的人，雖尙活在人世，心則已經常久平靜，無思無慮，無恐無懼，睡而不睡，醒而不醒，超越一切，充滿神力。

(己) 異流

印度古代思想的異流，或稱邪說，爲耆那教、順世派、佛教。這三家思想稱爲異流，因爲不接受吠陀經典的權威，又不採納婆羅門的儀典。

(A) 順世派

順世派的學說，爲一種世俗學說，有如正統派所謂俗智，也是佛教所謂凡品。以世界爲實體，實體由地水火風四大而成。四大而外沒有實有，也沒有精神。四大結合則有物；四大分離則物滅，四大回歸本體。生活應是快樂生活，不接受苦行的誡律。不相信輪廻。這種思想乃一種唯物的享樂主義，因此被視爲俗智凡品。

(B) 耆那教

耆那教的宗師爲伐彈摩那（Vardhamana），普通稱爲Mohavira，出身貴族，生於紀元前第五世紀中葉，逝世於紀元前四百八十年間，和佛教的始祖同時。

耆那教繼承印度古代的宗教傳統，以苦行爲主，嚴守誡律，趨於偏急。誡律有五：不殺生、不妄語、不蓄財、不淫逸、不有情。殺生的誡律嚴至於走路不敢踏死蟲蟻，喝水不敢吞喝微蟲。不有情的誡律嚴至不要衣服，裸體而行；稍緩和的宗派者准著短小白布。苦身克己，可以自殺。

在哲學方面，接受正理派的因明學，以認識的對象爲實有。人的智識有兩種：一爲理性智識，一爲直觀智識。人對於自己的心性，能有直觀。

人的智識，除直觀以外，都是相對的智識，不能認識對象的全體，祇認識對象的一方面。人的錯誤，常在於以相對的智識作爲絕對的智識。爲求眞理，便該確定相對的智識從那方面認識對象。因爲相對的智識祇在自己所認識的一方面是眞的，在別的方面能够是錯的。耆那教創設了七不定：大約是、大約不是、大約是又不是、大約是不能確定的、大約是實有的而又是不能確定的、大約不是實有的而又是不能確定的、大約是實有又是不實有，而又是不能確定的。

物質常住，本體爲原子，原子的性質相同。物質分爲有生物和無生物。物質在空間以內，空間爲一種非物質的實體，能接納物質物。物質的動發自動力。

無生物分於五種範疇：時間、空間、動力、靜力、物質。時間爲一種不佔空間而成直線的繼續體，其他各種範疇都在空間以內。

有生物分爲兩級，上級生物爲正式的生物，下級生物爲單純生命的細胞。單純生命沒有輪廻，上級生物有靈魂。靈魂如爲解脫的光明則不再輪廻，如爲世俗凡品則繼續輪廻。

爲解釋輪廻，耆那教立有七諦說：精神（生命）、物質（非生命）、漏入（漏）、繫縛、制御、寂靜、解脫。

精神爲魂，在人則靈隨着身體而增長，能作善業或惡業。物質爲一種輕微的物體，爲輪廻的本體。

漏入，爲有情的行爲，使人心和外物相接觸，外物因着情慾的強弱而侵入人心，使心受污染。

繫縛，爲人心因外物的污染，長成一種障礙物，包圍人心，使人心被物質所縛，因而輪廻再生。

制御，爲解脫的第一步，努力抵制外物的侵入，減退人心的污染。

靜寂，爲繫縛的減輕。靜寂可以爲漸爲頓。漸的靜寂因着前生的善業，現生行善。頓的靜寂則自己力求苦行，使得解脫。

解脫，爲人生的目的，在於從繫縛和污染中，完全解脫出來，超越世界的塵垢，進入涅槃。

耆那教的涅槃，不是佛教自滅的涅槃，也不是吠檀多派梵我合一的涅槃，而是一種絕對實現自我的涅槃。自我的單體達到完美的境界，享受智慧、能力、幸福。耆那教不信神，然而達到涅槃的人似乎是神。

（二） 中國佛教史略

(1) 印度初期佛教

喬答摩（Gautama），舊譯爲瞿曇，名悉達多（Siddhartha），爲北印度釋迦（Sakya）貴族人。創立佛教後，被尊爲佛（Buddha），譯名覺者，又稱釋迦牟尼（Sakya-muni），意爲釋迦族的寂默賢者。喬答摩爲迦毘羅衞國（Kapilavastu）的太子，生於公元前五百六十年，逝於公元前四百八十五年，壽八十歲。

迦毘羅衞國在尼泊爾境內，屬北印度，信婆羅門教，階級很嚴，國民非常窮苦。喬答摩青年時寡言笑，善於深思，常以人民所受痛苦爲苦。二十九歲時，捨離妻室兒子，入山靜修，深深地研究印度古代哲學，想求得免除痛苦的途徑。經過一年多的研究，訪問了幾位名師，終不得要領。乃捨去了哲學，更入深山，修嚴厲的苦行。苦行六年，以致身體祇剩皮包骨，氣力不支，仍舊沒有達到目的。乃放棄了苦行，修習默坐，四十八天後，在菩提樹下自覺已得光明，看透了人生痛苦和解脫的途徑，便出山佈道。那時他年已三十五歲。

佛既得道，乃在婆羅奈斯（Benares）城外鹿苑（Sarnath）開始佈道，收弟子五人，創立僧團。在鹿苑繼續佈道三個月，得弟子五十六人，分派出外傳道。佛則往尼連禪河邊收徒，門徒中有婆羅門教的三迦葉：優樓頻螺迦葉（Uruoilvā-Kāśyapa），那提迦葉（Nadi-Kāśyapa），伽耶迦葉（Gayā-Kāśyapa）。以後遊歷摩揭陀國（Magodha）王舍城（Rajagriha），給國王頻婆娑羅（Bimbisara）說法。佛的十大弟子中的舍利弗（Sariputra），目犍連（Mahāmau dgalyāyana），摩訶迦葉（Mahakasyapa）三人，都在這時歸佛。後來，回到自己本國，爲父王說法。異母弟難陀(Nanda)，從兄弟阿難陀(Ānanda)，提婆達多(Devatta)，和自己的兒子羅睺羅（Rahula）都皈依了佛法。

佛遊行佈道四十五年，年八十時，在拘尸那揭羅城（Kuśinagara）城外熙連若跋提(Hiranyarati)河畔樹下，逝世寂滅。寂滅時說：「吾今不久，當般涅槃，一切有爲，無不悉捨一切佛事，皆已究竟。……我已爲諸天，吹大法螺，擊大法鼓，覺悟長夜無明睡眠。我已爲諸天人，建大法幢，燃大法炬，普照一切，除滅暗冥。我已爲諸有情作大法橋，爲大法船，濟渡一切暴流所溺。我已爲諸有情，注大法流，降大法雨，一切枯槁，皆令潤洽。我已開顯解脫正路，引諸世間迷失道者……阿難，我今更無所作，唯大涅槃，是所歸趣。」（佛臨涅槃記誌住經　玄奘譯）

平等。

佛祖傳道，反對印度的婆羅門教。婆羅門教拘守禮儀，堅持種族尊卑。佛乃講正心，講

「佛告婆悉吒：汝觀諸人愚冥無識，猶如禽獸，虛假自稱婆羅門種最爲第一，餘者卑劣，我種清白，餘者黑冥。我婆羅門種，出自梵天，從梵口生，現得清淨，後亦清淨。婆委吒，今我無上正眞道中，不須種姓，不恃我憍慢之心，俗法須此，我法不爾。若有沙門婆羅門，自恃種姓，懷憍慢心，於我法中，終不得成無上證也。若能捨離種姓，除憍慢心，則於我法中，得成道證，堪受正法。人惡下流，我法不爾。」（長阿含經卷第六小緣經第一）

佛本人沒有留下著作，所傳敎義誡律都是由弟子所記錄。弟子既多，記錄便有差別。弟子再傳弟子，所傳又各有不同，因此，佛敎在佛祖寂滅後，所有的重大事業，便是結集經典。佛滅後的第一雨季，弟子大迦葉（摩訶迦葉）在王舍城外倍訶羅山（Vaibhara 毗婆羅）結集，經歷七個月的集會。結集了律和法，這是第一次結集，又稱爲王舍城結集。律以迦葉爲主，法以阿難爲主。這次結集，爲五百羅漢的結集，稱爲上座部。

同時，沒有能夠參加王舍城結集的僧人，在西部又舉行一次結集，爲大眾結集，稱爲大

眾部。

一百年後，有吠舍離結集。這次的結集稱爲上座部或上座說，同時又有一萬僧人的結集，稱爲大眾部。

再過了一百年，達磨阿育（Dhammasoka）王時代，有七百比丘，在毗舍離城結集，又有華氏城結集，也稱七百結集，重訂律法。再過一百年波吒利弗城有第三次結集。佛滅年六百年迦膩色迦王時代，有迦濕彌羅結集。

印度佛教分南北兩大派，又分爲大小乘兩派，小乘在先，大乘在後；北印度信佛在先，南印度在後。然北印度的佛教並不專是小乘，南印度佛教也不專是大乘。不過若以尼泊爾、中國、日本爲北方佛教，則北方爲大乘；若以錫蘭、緬甸、暹羅爲南方佛教，則南方爲小乘。

初期的佛教爲『有論』，上座部的結集保守初期思想，廣傳『有論』，經典爲：

發智論，爲迦多衍尼子（Katyayniputra）所作

六足論：

阿毘達磨集異門足論，爲摩訶拘絺羅所作。

阿毘達磨法蘊足論，爲舍利弗所作。

阿毘達磨施設足論，爲目犍連所作。

阿毘達磨識身足論，爲提婆設摩（天寂）所作。

阿毘達磨品類足論，爲筏蘇密多羅（世友）所作。

阿毘達磨界身足論，爲富蘭那（世友）所作。

在結集的經典裏，都以阿含經爲主。阿含經有四種：長阿含經（Dīgha-nikāya），中阿含經（Majjhima-nikāya）增一阿含經和雜阿含經。

這幾次的結集，本爲避免佛教的分裂，實際上則每次結集都造成了分裂的事蹟。大眾部和上座部的分部，爲最大的派別。後來兩部又各分出多派，大眾部前後四次分出八派：

大眾部 Mahasanghia
- 一、
  - 一說部 Ekavyauahārika
  - 說出世部 Lokottaravādin
  - 鷄胤部 Kaukkutika
- 二、
  - 多聞部 Bahusrutika
- 三、
  - 說假部 Prajñraptivadin
- 四、
  - 制多山部 Caitrka
  - 西山部 Aparaśaila
  - 多山部 Uttaaśaila

上座部經過二百多年，保持一貫的教法。後來因着大衆部的分裂，上座部也受了影響，分出七派，而最初的上座部移入雪山，稱爲雪山部：

- 上座部 Sthavira
  - 雪山部 Haimavata
  - 說一切有部 Sarvastivadir
    - 二、犢子部 Vatsidutrīya
    - 三、
      - 法上部 Dharmottarīya
      - 賢胄部 Bhadrayānīva
      - 正量部 Sammitiya
      - 密林山部 Sannaganika
    - 四、化地部
    - 五、法藏部 Dharmaguptaka Mahisāsaka
    - 六、
      - 飲光部 Kāsyaplya
      - 善歲部 Suvarsaka
    - 七、
      - 經量部 Sautrāntika
      - 說轉部 Sankrāutika

這種分裂經過，係北方傳述；南方傳述，分裂經過略有不同，在這些部派外，尚有王山部（Rajagirika）、義成部（Siddhatthika）、東山部（Pubbasahka）、西山部（Aparasei-

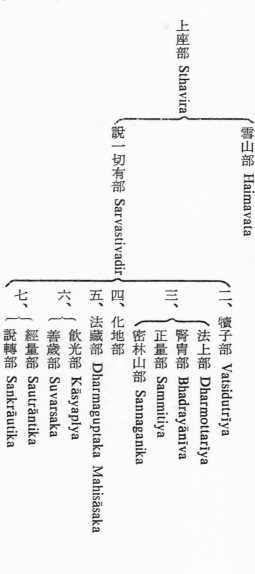

ka）、西王山部（Aparasajagirika）。大眾部和上座部，原來都是小乘，小乘以有空爲論爭，分出教別。佛滅後九百年，世親菩薩（天親，婆藪槃豆，婆修槃陀 Vasubandha）造俱舍論，陳眞諦和唐玄奘都有譯本。世親後從長兄無著習大乘，講唯識論。

大乘起於佛滅後五百年時，由馬鳴菩薩（阿濕縛窶沙 Asvaghosa），造大乘起信論開端，後一百年龍樹菩薩（那伽曷樹那 Nagariuna），造中觀等論。後來世親作唯識論，他的長兄無著菩薩（阿僧伽 Asanga），造攝大乘論，提倡瑜伽教義，傳彌勒菩薩的瑜伽論。

佛教在印度傳揚約一千年，自佛祖寂滅後，佛法傳揚印度，攻斥婆羅門教，取得印度人民的信奉。佛祖出家，度苦行的生活，創僧尼團體，托鉢佈道。又因佛祖出身王族，印度各國王廷乃接納佛法。阿育王且在國內宏揚佛道，佛教遂能遍傳印度。

但婆羅門教常和佛教爲敵，努力排斥。佛教因不信神，不能滿足民眾信神的心理，婆羅門教則吸收佛教的戒殺戒貪的教律，革除教內違反民眾心理的禮規。佛教便漸漸失去民眾的支持。在公元第四紀時，印度國王信婆羅門教，打擊佛法，婆羅門教遂復興，佛教日衰。後來，在中世紀時，回族入侵印度，竟使佛教在印度絕跡，然佛教南傳錫蘭、暹羅、東傳中國、日本，遂成爲亞洲一大宗教。

(2) 中國初期佛教史略

佛教在東漢時由西域傳入中國，起初被視為方術的一類，後漸採取道家的思想形式，經過魏晉，佛教宣傳非常迅速，從事翻譯佛經。到了南北朝，佛教已傳佈中國各方，翻譯了大量的佛教經典，成為一種獨立的思想，到了隋唐，佛教在中國達到最盛時期，乃能影響中國儒家傳統思統，產生了宋代的理學。

我們為研究中國佛教的哲學思想，把中國佛教思想史分為兩個時期：第一，中國初期佛教哲學思想，這一時期包括東漢、魏、晉、南北朝的佛教思想。第二，隋唐佛教思想。並分別研究中國幾種大的佛教宗派的思想。至於宋朝的佛教思想，則在講元明清的哲學思想時，首先研究。

(甲) 東漢佛教傳佈史略

普通講中國佛教史，都以漢明帝遣使往西域求法，為佛教傳入中國的起點。漢明帝求法事，在南北朝許多文獻中都有敍述，然而最早的敍述，則為牟子理惑論和四十二章經序。各種文獻所敍，雖同爲一事，然所敍年代都不相同，有說爲永平三年，有說爲永平七年，有說爲永平十年，有說爲永平十一年。大約在西曆公元後六十年到六十八年。

漢明帝求法的故事，各書所載細節不同，大綱卻是一樣。漢明帝一夜有夢，夢見一個金人，身有日光，飛行殿前。次日，明帝詢問羣臣：金人究竟是什麼神靈，有一個名傅毅的人答說爲西天的佛。明帝遂遣人赴大月支求法。所遣的人，有說是張騫和蔡愔王遵，有說是蔡愔一人，有的只說是羽林郎中，沒有道出人名。所遣使臣歸國時，有說載有四十二章經譯文，有說與沙門迦葉摩騰、竺法蘭同來。

但是，漢明帝遣使求法，雖爲歷史的事實，也祇能認爲佛教正式傳入中國的起點；至於佛教進入中國應在漢明帝以前；否則，所謂傅毅的人怎麼能夠知道『佛』的名字呢？因此，佛教書籍中乃有多種佛教早年進入中國的傳說。南宋宗文明的明佛論說伯益知道有佛。周書異記述說周昭王以異象知佛生於西方，周穆王以異象知道佛在西方滅度。列子載太宰嚭問孔子孰爲聖人，孔子答西方有聖人，卽是指着佛。王子年的拾遺記說燕昭王時，有道術士尸羅入燕都，講浮屠。唐法琳上書駁傅奕，引道安朱士行的經錄言秦始皇時有沙門釋利防等十八人，向始皇說佛法。魏書釋老志說張騫使大夏，聞說身毒國信浮屠教。世說新語文學篇注載漢武帝由昆邪王得金人像，置供甘泉宮。舊本劉向列仙傳也說到佛經。

這些傳說都不是歷史的事實，沒有一件具有確實的證據。但是，在西漢末年，佛教已開始傳入中國。漢武帝開通西域，陸地交通雖時通時阻，然西域進貢和經商的人已陸續進入中國，西域信佛教的人則很多。

魚豢魏略西戎傳載伊存授經的事：漢哀帝元壽元年（公元前二年），博士弟子景盧從大月氏王的使臣伊存口受浮屠經。

漢光武帝建武十五年（公元三十九），楚王武封王，二十八年就國。晚年他篤信浮屠，齋戒祭祀。漢明帝永平十三年楚王武坐造反罪，被廢，徙居丹陽，明年，自殺。

上面兩事爲歷史上有證據的事，證明在漢明帝求法以前，佛教已傳入中國。當時的傳播，爲零星的機會。在漢明帝以後，佛教便漸漸地大規模的宣傳。

漢桓帝時安世高到雒陽，從事譯經。世高名清，字世高，安息國太子，讓位給叔叔，削髮爲僧，遠來中國。從桓帝建和二年（公元一四八）到靈帝建寧中（公元一四八——一七一）二十多年中間，譯出三十多部經。其中最著名的有，修行道地經、轉法輪王經、八正道經、四諦經、人本欲生經、十報法經、是法非法經、大安般守意經、禪行法想經、阿毘曇五法行經。世高奉小乘佛教，專務禪觀，兼通天文歷數。他在當時，已被尊爲佛教大師。

和安世高同時的另一位釋經大師爲支婁迦讖。支婁爲月氏國人，當漢桓帝末年時，來住洛陽，譯有般若道行品、首楞嚴、般舟三昧、阿闍世王、寶積等經。支婁奉大乘佛教，所譯經典，係大乘經書。道行品十卷由竺朔佛齎胡本來，由他口授，由支婁傳譯爲漢文，由孟士元筆記。般舟三昧和首楞嚴，都爲大乘的禪觀經本，和安世高所傳小乘禪觀不同。般若首楞嚴在魏晉時爲最盛行的經典，對當時佛教思想影響頗多，且有多種譯本。

漢朝末年，來華譯經的僧人很多，史書中有名者：有佛朔、安玄、支曜、康巨、嚴浮調等在雒陽譯經。

漢靈帝和漢獻帝時，有巨盜笮融，聚眾數百，往依徐州牧陶謙，奉命督廣陵丹陽運漕，放縱擅殺，沒收漕費，卻大起浮圖，造銅像，黃金塊身，遠報多人，誦讀佛經。每逢浴佛，觀者萬人。這是中國歷史上第一次記載起造佛像。笮融死於漢獻帝興平二年（公元一九五年）。

漢朝的佛教尚留有兩種重要的著作，一種是四十二章經，一種是牟子的理惑論。

四十二章經譯文的時代，按佛教傳說，或謂在漢明帝遣使求法時，在大月支寫經四十二章，或謂沙門迦葉摩騰隨使來中國，在雒陽譯四十二章經，或說當時同來者尚有竺法蘭，四十二章經爲法蘭所譯；或謂這部經由迦葉和法蘭合譯。這部經書原出小乘大眾部，爲一種撮要。古譯本已遺失，現存本爲吳支謙所譯，行文優美，不似譯文。

牟子理惑論。大藏經、弘明集明本載漢牟融作理惑論，隋志也說是漢太尉牟融所著。然漢章宗時有太尉牟融和這本書的作者必不是一人，因爲這本書不能成於漢章帝時。近來且有許多學者認爲這本書是僞作，然書中所記史事則多與史傳相合，所說佛教情況也是佛教初入中國的情狀。故這本是當是漢末的著作，或魏晉時的著作。

漢代和西域的交通，以陸路爲主。大月氏、安息、康居三國位在西域，且都信佛。佛教傳入中國，以這三個國家爲基地。在中國內地則涼州和長安應爲必須經過的根據地。東漢的首都已不在長安而在洛陽，稱爲東都，洛陽便爲漢朝佛教的中心。由洛陽往東南，爲楚王英的轄區，楚王英信佛，佛教傳於蘇皖豫各省。笮融又在徐州大興佛寺。由洛陽往東北，爲齊魯燕趙故地，齊魯人深信道士方術，燕趙爲匈奴人所佔，故在漢朝時，佛教還沒有傳佈，

漢朝時來華的僧侶，有迦葉摩騰、竺法蘭、安世高、支婁迦讖、佛朔、安玄、支曜、康巨、曇諦、曇果、支曜、康孟詳、等人。僧侶來到中國，即開始翻譯經典，安世高和支婁迦讖所譯經書在當時已能爲士大夫所重，且多牽就道家的思想。

（乙）魏晉佛教史略

漢朝末年，天下紛亂，黃巾賊起，曹操專權，劉備在蜀，孫權在吳，勢均鼎立。曹操死

後，兒子曹丕稱帝，蜀吳也皆稱帝號，三國對峙。

當時魏國和西域的交通，還保持不斷，魏文帝黃初三年（公元二二二年）鄯善、龜茲、于闐王各遣使奉獻。明帝太和三年（公元二二九年）大月氏王遣使入朝。故西域僧人乃陸續來華，以洛陽爲中心，白延、曇諦、曇柯迦羅、康僧鎧等人都在魏國，都有譯述。

吳都建業在當時則是佛教的南部中心，吳國由海路曾與西域有交通。佛教在漢朝末年本已經傳佈到大江南北，當時由江北也有僧侶到江南，最著名的有康僧會和支謙，又有支疆梁接、維祇難、竺律炎等人。吳主孫權曾拜支謙爲博士，爲康僧會造「建初寺」，爲江南的第一座佛寺。

佛教在蜀國則不傳，主要由於地勢僻遠，棧道難行；然在蜀據荊州時，荊州已有佛教。三國鼎立的時候，北方仍爲匈奴的領域，佛教並沒有傳入，到了南北朝時，佛教卻大盛於北方。

支謙，名爲優婆塞，沒有出家，爲在家居士。他的父親在漢靈帝時由西域來中國，定居河南，支謙生在河南，受學於支亮，支亮爲支婁迦讖的門生，支謙爲支讖的再傳弟子。自黃武至建興，三十年中他譯經凡數十卷，曾修改支讖所譯首楞嚴經、維祇難及竺將炎所譯法句經。

支謙因生於中國，深明當時社會的道家和道教思想，他便強以這些思想滲入佛教，也就是強以佛教思想就合道家。

康僧會於赤烏十年，初次到建業，當時支謙已在武昌和建業譯經。僧會的先祖爲康居人，世居天竺。他的父親行商移居交阯，不久卽去世，僧會曾說自己十餘歲時，雙親死亡，遇見南陽的韓林、潁川的皮業、會稽的陳慧，便出家爲僧。韓、皮、陳三人爲安世高的弟子。僧會譯有六度集經，文辭典雅；又註安般守意、法鏡、道樹等經，且作序；集六度要目製泥洹梵唄。

僧會和支謙爲同時人，稍後於謙。兩人所學，支謙繼承支婁迦讖，傳大乘佛法；僧會繼承安世高，傳小乘禪學。兩派在兩晉的佛學裏，都有傳人。

漢末後的三國，存在約五十年，爲司馬氏所滅。公元二六五年，司馬炎簒魏位，稱晉武帝，是爲西晉。公元三一七年，愍帝出降劉曜，懷帝和愍帝都在平陽被審，元帝卽位，建都建康是爲東晉，東晉延續了一百零二年。但是北方，則先有劉淵、劉聰父子相繼稱帝於平陽。劉曜又稱帝於長安，是爲前趙。後趙石勒也稱帝，據有大河南北，同時在西方蜀漢的地方，氐人李雄稱帝於成都，國號大成。涼州制史張軌，奉晉朝正朔，他的孫子張駿，保持了獨立的局面，史稱前涼。東北鮮卑人慕容廆，也奉晉朝正朔。廆的兒子慕容皝稱燕王，史稱前燕。

後石勒殺劉曜，滅前趙，數傳到石鑒爲漢人石閔所殺，石閔稱帝，恢復冉姓國號魏，史稱冉魏，冉魏凡三年而亡。

氐人蒲洪在石勒部下有功，他的世子苻健據長安，稱帝，國號秦，苻健死，子苻生立。苻生被從弟苻堅所殺，苻堅自立爲大秦天王，是爲前秦，滅前涼，又滅黃河東西兩面的代國，幾乎盡有長江以北的國土。但淝水一戰，爲謝安、謝玄所退，部將慕容垂稱帝，史稱後燕。另一部將慕容沖在長安稱帝，是爲西燕後爲慕容垂所併。又一部長姚萇逼苻堅禪位，因苻堅不從，把他縊死，西燕慕容沖爲部長所殺，慕容顗繼位，棄長安東走。姚萇入長安稱帝，國號大秦，是爲後秦，後秦以姚興爲最強。

拓跋氏曾爲苻堅所滅，苻堅的前秦滅亡後，拓跋珪即代王位，改國號爲魏，史稱北魏。

兩晉統治中國約一百五十餘年，中原鼎沸，連年戰爭，北方西方則胡人割據，互相殘殺。那一百五十年的天下，眞是民不聊生。中華民族的文化，由北方遷到南方，士人因逃避政治，乃有清談之風，專尚老莊玄學。佛教在這樣的環境裏，遂得傳佈，流行很快很高。

西晉時，來華的僧侶，有竺法護、安法欽、彊梁婁至、無羅叉、帛尸黎密多羅、竺佛圖澄。東晉時，有竺曇無蘭、迦留陀迦、竺難提、竺法力、曇摩耶舍、曇摩。後來佛陀跋陀羅由北方南來，南方又有道安和慧遠，因此佛教大盛。

北方被胡人割據，胡人皇帝多好佛家，前秦苻堅禮遇佛圖澄，又接留曇摩持、曇摩難提、鳩摩羅佛提、僧伽跋澄。後秦姚興禮遇鳩摩羅什，接留曇摩流支、佛若多羅、卑摩羅叉、佛陀耶舍。北涼蒙遜接留僧伽陀、曇無讖等。

這些名僧，在當時從事翻譯。翻譯的中心，北在長安，南在建業和廬山。北以鳩摩羅什爲主，南以佛陀跋陀羅爲主。

中國人信佛爲僧，在兩晉時爲名僧者，以慧遠爲最著，又有支遁、于法蘭、于道邃、支孝龍、帛法祖、等人。

兩晉名僧的翻譯，在佛教史乘上佔有主要的位置，因在這時，佛教的四大翻譯完成。一爲般若諸經，和般若有關的大智度論，中論；二爲法華經；三爲大般涅槃經，四爲華嚴經。第一部和第二部經典，由鳩摩羅什翻譯，法華經由曇無讖譯成，華嚴經爲佛陀跋陀羅手筆。

般若的學系，由支謙、竺法護、朱士行的翻譯和提倡，得鳩摩羅什的光大，成爲當時佛教的大宗。東晉南渡，南方的佛學，以慧遠爲首，居廬山，傳道安之學，長齋苦身，嚴戒律，習禪。佛陀跋陀羅從長安南來，往依慧遠，他素以禪學著稱。慧遠在廬山結白蓮社，念佛經，有中國學者參加，因爲佛學和玄學很爲接近。

在魏晉佛教的高僧中最著者有道安、鳩摩羅什、慧遠三人。

道安生於晉永嘉六年（公元三一二年），卒於太元十年（公元三八五年）。在他幼年時，永嘉名士已相率渡江，佛教禪風也漸南傳。道安生於常山扶柳縣。石虎遷都於鄴時，佛圖澄至鄴，道安時年二十四，拜佛圖澄爲師。石虎死後，國亂，道安年三十七，避難護澤，後北往飛龍山。年四十二歲時，在太行山立寺，慧遠從他出家。年四十五歲，還冀都，住「受都寺」，後往王屋女林山，復渡河，居陸渾。年五十三歲時，因慕容氏之亂，避難襄陽，在襄陽住了十五年，苻丕克襄陽，道安時年六十七，乃西往長安。年七十一時，東赴鄴，拜佛圖澄寺。年七十四歲時，卒於長安。

竺佛圖澄，西域人，本姓帛氏，於晉懷帝永嘉四年（公元三一〇年）到洛陽，得石勒的敬服，也受石虎敬畏。於石虎建武末年（公元三四八年）卒於「鄴宮寺」。

道安師事佛圖澄，深佩圖澄的人品高雅，宏揚佛法。道安本人雖多次遇難，然都分遣徒弟，各方佈教。在襄陽時，整訂經典，作譯經目錄和般若經疏。於譯經目錄中，對於譯文的文體和優劣，都加評語。若一經有多種譯本，也詳加指出。對於佛教僧尼的生活，道安嚴立誡律。倡彌勒淨土的信仰，爲後來慧遠廬山念佛社的基礎。道安到了長安，從事譯經，得竺佛念和僧伽跋澄、僧伽提婆等的協助，譯有阿毗曇心經、阿含經。道安雖傳般若的學說，然也傳有部的學說。他兼漢末南北的佛學，開廬山的佛法。

鳩摩羅什，龜茲人，約生於晉康帝時（公元三四三或三四四年）；祖父本為天竺國國相，父親後來出家，遷於龜茲，和國王的胞妹成婚，生羅什，羅什七歲時，他的母親削髮為尼，羅什也出家為僧，受經，後隨母往罽賓，拜盤頭達多為師，讀阿含經。年十二，又隨母回龜茲，途經沙勒，遇佛陀耶舍，乃習大乘。在沙勒住了一年，回龜茲，聲名漸盛。苻堅在長安，聞羅什名，遣呂光與師往迎。呂光迎羅什，不為看重，因次年苻堅被殺，羅什隨呂光父子到涼州。同年，姚萇在長安稱帝，後九年姚興即位。羅什於姚興弘治三年（公元四〇一年）到長安。活到弘治十五年（公元四一三年），壽七十歲。長安當時已有幾位僧人從事譯經，羅什到後，姚興待以國師之禮，常和他校對舊日譯文，又命他從事新經。羅什廣集翻譯人才，得有沙門僧略（䂮）、僧遷、道標（樹）、僧叡、道恆、僧肇、曇順等八百餘人，共同譯經，以長安「西明園」和「逍遙園」為譯場。

羅什所譯之經屬於大乘。在羅什以前，在中國翻譯經典最有力的人為竺法護，竺法護即曇摩羅刹，也稱墩煌菩薩，在晉武帝和晉惠帝時，四十多年裏譯有經典一百五十多部，如大寶積經的分品，華嚴經的分品，光讚般若經、新道行經、正法華經、般舟三昧經、無量壽經。

羅什所譯之經，據三藏記有三十二部三百餘卷，據歷代三寶記有九十七部四百二十五卷，據開元錄有七十四部三百八十四卷。所譯經卷中有大般若經的主要部份，大智度經、中論、十二門論、百論、十住毘婆沙論、成實論、大莊嚴經論、妙法蓮華經。

羅什在長安時，佛陀跋多羅也到長安，多羅又名覺賢，修禪學，門徒數百人，覺賢的門徒和羅什的門徒乃起門戶之見，互相排擠。覺賢又不讚成長安的奢侈生活，於是携帶門徒慧觀等四十餘人，南下到江西廬山，依慧遠，後往江陵見宋帝劉裕，在江陵譯經，譯經中最著者爲華嚴經。

慧遠於晉成帝咸和九年（公元三三四）生於雀門樓煩，年二十一歲時，從安世高出家　年三十二歲時，隨世高南奔襄陽。年四十五歲時，晉孝武帝太元三年（公元三七八年）離開世高，往荆州，後住匡山龍泉精舍，又遷廬山東林寺。慧遠在匡廬三十餘年，嚴守律誡，不附權貴，也不出山。以超俗脫棄，恬淡無爲作生活的標榜。他的佛法恰和羅什的佛法相反，形成南北兩派。慧遠在廬山結念佛社，當時學者如謝靈運陶淵明等都和他相好，四方來學者也很多。晉安帝義熙十二年（公元四一六）或十三年慧遠卒於「東林寺」，年八十三或八十四歲。

佛教在晉朝末年，已經遍傳中國，在社會上和朝廷上，佔有絕大的勢力。所有名僧都受社會人士和帝王的禮遇。寺廟遍天下，僧尼眾多，然而佛徒的生活也漸穢雜，僧侶又常涉及政治，惟廬山佛法，受人欽佩。

（丙）南北朝佛教史略

淝水戰後，謝安振興東晉帝業。不幸他死後，瑯琊王司馬道子亂政，桓玄叛變，劉裕專政。晉安帝爲劉裕遣人縊殺，晉恭帝繼位祇過一年，被逼禪位劉裕，裕稱帝，國號宋，時在西元四二四年。宋凡歷七帝，至公元四七九年宋順帝禪位與蕭道成。道成即位，國號齊。齊凡歷五年，在公元五〇二年時爲蕭衍所簒。蕭衍國號梁，梁凡歷四帝，於公元五五七年梁敬帝禪位陳霸先。霸先國稱陳，陳凡歷五帝，於公元五八九年爲隋文帝楊堅所滅。

當宋齊梁陳在建業繼續帝位時，北方胡人所建國家，也時起併吞。宋劉裕滅南燕慕容超，又滅後秦姚泓，北方胡人的勢力已成殘局，但拓跋魏併吞了殘局內的各國，而成一個統一的後魏，後魏太武帝拓跋燾在宋元嘉十六年（公元四三九年）成爲北方的唯一帝王，和南方的宋朝對峙，於是便有南北朝的局面。

北魏孝文帝繼承馮太后的治平天下，從事文教，遷都洛陽，政制完全仿傚漢制，但在魏孝文帝去世後，北魏衰落，在魏孝武帝時，分裂爲東西魏，東魏都洛陽，爲高歡所挾持；西魏都長安，爲宇文泰所專制。東魏靜帝被高歡的兒子高洋所逼而禪位，高洋建國稱齊，是爲北齊。東魏恭帝也受宇文泰的兒子宇文覺所逼而禪位，宇文覺建國稱周，是爲北周。北周武帝宇文邕滅北齊，然年僅三十六歲而卒。子宣帝暴淫，傳位幼子靜帝。相國楊堅逼靜帝禪位，國號隋，是爲隋文帝。隋文帝因陳後主耽於逸樂，不理朝政，乃率兵南下，攻陷建康，陳後主投降，隋乃統一南北。南北朝的分裂，始於東晉，到隋滅陳，共歷二百七十三年。

在南北朝兩百七十多年的時期中，人民因着兵亂希望逃避痛苦，這是佛教能盛傳的主要原因。

北魏太祖道武帝，深信佛教，尊敬沙門，建佛寺，置僧官，命法果爲沙門統。魏太宗也信佛，封法果出家前所生的兒子猛爲侯。魏太武帝爲北魏第三帝，統一北方；但是他卻篤信道教，司徒崔浩和方丈寇謙之，勸帝禁佛。帝因率軍到長安，偶入佛寺，見寺內藏有兵器，乃搜寺內窟室，得釀酒器具和婦人。太武帝怒僧人不法，便從崔浩所請，悉殺長安沙門，焚燒佛經佛像。還回都城，又詔令國內，悉殺僧尼。太武帝去世後，魏文成帝復興佛教，魏獻文帝在京西武州西山石壁，造石龕五處，彫刻六七丈佛像。魏孝文帝也極力護持佛教。

北齊的皇帝保護佛教，繼承北魏的遺風，雖有陸靜修欲興道教，沒有成功，北周武帝受道士張賓和衛元嵩的慫恿，以黑衣僧侶相應「黑人當王」的讖語，乃實行破佛，毀寺塔，焚燬經像。建通道觀，選僧侶道士居於觀內，僧侶都着儒服。釋道安撰二教論十三篇，評論佛道優劣，帝不納。慧遠法師當面駁辯皇帝，被逐。慧遠爲慧光律師的弟子。北周武帝去世後，隋文帝楊堅簒位，佛教又在北方漸行宏法。

南朝文人尙淸談，推崇道家，和佛教僧侶過從頗密。文人顏延之和謝靈運都明佛理，佛徒也承慧遠的遺風，引佛入道。釋慧琳作白黑論，論儒家和佛教的異同，歸結於佛教的仁慈和孔孟的仁義相同。文士宗少文作明佛論和神不滅論駁白黑論，何承天作達性論誹釋。

南朝世族王導的兒子孫兒等，多信佛，和僧侶遊。謝氏中以謝靈運最近於佛教，曾和慧遠在廬山相會。

南朝的皇帝信佛者不若北朝皇帝的多和誠，宋文帝保護佛法，梁武帝父子篤信佛教。皇后妃嬪信佛者則不少，皇帝宗親信佛者頗多。

魏晉南北朝時，中國僧人，西行求法，以朱士行爲先，後有康法朗、于法蘭、慧叡、支法領、智猛、法勇等多人。他們中間以法顯爲最著。

法顯姓龔，平陽武陽人，三歲就被父母獻於佛法，出家爲僧，年二十受大戒，居於長安。法顯喜受律宗，以當時律藏殘缺，乃定志往西域訪求律書。於西晉隆安三年（公元三九九年）（姚秦弘始元年）出發，同行者有慧景、道整、慧應、慧嵬四人。到了張掖，又遇智嚴、慧簡、僧紹、寶榮、僧景五人，共同走到燉煌，法顯與智嚴、寶榮等五人作別，祇和原有四人往渡沙河；然到了烏耆，寶榮等五人復來相聚。大家商議，由智嚴、慧簡、慧嵬折回高昌，尋求旅費。法顯則往北天竺，入中天竺時，同行者僅道整一人。在中天竺留住三年，學梵文梵語，抄寫律書。道整願永住國中，法顯獨自一人，由海道乘船到獅子國，住兩年，再由海道回國，幾經海浪風暴，於義熙八年（公元四一二年）抵達青州，次年入建業。前後共十四年，或說爲十五年。法顯西行所得的佛書，有摩訶僧祇律、薩婆多部鈔律、雜阿毗曇心經、彌沙塞律、長阿含經、雜阿含經、等書。

譯經工作爲佛教入中國後的重要事業，漢末和魏晉的僧侶所譯經典已經不少。南北朝時，僧侶的翻譯工作更加擴大。

涼州方面，晉初有竺法護在燉煌譯經，後有慧常寫光讚、漸備、須賴、首楞嚴等四經。北涼譯經者，有道龔、法眾、僧伽陀、曇無讖、沮渠京聲、浮陀跋摩、智猛、道泰、法盛等九人。這九人中以曇無讖最有名。曇無讖爲中印度人，約於北涼玄始十年（公元四二一年）以前抵敦煌，玄始十年以後抵姑臧，譯經十一部，如大般涅槃經、方等大集經、金光明經、菩薩地持經等，都屬大乘。涅槃經闡佛性說，爲中國佛教重要經典。

南朝譯經，以建業爲中心，重要譯者爲覺賢，同時法顯、智嚴、寶雲也都住在「道場寺」。他們合譯僧祇律、泥洹經、覺賢譯華嚴經，由法業筆授。罽賓沙門佛馱什於「龍光寺」譯五分律、智嚴、寶雲合譯普耀、四天王、廣博、嚴淨四經，寶雲又譯佛本行讚。罽賓僧求那跋摩，譯大乘律書。天竺僧僧伽跋摩，也長於戒律。元嘉中，翻譯佛典最著者，爲求那跋多羅。求那於元嘉十二年（公元四三五年）抵廣州，後到建業和荆州，譯有雜阿含經、小無量經、衆事分阿毗曇經，以及關於律宗和禪宗的經典。在廣州譯經者，爲陳朝的眞諦。眞諦傳法相唯識宗，爲佛教三大譯經家之一。三大譯經家，卽羅什、眞諦、玄奘。

北朝譯經以羅什爲最著，曇無讖也有多種翻譯；然而北朝因魏太武帝滅佛，翻譯工作中斷。魏孝文帝於太和四年（公元四九四年）遷都洛陽，洛陽譯經乃盛，菩提流支譯深密解脫經、入楞伽經、金剛經論、法華經論、無量壽經論、勝思惟經論。佛陀扇多譯攝大乘論、般若流支譯唯識論、順中論。勒那摩提譯法華經論。勒那摩提、菩提流支、佛陀扇多合譯十地經論。魏分東西後，譯經工作乃衰。北齊北周兩國也仍有僧侶譯經，在鄴城有那連提黎耶舍和萬天懿，在長安有闍那耶舍、耶舍崛多、闍那崛多、達摩流支。

佛教譯經，在初期頗重意譯，文字達雅，如支謙康僧會所譯經書，都不直譯用胡音。自晉朝以來，則都立直譯，以求信達。初期從事翻譯的人，西域僧人不通漢文，漢僧不通梵文，常以口授而後筆述。晉朝和南北朝的翻譯者則能兼通漢文梵文或胡語，對於翻譯工作更能勝任。

唐智昇，開元釋教錄，列有三國以來譯經的數目如下：

朝代	譯經人數	譯經部數	譯經卷數
曹魏	五	一二	一八
吳	五	一八九	四一七
西晉	一二	三三三	五九〇
東晉	一六	一六八	四六八
苻秦	六	一五	一九七
姚秦	五	九四	六二四
西秦	一	五六	一一〇
前涼	一	四	六
北涼	九	八二	三一一
劉宋	二三	四六五	七一七
南齊	七	一二	三三
梁	八	四六	二〇一
陳	三	四〇	一三三
元魏	一二	八三	二七四

北周	四	一四	二九
北齊	二	八	五二

佛教的譯經工作，爲中國學術界一大事業。僅就翻譯工作的本身看，已是一樁很困難的事，佛教僧人認眞苦幹，歷四百年而不停頓，這種精神可佩。再就佛經在中國思想界的影響去看，除對於民間的生活，影響很大外；對於當時和隋唐的哲學思想，則是促成自成一系，建立了中國佛教思想的動力。

註　緒論參考書

李志夫譯　印度哲學導論　幼獅書局
黃懺華　印度哲學大綱　眞善美出版社
梁啓超　印度哲學概論　眞善美出版社
Emile Gathier, La Pensée Hindue, Editions du Seuil, 1960 Paris,
Cyrillus, Papali Hinduismus V. 2. Roma 1953.
湯錫予　漢魏兩晉南北朝佛教史　鼎文書局，商務印書館
蔣維喬　中國佛教史　商務印書館
Kenneth Chén, Buddhism in china, Princeton university Press,
E. Zùrcher, The Buddhist conquest of China, 敦煌書局

第一章　佛教的根本哲學思想

佛敎爲一個宗敎，又是一種哲學，哲學和宗敎信仰溶合在一起，不能分解。佛敎就因爲是一種哲學，乃有各種派別，各宗派對於信仰的大綱相同，對於哲學思想的根本問題也都具有。我們爲研究中國佛敎思想，在分別探討各宗以前，先就佛敎哲學上的幾個根本問題，加以研究。對於佛敎哲學能有一個大概的整體觀念，然後再研究各宗的思想時，便容易進入問題的境界。所不能免的困難，在講根本問題時，一定要提到一些宗派的思想，既然還沒有講各宗派的思想，先提出宗派一兩種主張，則使人有些迷惑不清。

佛敎哲學的根本問題，我列爲七個：

一、四諦

二、因緣

三、法

四、存在

五、自我

六、心論

七、佛祖所不討論的問題

四諦爲佛敎的根本敎義，釋迦牟尼出家修行，因體驗人生充滿痛苦，乃追求痛苦的原因，以求解脫之道。痛苦的來源，以哲學理論去解釋，來自因緣的和合，進而看到宇宙萬物盡是虛空。後代佛敎對於有和空的問題，費盡了心血。結果歸到自我的眞假，在心中找到實相，是爲絕對實相的眞如。

㈠ 四 諦

佛教的一個根本思想，稱爲四諦。諦解爲實或眞實不虛，四諦就是四種眞道。

「爾時世尊告諸比丘，有四聖諦。何等爲四？謂苦聖諦、苦集聖諦、苦滅聖諦、苦滅道聖諦。若比丘，於苦聖諦，當知當解；於集聖諦，當知當斷；於苦滅聖諦，當知當證；於苦滅道聖諦，當知當修。」（雜阿含經卷第十五）

佛教以人生爲痛苦，痛苦由因緣所集結，因此該滅除痛苦因緣，以求解脫之道。

「何謂四？謂苦聖諦、苦集、苦滅、苦滅道聖諦……聖所有，聖所知，聖所見，聖所了，聖所得，聖所等正覺。」（中阿含經卷七，分別聖諦經第十一）

阿含經講論四諦，中文譯名稍有出入：

	增一阿含	中阿含	長阿含	雜阿含
苦諦	苦諦	苦聖諦	苦聖諦	苦聖諦
集諦	苦習諦	苦習聖諦	苦集聖諦	苦集聖諦
滅諦	苦盡聖諦	苦滅聖諦	苦滅聖諦	苦滅聖諦
道諦	苦出要諦	苦滅道聖諦	苦出要聖諦	苦滅道聖諦

佛祖開始佈道時，向五個弟子講這四諦，在鹿苑時又多加發揮，佛一生四十五年的宣教，常以四諦爲根本。四諦所以是佛教的核心教義。佛祖因着體驗人生的痛苦，才追求解脫

痛苦的方法。

「我聞如是，一時，佛遊舍衞國，在勝林給孤獨園，爾時世尊告諸比丘，此是正行說法，謂四聖諦，廣攝廣觀，分別發露，開仰施設，顯示趣向。過去諸如來無所著等正覺，彼亦有此正行說法。……未來諸如來無所著等正覺，彼亦有此正行說法。……我今現如來無所著正覺，亦有此正行說法。」（同上）

四諦在佛祖的心目中，爲已往未來現在的正覺等所說的正法，廣攝一切教法，增一阿含經有佛祖的偈說：

「今有四諦法，如實而不知，輪轉生死中，經有不能脫。如今有四諦，已覺已曉了，已斷生死根，更亦不受有。」（增一阿含經卷第十七，四諦品第二十五）

佛祖對人生的觀點和基督對人生的觀點，互不相同。佛祖看人生爲痛苦，他立教的目的，爲救人脫離痛苦。基督看人生爲罪惡，祂降生爲救人脫離罪惡。在實際上說罪惡爲痛苦的根由，佛祖也承認痛苦的因緣爲無明，無明來自惡業。所以由罪惡觀點來觀察人生，觀察得更深。

佛本行經描述釋迦牟尼爲王子時，王父使他居在艷美的宮女中，一切供奉務使滿足。

「……，……，王然此義，即召美女，
十五以上，容色妙者，六十四種，姿媚具備。
尋致諸女，置太子宮。……」（宋　寶雲譯。佛本行經卷八，與論品第七）

太子卻目不視女色，妓女們慚愧自逃。王父爲解太子憂愁，令太子出遊，女樂相隨，路側不許有窮人病人的苦像，以免太子生疑。然而天卒化成老者、病人、死者：

「王愍太子愁，勸令行遊觀，始出宮城門，
霍如日出雲，駕乘七寶車，……
形容甚殊妙，都勑國色里，並除老病死，
窮凍困危者，莫令現道側。……
……天卒化病人，喘臥在道側，
色惡眼睛黃，體氣口燋乾，身腫爛膖脹，
惡露諸不淨，宛轉而自塗。菩薩舉目見，

問是爲何物？醜惡難可視。御者尋對曰：
食飲不時節，四大錯不順，是名爲病人。
菩薩敎之曰：視何不分滅？御者復對曰：
是不可分代，覩世無能免，疾病之危厄，
四百四種病，大患如世間，尊者亦未免。
處大變難患，太子卽停駕，慘然懷憂難，
………

天化作老人，頭如絲雪霧，皮緩肌體皺，
戰如水中枝，身僂如張弓。太子見卽問：
是名爲何人？生便如是耶，爲有變者乎？
御者因對曰：始從身受胎，微起如泡沫，
尋起五體見，分合成六情，然後乃出生，
小飮母乳活，次長乃食穀，轉緣地而行，
初語如鸚鵡，爾乃立行走，體貌形容成，
諸格轉成熟，以故名曰老。……

太子覩良久，懷然而長嘆，老病大石山，
強磨碎衆生。……
天化命過人，宗親隨喪車，被髮而啼哭。
問曰是何等？以至誠示吾。爾時諸侍御，
便爲具足說：日迫至枯老，痛流精汗竭，
八節之利鋸，劗刻壽命樹。……
普世死所執，如何暢笑語！……
忽見化沙門，威儀戒寂靜，法服手持鉢。
太子告御者，廻者往行就，太子問沙門，
尋聲而應之。六情無諸漏，捨家轉離患，
山巖空閑樹，止宿獨靜處。乞匃自存活，
太子願學此，我名曰沙門，欲求解脫故，
愛憎意俱除，諸情調心定，無著捨吾我。」（佛本行經卷第二；現憂懼品第九）

這篇述事長詩，描述釋迦的行實，很具聲色。作者加增許多佛教的傳說，述事長詩進入了神話境界。然詩中所述的事件本身，因有其他史事可以佐證，尚可認爲史實。釋迦牟尼在太子時期，生性沉於玄想，常思人生的各種問題，因而體驗到人生都具有『生老病死』，這四種現象使每一個人的生活充滿憂懼痛苦。他便向父王請求准許離家，進入深山苦修。父王不允，太子乃說：

「…………因以深重聲，而報父王曰：
願尊以四事，爲己之保住，使病不侵強，
老不奪盛壯，死是普世患，令莫竊壽命，
成事不壞敗，如是爲四事，若必能保住，
便可無憂住，不行諸山澤，泰然治國民。
王曰此四事，無能保住者，卿應食國位，」（佛本行經卷第二，閻浮提蔭品第十）

『生老病死』的問題，誰也不能保證不發生；因此釋迦牟尼便出家了。

(1) 苦諦

人生有痛苦，乃是每個人的親身經驗。佛祖把人生的痛苦歸納爲四大項：生老病死。

「苦聖諦謂生苦、老苦、病苦、死苦、怨憎會苦、愛別離苦、所求不得苦、五盛陰苦。諸賢說此生苦者，此說何因？諸賢，生者謂彼衆生，彼彼衆生種類，生則生，出則出，成則成，興起五陰，已得命根，是名爲生。諸賢，生苦，謂衆生生時，身受苦受遍受覺遍覺心受……諸賢，說老苦者，此說何因？諸賢，老者謂彼衆生。彼彼衆生種類，彼爲老耄，頭白齒落，盛壯日衰，身曲脚戾，體重氣上，柱杖而行，肌縮皮緩，皺如麻子，諸根毀熟，顏色醜惡，是名爲老。……諸賢，病者謂頭痛、眼痛、耳痛、鼻痛、面痛、脣痛、齒痛、舌痛、齶痛、咽痛、風喘、欬嗽、噫吐、喉痺、癲癇、癰癭、經溢、赤痰、壯熱、枯槁、寺瘻、下痢，苦有如是比餘種種病，從更樂觸，生不離心，立在身中，是名爲病。……諸賢，死者謂使衆生，彼彼衆生種類，命終無常，死喪散滅，壽盡破壞，命根閉塞，是名爲死。……諸賢，怨憎會者，謂衆生實有內六處不愛，眼處耳鼻舌身意處，彼同會一有攝和集共合爲苦。如是外處更樂覺想思愛，亦復如是。諸賢，衆生實有六界不愛，地界水火風空識界，彼同會一有攝和集共合爲苦，是名怨憎會。……諸賢，愛別離苦者，謂衆生實有內六處愛，眼處耳鼻舌身意處，彼異分散，不得相應，別離不會不攝不集不和合爲苦。如是外處更樂覺相思愛，亦復如是。諸賢，衆生實有六界愛，地界水火風空識界，彼異分散，不得相應，別離不會不攝不集不和合爲苦，是名愛別離。……」（中阿含經卷七，分別聖諦經卷十一）

中阿含所說的痛苦，除生老病死以外，加有怨憎、別離、不得所求三類。實則這後三類都包括在生苦裏。

「所謂苦諦者，生苦、老苦、病苦、死苦、憂悲惱苦、怨憎會苦、恩愛別苦、所欲不得苦。取要言之，五陰盛苦，是謂苦諦。」（增一阿含經卷第十七，四諦品第二十五）

「五陰盛苦，是謂苦諦。」這是總括來說，把一切痛苦都歸納到五陰的苦。五陰也名五蘊，爲色、受、想、行、識。色是外界的萬物，受是人的感觸，想是人的想念，行是人的行動，識是人的知識。五蘊總括人生活的各方面，也是人痛苦的根由。色蘊的痛苦，在感覺的範圍內，所謂生老病死也是感覺方面的現象。色蘊以外的其他四蘊，則屬於心理範圍。在心理範圍方面，人生所有的痛苦也很多；而且感覺的痛苦都要有心的反應，心若不反應，有痛苦也不會有感受；因此佛家把痛苦的名詞，用『煩惱』去代替。

煩惱（Kleśa）爲心理方面不愉快的感受。煩惱的分類在佛家各宗裏大都不同。小乘俱舍宗分心所法（心的作用）爲六類：大地法、大善地法、大煩惱法、大不善地法、小煩惱法、不定地法。六類下分四十六種。

在六類的心所法裏有三類屬於煩惱的心理作用，即是大煩惱法、小煩惱法、大不善地法。這三類心理作用，都是染汚心的作用，是不善的心所法。

唯識宗分心所法爲六位，共五十一法。唯識的分類和俱舍的分類，可以說是大致相同。

唯識宗把大煩惱和小煩惱，稱爲煩惱和隨煩惱。這一點表示佛教的傾向，由具體的事物，傾向於心理方面的感受，這就是佛教唯心的傾向。痛苦稱爲煩惱，煩惱又稱爲惑。當然，一切具體痛苦，都是心理上的不愉快感受，這種感受可以由感覺方面所激起，也可以由心靈方面所激發。因而，釋迦牟尼進而尋求痛苦的原因，他用一個字代表，稱爲『集』。『集』是結集。痛苦由一些因緣結集而成。

什麼是煩惱？煩惱是垢心，垢心是什麼？垢心是有情欲的心，使人輪迴轉生。

「垢心行，名爲煩惱。問曰：何謂爲垢？答曰：若心能令生死相續，是名爲垢。此垢心差別，爲貪恚癡等。是垢名爲煩惱，亦名罪法。」（成實論卷九。鳩摩羅什譯）

由倫理方面的善惡去規定，倫理的業引出來生的『存有』。西洋倫理學和中國倫理學都講善惡的賞罰，賞罰是本體方面的利和害；然而倫理善惡的賞罰，不由善惡行爲本身引出，而由管理人類的天主或上帝而引出。佛教不信尊神，善惡報應便不由另一種最高的能力而來，而由業的本身而引出。業和報應果不是同類，業爲不平等因。

然而一個倫理方面的因，怎樣可以引出本體方面的『存有』之果呢？佛教便以『存有』爲一種『識』的存有。『存有』本不是實在的存有，而是一種錯覺的存有或幻覺的存有，於是便是一種心理的存有，心理的錯覺或幻覺乃是一種『無明』愚昧。愚昧來自心，心不正時乃生知識的錯誤。佛教乃以『垢心』爲『存有』的因由。『存有』的實現，在於煩惱的體驗。煩惱的體驗乃是痛苦，痛苦便是『存在』。存在論者海德格（Martin Heidegger 1889-1976）以人的存在，在焦慮中體驗出來，『存在』便是焦慮。

(2) 集諦

痛苦由五蘊而來，五蘊爲何給人造出這樣多的痛苦呢？佛祖講論痛苦的緣由，稱爲集諦。

「彼云何苦集諦？所謂集諦者，愛與欲相應，心恒染著，是謂苦集諦。」(增壹阿含經卷第十七，四諦品第二十五)

「苦集聖諦，謂衆生實有愛內六處，眼處耳鼻舌身意外處，於中若有愛有膩有染有著者，是名爲集。……如是外處更樂着想思愛，亦復如是。諸賢，衆生實有愛六界，地界水火風空識界，於中有愛，有膩有染有著者，是名爲集。」(中阿含經卷七，分別聖諦經第十一)

痛苦之所以有，是因爲「愛與欲相應，心恒染著。」這一點是佛教的因緣論。增壹阿含經又說：「所謂受愛之分，集之不倦，意常貪著，是謂苦集諦。」(增一阿含經卷第十四，高幢品第二十四之一)痛苦的因緣，在於意識對於外物，常有貪念，心乃染垢。人因六入和外物接觸，六入爲六識，即眼耳鼻舌身意。因着接觸而起貪欲，執以爲有。有欲便有愛，心愛外物心便染污。心染污乃有惡行，惡行生惡果，因而輪廻。三生因緣相接，乃生痛苦。人因五識而有外物的感覺，這是『受』，因感覺而有情。便是『愛』，受和愛相應相結集，遂常有貪念。貪念生『物執』和『我執』。

現生的痛苦是不是前生惡行爲的果報呢？痛苦若是前生行爲的果報。那麼痛苦的原因由『生』而追到行爲的善惡，人爲什麼行惡呢？在中國儒家的哲學裏爲解答人爲什麼行善行惡，便有性善性惡的問題。佛教答覆這個問題，說是因爲人愚昧無知，所以才作惡。這種愚昧無知稱爲『無明』，『無明』眞正是痛苦的最後根由。

人有『無明』，究竟怎樣愚昧而至造成罪惡呢，那是人因着『無明』，鑄成兩種大錯：第一，相信宇宙萬物是實有的，第二是相信『我』是實有的；這兩種大錯，稱爲『物執』和『我執』。『執著』在佛教裏是萬惡之源。

「汝問說苦諦已云，何次第說集者？答：已決心信果，未識信因，令識信因，故次第說集；爲顯苦諦隨屬因緣；復以爲受化者迷十二緣生，故說苦諦依因緣生；復以苦諦猶如機關，隨屬因緣，故自性羸弱及無我相；復以問世間貪愛堅鑽之所繫縛，不能出離生死牢獄，故顯所縛能縛；復以有諸衆生，作如是計，此苦諦者，無有始終，難可除滅，由此執故，不修正勤，是故佛說苦難無始，由因緣生，故可除滅。」（眞諦譯。四諦論卷第二，分別苦諦第三）

苦痛的因由，在於生，人之輪廻是因爲人的無明以物和我爲實有，故有貪有愛；有貪有愛，則有生死輪廻。

「如樹根未拔，雖斷猶更生，隨眠愛未除，苦體恒相續。」（同上）

「經說，無明爲愛緣，此愛爲煩惱緣。起緣說觀味見境起常邪等見，因此起愛，是愛爲業。緣起經說由貪愛故得三種愛，是愛爲受緣起。復次，一切煩惱，無明爲緣，此貪愛緣無明起，故說緣無明，愛一切諸見，爲諸業緣。緣此諸見，起貪愛，此愛名業緣愛。」（同上）

佛教把痛苦的因由，歸結在心理上的無明，由無明再生貪愛的物執和我執。這種因緣的統系，由本體論而進入了認識論，又由認識論而進入了倫理論，終歸於而祇有唯心的認識論。一切由心而生，心外無法（物），痛苦是心理方面的感受，痛苦的原因也是心理方面的錯覺。用普通的話來說：人本來沒有痛苦，痛苦乃是人的神經錯亂而造成的。整個宇宙萬物都不存在，人自己也不存在，卻因人的精神失常，自己幻想一切爲有，乃生貪戀，因貪戀而生罪惡，因罪惡而有痛苦的惡報。

佛教以一切萬物都是『無常』，常在生滅中變遷，因爲萬物由因緣結合而成，因緣也不是實有，而由於人所幻想。而且就連這個幻想的人也不存在，所以說『無我』。痛苦的因由，根本在人的精神上，人因『無明』而失常，乃生種種痛苦。佛教解釋這種因緣狀況，有多種不同的主張。由痛苦的『集諦』，進而有佛教中心問題的因緣論。痛苦的因緣和宇宙萬物的因緣相連。因着人的『無明』，幻想宇宙萬物，因着這種幻想，乃產生痛苦。

「…………卽彼第三夜，入於深正受，
觀察諸世間，輪轉苦自性，數數生老死，
其數無有量，貪欲癡闇障，莫知所由出。
正念內思維，生死何從起？決定知老死，
必由生所致。如人有身故，則有身痛隨。
又觀生何因，見從諸有業。天眼觀有業，

非自在天生，非自性非我，亦復非無因，
如破竹初節，餘節則無難。旣見生死因，
漸次見眞實，…………」（佛本行經卷第三，讚阿惟三菩提品第十四）

接着佛說十二因緣，「生生於老死，輪廻周無窮」。佛教的這種『集諦』，爲唯心的集諦，有傳統的印度宗教信仰和哲學思想作背景。

(3) 滅諦

釋迦牟尼的一生，抱着這個滅除痛苦因由的目的，不單是爲自己的幸福，也是爲衆生的幸福。

痛苦的因由，來自罪惡；爲滅除痛苦的因由，便要滅除罪惡。罪惡的因由，來自貪慾。爲滅除罪惡，便要滅除貪慾。釋迦牟尼乃度苦行的生活。釋迦譜說：

「爾時太子，調護阿羅邏迦蘭二仙人已，卽便前進迦闍山苦行林中，是憍陳如等五人所止仙處，卽於尼連禪河側，靜坐思惟，觀察衆生根，宜應六年苦行而以度之。思惟是已，便修苦行。於是諸天奉獻麻米。太子爲求正眞道，故淨心守戒，日食一麻一米。設有乞食者，亦以施之。爾時憍陳如等五人，旣見太子端坐思惟，修於苦行，或日食一麻，或日食一米，或復二日，乃至七日，食一麻米。時憍陳如等亦修苦行，供奉太子，不離其側。」（釋迦譜卷第四）

貪慾雖滅，心雖禪定，然而因果業並不能一時斷絕，生死輪廻，仍要繼續。

「爾時太子心自念言，我今日食一麻一米，乃至七日食一麻米，身形消瘦，有若枯木，修於苦行，垂滿六年，不得解脫，故知非道，不如昔在閻浮樹下，所思惟法，離欲寂靜，是最眞正。今我若復以此羸身而取道者，彼諸外道當言，自餓是般涅槃。因我今雖復節節有那羅延力，亦不以此而取道果。我當受食，然後成道。作是念已，卽從座起，至尼連禪河，入水洗浴。」

釋迦牟尼發覺苦行不是滅斷煩惱之道，便放棄苦行的修習，往坐樹下，獨坐思惟。

「菩薩獨行，趣華波羅樹，自發願言，坐彼樹下，我道不成，要終不起。」(同上)

「爾時，菩薩以慈心力，於二月七日夜，降伏魔已，大放光明，卽便入定，思惟眞諦，於諸法中，禪定自在，盡知過去所造善惡，從此生彼，父母眷屬，富貴貧賤壽命長短，及名姓字，皆悉明了。卽於衆生起大悲心，而自念言，一切衆生，無救濟者，輪廻五道，不知出津，皆悉虛僞，無有眞實，而於其中，橫生苦樂。」(釋迦譜卷第四)

釋迦牟尼想到了一切痛苦來自『輪廻五道』，須斷這種生死根由。苦行祇能節慾，不能斷生死。爲斷生死根由，須除『無明』；欲除無明，須有『正覺』。『正覺』是眞正的智慧。爲能求得正覺，佛教各宗有所講的方法。

「汝問，經說苦滅云何？此言何所因起者？

答：由是法生，故是法有，是法滅，故是法無。譬如燈。復次，已說苦諦，渴愛爲因，今說因渴愛盡，故顯苦滅。……

汝問，何法爲滅？何相何事何緣者？

答：滅有多種：一、中間滅，二、念念滅，三、相違滅，四、無生滅。中間滅者，如施戒定三摩跋提能滅三有。由此施等，隨得免離，所對法法，謂貪瞋等，暫時不起，名中間滅。念念滅者，一切有爲，隨刹那謝，名念念滅。相違滅者，此有爲法與相違因，其性相乖相續滅，故名相違滅。此三名相似滅。無生滅者，有因滅盡，故五陰應生，不復得生，此名眞滅。

又餘師說：因及有因渴愛沒有不生，名滅。

復次，與渴共除煩惱愛，業苦不生，名滅。

復次，是眞實用，經無所有，離有離無，是般涅槃，名爲滅諦，如瞿曇傳說。

復次，滅有二種：一、非擇滅，二、擇滅。非擇滅者，有諸諸法，自性破壞，名非擇滅，如空名墮。擇滅者，由智火故惑薪燒，是名擇滅，如因火薪盡。

復次，滅有三種：一、未有滅，二、伏離滅，三、永離滅。若惑未生，未得緣地，名未有滅。若惑已生，已得緣地，由世出世道，現時不起，名伏離滅。若惑已伏離滅，因滅無餘，故未來決不生，是名永離滅。如經言未來欲欲未來永不復生，亦名知此滅。

又分別部說：滅有三種：一、念念滅，二、相違滅，三、無餘滅，譬如燈滅。又餘師說：滅有四種：一、自性滅，二、無生滅，三、中間滅，四、永離滅。不由因滅，名自性滅。又經言若法有生，是法必滅，不由功用，如物輕重，自然浮沉，名自性滅。由因無故，果不得生，名無生滅。如經言由無明滅，故三行(1)不起，如七流(2)中種芽田壞，果則不生，名無生滅。由定力者，名中間滅。由八聖道滅，名永離滅。如經言，若人修無常想，能滅一切結及隨眠惑，以明生故，無明永滅，名永離滅。猶如覆器及被然炬。此論正辯永離滅，何相何事何緣。無所有，爲滅相；心不燒熱，爲事；通達實際，爲緣。大德說：寂靜爲相，心安止爲事，極解脫知見爲緣。」

（四諦論卷第三，分別滅諦品第五）

這一段引文頗長，是爲使我們從佛經裏看到『滅』的道理，有多種講法。但從這些講法裏，我們可以看到，『滅』的方法雖多，大抵可以分爲兩類：一類是暫時滅除苦痛的方法。一類是永久滅除痛苦的方法。第一類的方法很多，第二類的方法，則祇是滅除無明，斷生死緣，那就是佛教的三法郎：諸行無常、諸法無我、涅槃寂靜。大智度論卷第二十二曰：「佛法印有三種：一者一切有爲法，念念生滅皆無常，二者一切法無我，三者涅槃寂靜。」

痛苦的根由，在於有慾，有慾來自無明。爲使人從痛苦中解脫出來，佛祖講說滅諦。滅諦所注意的在於滅慾。中阿含經分別聖諦品稱滅諦爲「愛滅苦滅聖諦」，以滅苦便先要滅愛；愛是貪欲。增阿含經高幢品之一稱滅諦爲「苦盡諦」。

「彼云何苦盡諦？能使彼愛滅盡無餘，亦不更生，是謂苦盡諦。」（增阿含經卷第二十四，高幢品第二十四之一）

「使愛滅盡無餘，亦不更生」爲滅苦的方法和途徑。愛自我的『存有』，乃有『我執』，愛爲自我有益的物體，乃有『物執』。一切煩惱都來自這種『執』、滅盡這種『執』，應該從心下手。儒家大學講修身之道在於正心，佛教講絕慾在於靜心。

「所言滅者，唯心相滅，非心體滅，如風依水而有動相。若水滅者，則風相斷絕無所依止。風相相續，唯風滅故，動相旣滅，非是水滅。無明亦爾，依心體而動。若心體滅，則衆生斷絶，無所依止。依體不滅，心得相續，唯癡滅，故心相滅，非心智滅。」（馬鳴　大乘起信論，眞諦譯）

煩惱由於心動，心動爲心相，爲滅煩惱，要使心不動。心不動，便是心相滅。心相滅，當然慾情也滅了，便是滅諦。佛經用許多名詞，以顯示滅諦的效果，佛經稱滅諦爲無餘永斷、永出、永吐、盡、離欲、滅、寂靜、沒、等名目。

「諸賢云何愛滅苦滅聖諦？謂衆生實有愛内六處，眼處、耳鼻舌身意處。彼若解脫，不染不著，斷捨，吐盡，無欲，滅，止，沒者，是名苦滅。」

（中阿含經卷七，分別聖諦經第十一）

絶慾爲滅苦的聖諦，絶欲則心相滅，心便不動。佛教最重靜寂，靜寂則慾火俱熄。佛教以慾火爲熱，有如沙漠的蒸熱。居在沙漠的人常希望有陰涼，佛祖也以絶慾爲陰涼。

「謂無餘永斷、永出、永吐、盡、離欲、滅、寂靜、沒等。何故名無餘永斷？由餘句故。何故名永出？永出諸纒故。何故名永吐？永吐隨眠故。何故名盡？見道對治得離繫故。何故名離欲？修道對治得離繫故。何故名滅？當來彼果苦不生故。何故名寂靜？於現法中，彼果心永不行故。何故名沒？餘所有事永滅沒故。何故此滅，復名無爲？離三相故，何故此滅，復名難見？超過肉眼天眼境故。何故此滅復名不轉？永離諸趣差別轉故。……何故此滅復名無熱惱？永離一切煩惱熱故，永離一切求不得苦大熱惱故。……何故此滅復名清涼？諸利益事所依處故。……何故此滅復名涅槃？無相寂滅大安樂住所依處故。……」（無著，大乘阿毗達摩集卷五。鳩摩羅什譯）

滅諦在於滅心相，以斷絕煩惱。成實論講滅三種心相。大乘阿毗達摩集也說「離三相故，」心有三相，卽是有三種心動的境況：假名心、法心、空心。

「滅三種心，名爲滅諦：謂假名心、法心、空心。問曰云：何滅此三心？答曰：假名心或以多聞智緣滅，或以思維因緣智滅。法心在煖等法中以空智滅。空心，入滅盡定滅，若入無餘泥洹斷相續時滅。」（成實論 卷十二。鳩摩羅什譯）

假名心，乃凡夫愚子的心相。他們追求知識，他們多用思維；然而他們所得的知識都是假的，因爲萬法皆空，以空爲有，當然是假。以空爲有也就生出各種煩惱。破滅假名心就是破滅「多聞智識」和「思維因緣」。

法心，乃聽信佛法的人之心相，以佛法爲智，但若執着這點佛法，心被佛法所繫，仍舊不能安靜，乃要用「空智」去滅。有是空，空也是空，兩邊都不執着。

空心，乃得道者的心相，以心不執着有，也不執着空，又不執着不有不空，心絕對不偏，所以稱爲中道。宋朝理學家中有一派人，如李延平等，以喜怒哀樂之未發稱爲中，中是心的本體，心的本體便是不動之靜。這種中道和佛教的中道有些相近。心絕對不動而處於本體之靜，乃入涅槃，此卽「無相寂滅大安樂住所」。

佛教的滅，在於靜心。痛苦乃是煩惱，煩惱來自愛慾，愛慾來自無明，無明是心的無明。心有無明乃有我執和物執，由着『執』而造惡業，惡業生無明。無明和惡業互爲因緣。爲打斷這種連環的因緣，在現生從『靜心』下手。以『空』去破我執和物執。執是『心』執着空無的我和物爲有，破滅『執』便要使心相信我和物都是空假，佛教所用的方法，便在於『觀』，靜坐以觀物和我的空。

滅了集苦的三心相，便得四種快樂的心相：滅相、靜相、妙相、離相。

「如是滅諦總有四總行相差別：謂滅相、靜相、妙相、離相。云何滅相？

煩惱難繫故。云何靜相？苦難繫故。云何樂相？樂靜事故。云何離相？常利益事故。」（無著，大乘阿毗達摩集論 卷五。鳩摩羅什譯）

心中不執物我，斷絕煩惱，遂有滅慾的境況。煩惱既斷，不生痛苦，心中清淨，遂有安靜的境況。心中既安靜，乃有無憂無慮，自己滿足的喜樂境況。心中常有喜樂，遂有涅槃的常樂我淨的境況。佛教教義的哲理成份很多，祇有智慧高超的人纔能領悟，一般的人不能登堂入門。故佛教稱一般人爲凡夫愚子。凡夫愚子祇能守誡律，以避免惡業，預備來生能有智慧。

(4) 道諦

道諦乃是滅諦的方法和途徑，滅諦既講滅盡煩惱，斷絕愛欲。然而方法在那裡？佛祖乃說道諦，列舉各種方法。

「諸賢，云何苦滅道諦？謂正見、正志、正語、正業、正命、正方便、正念、正定。」（中阿含經卷第七，分別聖諦經第十一）

苦滅道諦，即是滅苦的方法，在於一個正字；因爲一切煩惱痛苦來自無明的錯誤，爲解脫煩惱，便要在一切動作上都有正，另外是在知識上該有正，所以第一便是正見。這些『正』，稱爲佛敎的八正道。

「道諦者，謂八直聖道，正見乃至正定，是八聖道。略說爲二：一名三昧及見，二名智。」（成實論卷第十二）

八正道都屬於心，修八正道以滅心相。宇宙萬法本屬空，乃由心的無明而執爲有；滅除心的無明，便要在心上修行。其他的誡律都是預備或協助的工作。

「諸賢，云何正見？謂弟子念苦是苦時，集是集，滅是滅。念道是道時，或觀本所作，或學念諸行，或見諸行災患，或見涅槃止息，或無著念，觀善心解脫時，於中擇遍擇，決擇，擇法視遍視，觀察明智，是名正見。」

（中阿含經卷第七，分別聖諦品第十一）

正見的實行，在於『見』、『觀』、『念』、『視』，以達到『觀察明智』。這是心的工作，也是理智的工作，都屬於認識論。對於事理，看得正確，即是按佛法去觀察。

「諸賢，云何正志？謂諸聖弟子念苦是苦時，……道是道時，……觀善心解脫時，於中心伺遍，伺隨順，伺可念則念，可望則望，是名正志。」(同上)

正志，在正意志，「可念則念，可望則望」，心要事事謹慎，不宜事事隨順。這也是心的工作，

「諸賢，云何正語？謂諸聖弟子，……觀善心解脫時，於中除口四妙行，諸餘口惡行，遠離除斷，不行不作，不合不會，是名正語。」(同上)

語言表現人的知識，也表現人的願欲。語言不正，心必不正。若已有正見和正志，知識正確，意志正確，則語言一定要正確，不能妄語，綺語，慢語，惡語。

「諸賢，云何正業？謂諸聖弟子，……觀善行解脫時，於中除身三妙行，諸餘身惡行，遠離除斷，不行不作，不合不會，是名正業。」(同上)

正業，滅除貪、瞋、癡的三行，不作惡行。行由知識和意志所發，正見正志以後，便要正語正業，及正命。

「諸賢，云何正命？謂諸聖弟子，……觀善心解脫時，於中非無理求，不以多欲無厭足，不爲種種技術呪說邪命活，但以法求衣，不以非法。亦以法求食，牀座，不以非法。是名正命。」(同上)

人爲生活，應按佛法謀求衣食住的需要品，凡是不良的職業也不可行。佛教最忌和藥出賣，最忌星相占卜，又忌畫師泥塑，也忌仗恃豪富。不謀這些職業，稱爲正命。

「諸賢，云何正方便？謂諸聖弟子，……觀善心解脫時，於中若有精進方便，一向精勤，求有力趣向，專著不捨，亦不衰退，正伏其心，是名正方便。」(同上)

精進，爲佛教修行的一項重要原則，認識了佛法，便要努力向前，不宜退縮。

「諸賢，云何正念？謂諸聖弟子，……觀善心解脫時，於中若念順念，背不向念，念遍念境，復憶心正，不忘心之所應，是名正念。」(同上)

正念已進入佛教心觀和禪觀的境地，按佛法而對萬法不起貪念，有點似乎孔子所說「從心所欲，而不踰距」的境地。

「諸賢，云何正定？謂諸聖弟子，……觀善心解脫時，於中若心住禪位，順住，不亂不散，攝止止定，是名正定。」（同上）

人入禪定，心已滅斷各不正相，清靜安寧，絕不我執物執，心乃正定。佛教的心定，不是大學的心定，也不是中庸的中；大學以心「定而後能靜，靜而後能安，安而後能慮，慮而後能得。」（大學第一章）大學的『定』，乃是一種心境，使心能好好思慮，而不是最高的修行目標。中庸的『中』，是「喜怒哀樂之未發」，爲心的本然境況，然而心自然有喜怒哀樂之動，人不能求不發之『中』，應求「發而皆中節」的『和』。佛教的心定，爲修行的最高目標，爲涅槃的『常樂我淨』。

成實論稱呼八正道爲正見，正思維、正精進、正語、正業、正命、正念、正定。名詞雖和阿含經有點差別，祇是翻譯的差別，不是內容有異。

八正道若按佛教的三類修行要道來分別，正語、正業、正命，屬於戒；正見、正思維、正精進，屬於慧；正念、正定、屬於定。戒定慧乃是佛教的三類修行要道。

八正道雖爲『道諦』的大道，然而乃是普通的善行，不足以代表佛教各宗的特徵，佛教的宗派頗多，宗派分立的原因，來自對『道諦』的主張不同。釋迦牟尼在宣教時，分了幾個階段，由淺入深，把道諦的道，漸次講述。接受佛祖一個時期所講的道，加以發揮，便成立一宗。佛教裡乃有教判的問題。

教判問題所引起的意見頗多，其中最著的有兩種：一種是天台宗的五時八教，一種是華嚴宗的五教。天台和華嚴的教判分法雖不同，然而在基本上是相同的，都是根據各宗『道諦』的深淺而分判。

天台宗的五時爲：華嚴時、阿含時、方等時、般若時，法華涅槃時。五時的教爲華嚴宗、小乘有部、大乘始部、般若部、法華天台宗，由五時而有化儀四教和化法四教。化法四教爲藏教、通教、別教、圓教。化儀四教爲頓教、漸教、秘密教、不定教。華嚴宗的五教爲小乘教、大乘始教、大乘終教、大乘頓教、大乘圓教。

天台和華嚴的教判，在基本上分小乘和大乘，小乘爲阿含時，爲藏教，爲漸教。俱舍論屬於小乘。大乘則分爲四教：

大乘始教，爲漸教，爲通教；成實論、唯識論、般若經、中觀論屬於這一教。

大乘終教，爲實教，爲法性教，爲漸教；楞伽經、起信論屬於這一教。

大乘頓教，爲別教，爲不定教，爲秘密教，禪宗屬於這一教，天台宗以華嚴經屬於這一教，華嚴宗以天台屬於這一教。

大乘圓教，爲圓教，天台宗自稱屬於這一教，華嚴宗也自稱屬於這一教。

我們爲講述佛教的道諦，便漸次把佛教最重要的幾個宗派，對於正覺正智的主張，很簡單提出說明。

俱舍宗代表小乘有部，主張一切萬有在變，祇有刹那的存在，但這種存在是實有的，因此主張三世實有。人的生死輪廻來自業力，業力結成十二因緣。人應明瞭因果原理，修行戒定的生活。

成實宗，由小乘入大乘，主張空論。以萬有爲空，歸於非有非空的中論。立俗諦眞諦二諦，俗諦論有，眞諦論空，以涅槃爲實實空。眞實的智慧不在於實有的否定；若祇有否定，則人的心會執着於空，空爲人心等於有。因此不能有一邊之見，不以有爲有，不以空爲空，而是非有非空的中道。成實宗後來歸於三論宗，以中道爲主。爲能得到道諦的智慧，有七十三種的助菩提法，即四念處、四正勤、四如意足、五根、五力、七菩提分、八聖道分。這七十三種方法，幫助人由戒入定，由定入慧。

唯識宗和法相宗相合，爲中國佛教的一大宗，主張一切唯識。人心由無始以來藏着識的種子，稱爲阿賴耶識，或稱爲第八識。阿賴耶識依着五種感官的境，熏習種子而成識，由第六識意識予以了別認識，第七識末那識執以爲實。於是外面有宇宙萬有，內面有貪愛的慾情，一切煩惱便應運而生。然而第八識的心究竟是什麼？乃是染污的眞如。但若眞如有染污，追根應該有不染污的心；有的唯識佛家稱這不染污的心爲第九無垢識。萬法皆空，都是識所造，識又由種子所造，種子熏現行，現行熏種子，循環不已。修行爲得正覺的方法，在於消除有漏的種子，使無漏種子得以發展而證悟眞如。

攝大乘論和大乘起信論，對於唯識論有所改變。攝大乘論主張有第九識，認定有無垢清淨的眞實，隱在人心以內。人須修行才能和無垢清淨的眞實相結合，修行的方法爲六度。大乘起信論以眞如爲萬法的實相。眞如有兩門：一爲眞如門，一爲生滅門；眞如門爲本體，生滅門爲現象。眞如本體是清淨無垢，然眞如能因無明而有染污，於是便有生滅的現象。生滅的現象，就是宇宙萬法。大乘起信論主張萬法唯心。

般若經和大智度論，以般若爲佛心，卽菩提，般若又是一切種智。智能斷煩惱，無內外法，無我，有第一義空。第一義空不以空爲虛無，而以一切法不合不散，三世平等。般若經所講的修行，爲六度的禪定，由定以得智。

涅槃經主張眾生皆有佛性，但蒙有塵垢，乃有色塵的世界而生煩惱。因此應該修行，以滌除塵垢，眾生便都能成佛。佛性無相、無因、無果，乃是常樂我淨。

中論爲三論宗的基本經典，也爲成實宗所依據。中論主張『中』，非有非空，亦有亦空，中爲畢竟空。畢竟空卽是如來，如來卽是實相。爲達到畢竟空的智慧，應該先破因緣。小乘大乘常執着一種意見以爲眞理，在所執意見中，特別以因緣論最爲普遍。如來沒有因緣，畢竟空則破除一切執着，也不執着如來實相，所以講『八不』：不生亦不滅，不常亦不斷，不一亦不異，不來亦不去。

華嚴宗的華嚴經，爲佛得正覺後，立卽向弟子等講說正智的高妙，述說取得正智的經驗，因內容過高，不爲弟子們所懂，佛祖乃轉而講阿含經的小乘佛法。華嚴宗爲大乘圓敎，主張『事事無碍法界』，建立『十玄門』。宇宙萬物乃是現象，稱爲事；宇宙萬物的實體爲眞心或眞如，稱爲法，卽萬物存在之理。事和法合而爲一，不能分離。法爲一，理就是一，卽是眞心，萬物因理而存在，存在之理爲一。因此，萬物彼此相通，便是『事事無碍法界』。一卽是多，多卽是一，彼此相卽，彼此相融。『十玄門』說明這種思想，例如『同時具足相應門』，說明萬物同時生起，同時存在，三世相融，一切相離的萬物，結成一體；一物內具足全體。又如『諸法相卽自在門』說明一切的事物，雖是相離的單體，實則彼此相卽相融，不受限制。眞如和萬物不分離，眞如爲實體，萬物爲現象，結成一個實相，互相圓融。

天台宗的法華經和涅槃經，爲佛祖圓寂前最後所講的經，爲佛敎的最高深的法理。天台宗主張三諦圓融，三諦爲空諦、假諦、中諦。萬物沒有實相，所以是空，但在宇宙中有假相的存在，所以是假，然而空而假的萬物有存在的實相，這唯一的實相，不空不假，亦空亦假，而是中道，稱爲『如如』。天台宗講十如如，以十如如配十法界，每一法有十如，每一如如有十法界，每一法界又有三種世間，卽衆生世間，五陰世間，國土世間。因此，互又加乘便成爲三千世界。三千世界具於心之一念，就是說心之一念中，具有三千世界。天台宗爲實現一念三千，乃講『摩訶止觀』，在一念之內，諸法圓融。

禪宗的道諦，有如來禪和祖師禪之分。如來禪乃是佛教各宗共通所實行的坐禪，以求禪定。坐禪所觀的，在於觀世事的虛空，和身體的不淨，使能制止慾情，不起貪心。祖師禪則爲中國的禪宗，主張不立文字不假言語，頓悟正覺。在正覺中，心和最高實相融洽。頓悟不用言語，也不能用言語，萬法的實相，爲絕對的實相，超越一切相對。人的理智和言語，都是屬於相對性的，理性的行動也都是屬於相對性的。心和絕對實相的融洽，在於直覺，不用思維，沒有觀念。禪宗的禪師們所用方法，南北不同，各派也相異；然都要在實行的生活裡，去求正覺。

(二) 因緣論

佛教的一個中心問題，爲人生都是痛苦；佛教的一個中心課題，則是因緣論。佛教相信，宇宙萬物不是實有的，所有的乃是因緣的和合。因緣和合，乃有萬物。若沒有因緣，則萬物不有；因緣若不和合，萬物也不會有；痛苦便是來自因緣。因此，因緣論在各宗佛教裡都佔重要的位置。「諸法因緣成，佛說其因緣」。（五分經律卷第十六）

(1) 因緣的意義

因和緣雖常聯成一個名詞意義相近，實則意義並不相同。因緣相聯的意義，是「此有故彼有，此生故彼生；此無故彼無，此滅故彼滅。」

「問曰：因之與緣，有何差別？

尊者和須蜜說曰：因卽是緣，若有此，則有是。亦是因，亦是緣。世尊亦說：阿難，若有此，則有是，是因是緣，如是作生爲老死因。問曰：若有此，則有是，是因是緣者，如人見瓶生覺心，瓶是覺因耶？答曰：不以有瓶是覺因，所以者何？自有瓶，不生覺心，和合，乃生覺心。和合是覺緣，非瓶。……復有說者，近者是因，遠者是緣。」（阿毗曇毗婆沙論卷第十六）

毗婆沙論以因和緣沒有差別，但有的佛教宗派以因與緣有區別，前面引文裡，最後說近者爲因，遠者爲緣。在這部論第十六卷裡，還提出一些別的意見：

「有說者，不共者是因，共者是緣。」

「復有說者，生是因，隨生是緣。」

「復有說者，自體長養是因，他體長養是緣。」

「尊者佛陀提婆說曰：作是因，所作是緣。」

「復有說者，相似是因，不相似是緣。」（同上）

這裡，我們看到有六種不同的意見，把因與緣的意義，加以區別。在梵文裡，因是 Hetu 緣是 Pratyaya。因是「此有故彼有」的原因，緣則是一般相助的條件。譬如種草，草種是因，土和太陽和雨露乃是緣。然而在中國的佛典裡，因緣常合成一個名詞，或者僅用一個緣字。但在佛典講因緣的分類時，則又常把因緣分開講。

毗婆沙論百二十七卷說：「造是因義」，大乘義章卷二說：「親生義，目之為因」，卷三說：「緣者，由藉之義」。因是主因，緣是助因。

⑵ 六因

因緣問題在根本上是佛教的一個最困難的問題。佛教說一切有都是因緣和合；但我們要問：一、因緣是否實有的？二、因緣由何而來？三、因緣怎麼能相和合？第三個問題，可以由心理方面解答，說是因着貪愛的心，使因緣和合。第二個問題和第一個問題，便不能有答覆，華嚴哲學說因緣重重無盡。

佛教各宗，尤其是小乘，常把這些問題撇開不談，祇就因緣而討論因緣，乃有六因和四緣或十緣或二十四緣的學說。

六因的學說盛行於小乘佛教，首先見於發智論，後來在婆沙論和俱舍論裡都有。

「有六因，謂相應因乃至能作因。云何相應因？答：受與受相應法爲相應因，受相應法與受爲相應因，想思觸作意欲勝解念三摩地慧與慧相應法爲相應因，慧相應法與慧爲相應因；是謂相應因。

云何俱有因？答：心與心所法爲俱有因，心所法與心爲俱有因，心與隨心轉身業語業爲俱有因，心與隨心轉不相應行爲俱有因，隨心轉不相應行與心爲俱有因，復次，俱生四大種展轉爲俱有因；是謂俱有因。

云何同類因？答：前生善根與後生自界善根及相應法爲同類因，過去善根與未來現在自界善根及相應法爲同類因，……是謂同類因。

云何遍行因？答：前生見苦所斷遍行隨眠與後生自界見集滅道修所斷隨眠及相應法爲遍行因，過去見苦所斷遍行隨眠與未來現在自界見集滅道修行所斷隨眠及相應法爲遍行因，現在見苦所斷遍行隨眠與未來自界見集滅道修行所斷隨眠及相應法爲遍行因，……是謂遍行因。

云何異熟因？答：諸心心所法受異熟色心心所法心不相應行，此心心所法與彼異熟爲異熟因，復次，諸身語業受異熟色心心所法不相應行，此身語業與彼異熟爲異熟因，復次，諸心不相應行，受異熟色心心所法心不相應行，此心不相應行與彼異熟爲異熟因；是謂異熟因。

云何能作因？答：眼及色爲緣生眼識，此眼識以彼眼色彼相應法彼俱有法，及耳聲耳識，鼻香鼻識，舌味舌識，身觸身識，意法意識，有色無色，有見無見，有對無對，有漏無漏，有爲無爲等一切法，爲能作因。除其自性，如眼識耳鼻舌身意識亦爾，是謂能作因。」（阿毗達摩發智論卷第一，中道納息第二）

阿毗曇毗婆沙論卷第十六講，論六因爲：相應因、共生因、相似因、一切徧因、報因、所作因。

俱舍論卷六說：「因有六種，一能作因、二俱有因、三同類因、四相應因、五遍行因、六異熟因。」

大智度論卷三十二所講六因，爲相應因、共生因、自種因、遍因、報因、無障因。

綜合上面四種經典所說，六因的名稱雖有異，內容則相同：

相應因，（發智論，婆沙論，俱舍論，大智度論）

俱有因，（發智論，俱舍論）共生因（婆沙論，大智度論）。

同類因（發智論，俱舍論），相似因（婆沙論）自種因（大智度論）。
遍行因（發智論，俱舍論），一切徧因（婆沙論），遍因（大智度論）。
異熟因（發智論，俱舍論）報因（婆沙論，大智度論）。
能作因（發智論，俱舍論），所作因（婆沙論），無障因（大智度論）。

上面所引發智論卷第一的經論，解釋六因的涵義；但祇舉例來說明，實際上意義仍然不明白，必須再加解釋，

（甲）能作因

俱舍論卷第六的分別根品第二之四說：

「初能作因相云何？頌曰：除自餘能作。
論曰：一切有爲，唯除自體，以一切法，爲能作因。由彼生時，無障住故。
雖餘因性，亦能作因，然能作因，更無他名。」（俱合論卷第六，分別根品第二之四）

能作因，是一法對於另一法的發生，與以發生的力，稱爲能作因。如眼生眼識，眼是能作因。這種因分兩支：一支是有生力法，一支不給予阻障，因此也稱爲無障因。有生力能作因通有爲法，無障能作因通無爲法。能作因的果稱增上果。

（乙）俱有因

「第二俱有因相云何？頌曰：

俱有互為果，如大相所相，心於心隨轉。」

論曰：若法更互為士用果，彼法更互為俱有因。如四大種更互相望、為俱有因。如是諸相與所相法，心與心隨轉，亦更互為因。是則俱有因，由互為果、遍攝有為法。」（俱舍論卷第六，分別根品第二之四）

俱有因是兩種或兩種以上的法，互為因果，如蘆葦互依，如四大地水火風互為果。俱有因，應同時俱有，缺一不可。「一有一切有，一無一切無」（同上）俱有因的果稱為大用果。

（丙）同類因

「第三同類因相云何？頌曰：

同類因相似，自部地前生，道展轉九地，

唯等勝為果，加行生亦然，聞思所成等。

論曰：同類因者，謂相似法與相似法為同類因，謂善五蘊與善五蘊展轉相望為同類因……故本論說過去大種未來大種因增上等，為諸相似於相似

法，皆可得說爲同類因。……」(同上)

同類因卽同類法以同類法爲因，如善法爲善法之因，無記法以無記法爲因。同類因的同類就善惡而言，不就心與色而言。同類因的果爲等流果。

(丁) 相應因

「第四相應因相云何？頌曰：

相應因決定，心心所同依。

論曰：唯心心所是相應因，若爾所緣行相別者，亦應更互爲相應。……同依，謂要同依心心所法，方得互爲相應因。」(同上)

相應因是心與心所法，必同時相應而生。如眼根爲有眼識應與意識相應。相應因和俱有因有些相同，所有果也稱士用果。

(戊) 遍行因

「第五遍行因相云何？頌曰：

遍行謂前遍，爲同地染因。

論曰：遍行因者謂前已生遍行諸法，與復同地染污諸法爲遍行因。……此

與染法爲通因，故同類因外，更別建立，亦爲餘部染法因。」(同上)

遍行因本是同類因，特別對於煩惱的同類因，分別立爲遍行因。所有果也是同類果。

(己) 異熟因

「第六異熟因相云何？頌曰：

異熟因不善，及善唯有漏。

論曰：唯諸不善及善有漏，是異熟因，異熟法故。何緣無記不招異熟？由力劣故，如朽敗種。何緣無漏不招異熟，無愛潤故。如眞實種無水潤沃。」(同上)

異熟因爲惡及有漏善法所行現行，在來生有果報，現行是異熟因，果爲異熟果。在六因中，眞正的因果關係，是能作因和異熟因，其他四因都是能作因和異熟因的狀態；而且又因着四緣論的學說，六因的學說，祇在小乘中講解，在大乘佛教裏不被採用；大乘則採用四緣論。

唯識論，立十因：隨說因、觀待因、牽引因、生起因、攝受因、引發因、定異因、同事因、相違因、不相違因。唯識的十因，都是從識的方面去分析。

(3) 四緣

四緣論似乎成立在六因說以前，在識身足論已經講四緣，識身足論寫在婆沙論以前，有人說是寫在佛滅後一百年間。

「有六識身，謂眼識耳鼻舌身意識。眼識有四緣：一因緣，二等無間緣，三所緣緣，四增上緣。何等因緣？謂此俱有相應法等。何等等無間緣？謂若從彼諸心心法平等無間，如眼識已生正生。何等所緣緣？謂一切色。何等增上緣？謂除自性，餘一切法。是各眼識所有四緣。」（阿毗達摩識身足論卷第三）

阿毗曇毗婆沙論也講四緣：「總而言之，因緣有四緣義，非一一法從因緣生，盡有四緣義。」

四緣的意義，一、因緣，對於感覺而言，六根爲因，六塵爲緣；如眼和色相合，便生眼識。根和塵相應，「謂此俱有相應法等。」又如唯識論以種子，和現行，再熏新種子。二、等無間緣，也稱次第緣。心和心所法，次等相望，無有間斷，相繼而起；即是心的動作，一個引起另一個。在唯識論中，前心望後心，體用齊等，中無間斷，稱爲無間緣。三、緣緣，是心心所法，託緣而生想慮；所以說緣緣者，是心之所慮處，名爲所緣，因所慮，心乃起動作，是名緣緣。四、增上緣，除自體外，餘一切法能有勝力，使一法生或使一法滅，名爲增上緣。如水土使草生，冰雹使草滅，都是增上緣。

在這四緣裏，前三緣都祇對心理動作而言，後一緣則範圍很廣，也攝前面三緣。舍利佛阿毗曇論有十緣說，十緣爲因緣、無間緣、境界緣、依緣、業緣、報緣、起緣、異緣、相續緣、增上緣。

「十緣：謂因緣、無間緣、境界緣、依緣、業緣、報緣、起緣、異緣、相續緣、增上緣。

何謂因緣？若法因是名因緣。……

何謂無間緣？若法生滅是名無間緣。……

何謂境界緣？一切法境界緣，如相生心心數法，是名境界緣。

何謂依緣？若法有猗，是名依緣。……

何謂業緣？業是業緣，若非業是業緣，若業異業因生業，是名業緣。
何謂報緣？若法有報，是名報緣。
何謂起緣？若法能緣所起，是名起緣。……
何謂異緣？若法共有，是名異緣。
何謂相續緣？若法增益不斷，是名相續緣。……
何謂增上緣？若法勝是名增上緣。……」（舍利佛阿毘曇論卷第十九，緒分遍品第一）

十緣和四緣相比較，四緣是十緣中的首起兩緣和末尾兩緣；十緣中間的六緣，在四緣中沒有。這種差別，是因爲十緣的中間六緣，卽境界緣、依緣、業緣、報緣、起緣、異緣，不是分析因緣的內在關係，而是解析因緣的外在情況；因此，十緣說在先，四緣說在後，四緣說是簡化十緣說而成。最先還有二十四緣說。

佛教的因和緣，意義相近，甚至相同。就是兩者分開來講，因和緣常在一起，沒有因，必然沒有緣。這並不是說緣是因所生，祇是說若講一法之緣，必定要講一法之因；因爲兩者分開來講，因是本因，緣是副因，有副當然要有本。若有因，也應有緣，因爲一切法都由因緣相和合而成，一因不引起一法；『俱有因』也是兩因或兩因以上之因相和合而生法。

佛教所講的因緣，都是從心理方面去講。「然以此因緣觀視爲全體，於彼說有顯著的一特徵，這是什麼人都容易看見的。卽這因緣論，雖說是涉及現象界全體的法則，但專以我們的生命活動，特別以關於心理活動的法則爲主而建立的。這卽使看四緣的性質，六因的性質，二十四緣的名目，也是容易了解的。而這點，在看佛教世界觀的特徵上，是極爲重大的事情。在部派佛教中，卽使含有實在論的傾向，佛教在全體上，終於被說爲唯心論，單從這事就可以推知。」(3)

關於這一點，我們在前面講因果關係時，已經說明。

(4) 五果

既講因緣，就應講果。但是佛教對於『果』不大注意；因爲佛教特別注意『業』和『業報』，業報卽是果。若除開業報，果就沒有什麼意義了。然而在人的生活裏，因果的關係，除了業報以外，還是有其他的種類；因此，佛教乃有『五果論』。

『五果論』開始，見於大毘婆娑論。

「然契經中說果有五種：一等流果、二異熟果、三離繫果、四士用果、五增上果。

等流果者，謂善生善，不善生不善，無記生無記。

異熟果者，謂諸不善有漏善法，所招異熟因，是善惡果，惟無記異類而熟，故之異熟名。

離繫果者，謂無間道斷諸煩惱，此無間道以煩惱等斷爲離繫果。……

應思士用果者，若法由彼士用，故成此法，說爲彼士用果。

增上果者，若法由彼增上所起。……」（阿毘達摩大毗婆娑論卷一百二十一，書生納息第三之四）

大毘婆娑論很詳細地討論五果，然而愈討論愈不容易使人明瞭。簡單地說(一)等流果，是指因和果性質相同。善因生善果，惡因生惡果。這是對於業報說，善業得善報，惡業得惡報。又如遍行因爲一切煩惱的原因，煩惱便是遍行因的等流果。(二)異熟果，爲果和因不是同類的。無記因，可生善惡業報，便是異熟果。從因果關係的本質上說，後生的業報對於前生的業，性質不相同；前生業的本質是倫理性的善惡，後生業報的善惡，屬於本體性的善惡，故是異熟的因果關係。(三)離繫果是涅槃，一個人得了正覺道，斷絕了一切煩惱，進入涅槃。涅槃和正覺，互相離繫，故稱離繫果。而且正覺智慧爲無爲法，離繫果由無爲法而成。（四）士用果，是由動力因而生的果，故士用果的範圍很大。（五）增上果，是由增上緣所生的果，包括一切積極和消極的原因，積極地對於一法的生具有影響力，消極地對於一法之生不加阻礙，這都是增上緣，這增上緣的果就是增上果。

果和因緣相聯繫，果的分類，來自因緣的分類；然因緣的分類，也來自果的關係；因爲因果互相關聯。

佛教講因果，都是講人的行動之因果，不講宇宙界的因果。佛教是不是承認宇宙界有因果關係或有因果律呢？佛教常說一切的法（事物）都是因緣和合，有部雖主張有四大，主張有微塵，具體的宇宙由四大和微塵而成。但是佛教所謂的宇宙，乃是心所構成的宇宙，由主觀而構造，若沒有主觀，卽沒有宇宙，並不是和主觀相分離的客觀宇宙。因此，宇宙的因果關係，也是主觀的因果關係。士用果和增上果雖也包括客觀宇宙的因果關係，然這因果關係的成立，還是由主觀的認識動力而成。大乘佛教的思想所以較比小乘佛教的思想更符合佛教的邏輯，而表現得更澈底，卽是說『萬法唯識』，『萬法唯心』。

(5) 業

（甲）業的意義

『業』在佛敎的因緣論裏，佔着最重要的位置，雖不能說佛敎的全部教義，都是在講『業』和『報』，然佛敎教義的中心，則在這個問題上。

佛敎的中心問題，在於滅除痛苦，痛苦是在生命輪廻裏輾轉流行，生命的輪廻，卽是『業』和『報』。我們從上面所講的『因』、『緣』、『果』，已經看到因緣論的中心，是在於『業』和『報』。

「世別由業生，思及思所作，思卽是意業，所作謂身語。」（俱舍論卷第十三，分別業品第四之一）

『業』在梵文爲 Karma，（譯爲羯摩）意義是『造作』，也就是行動。行動和造作在意義上稍有不同，行動的意義很廣泛，表示一切的動作，造作則表示行動留有效果；這種效果有引起果報的力量，因此業也稱爲業力。

人的行動，或者是善，或者是惡，或者是不善不惡的無記。這是倫理方面的價值，在心理上可以引起效果，即是人心的安或不安，行善使人心安，行惡使人心不安而起煩惱；無記性的行動，不引起人心的注意。佛教很注意業所引起的心理效果，因爲煩惱就是痛苦，禪定就是求人心安定。俱舍論分業爲四類：

「又經中說業有四種：謂或有業黑黑異熟，或復有業白白異熟，或復有業黑白黑白異熟，或復有業非黑非白無異熟，能盡諸業其相云何？頌曰：

依黑黑等殊，所說四種業，惡色欲界善，
能盡彼無漏，應知如次第，名黑白俱非。」（俱舍論卷第十六，分別業品第四之四）

這種分類以倫理價值爲標準。惡業得惡報，稱爲黑黑異熟業，業有染污，稱爲黑，報亦染污，也稱爲黑；異熟表示因果的本體性質不同。善業得善報，稱爲白白異熟業，業沒有染污，稱爲白，報沒有染污，也稱爲白。若是善惡相雜，則稱爲黑白黑白異熟業。至於無爲法，爲無漏業，斷絕貪愛，離棄生死，不引果報，乃稱爲非黑非白無異熟業。

這種業力，由倫理方面而到心理方面，爲通常的現象，大家都可以體驗到。然而由心理方面的感受而進到本體方面，則就是佛教的特有學說了。

佛教的業力，可以達到現生的報應，特別是能達到來生的報應，來生的報應有五趣或六趣：地獄、餓鬼、畜生、人、天（脩羅）。普通說來，倫理的價值進入本體性的效果，應有一種外力去執行，例如在國家有司法機關，判決並執行一切刑罰。一個人犯了法，國家有權力使他受法律的制裁。若僅由行爲的本身說，絕對不會因自己本性就決定刑賞而與以實行。例如竊盜的行爲不能由自性使竊賊往牢獄裏去，必定先設有牢獄，又先有人判罪，又有人帶他入獄，然後竊賊才會入獄受刑。相信有神的宗教，便相信所信的神有權力處罰人的罪，賞人的善，使人在來生受得行爲的報應。佛教不信有神，而信業報爲必然的關係。

漢朝儒家曾信天人感應，皇帝和人民的善惡行爲，必定會在自然界的天象裏起感應，惡事有天災和怪異的感應，善事有祥瑞的感應。漢朝儒家的這種信仰並不否認有上帝的賞罰。同時漢朝儒家肯定宇宙一切由陰陽五行之氣而成，人事由氣而成，天象由氣而成，氣有同類相感之性，人事的善氣有天地善氣的感應，人事的惡氣有天地惡氣的感應，因此乃能發生天人感應的現象。

佛教的業力和報應，由倫理價值進到本體上的反應，所能有的解釋，在於佛教以一切萬物都由主觀心理所造。人的生死來自十二因緣，前生的『無明』和『行』爲業 是倫理的價値，這種價値在心理上造成人對自我生命的愛戀，執着不捨，因而乃在來生投入母胎，在母胎有『識、名色、六入、觸、受，』五因緣，這五種因緣乃是生理上的現象而成爲一個新本體的嬰兒，佛敎則以這五種因緣也都祇是心裏上的反應，因爲人在前生堅持有自己的生命，這種堅持的心使延伸到另一生，而構成輪廻的繼續。旣有另一生，於是有『愛、取、有，』三種因緣，引起一切苦痛，而且又預備了再一生的輪廻，有『生、老死』兩種緣因。這十二因緣爲『業力』的實際表現，表現所成的現象，卽爲十二因緣，因緣的意義都是心理上的現象。因此，業力乃是一種心理現象。所以佛敎常說三世由業力所造。

佛敎也承認『佛力』，佛爲超渡羣力，具有超凡的神力。但是這種佛力，祇在於使相信的人可以得正覺而斷絕無明的因緣，並不達到惡業或善業的報應。

佛敎有部創立『無表色』的學說，以釋解『業力』。若是一切法都不常在，一刹那卽滅，行爲所造成的業隨着行爲而滅，怎麼可以引生來世的報應呢？有部如俱舍論雖承認三世實有，然並不主張三世同在。那麼前世的行爲，怎麼留到現世，而又留到第三世呢？有部的佛敎宗派創『無表色』說。俱舍論說『無表色』：

「示非表令他了知。」(俱舍論卷第一)

即是我們感官所不能認識的對象。佛敎分物質爲三類；可見可對色，不可見有對色，不可見無對色。第一種物質是可以看見的物體，第二種是不可見而可感覺的物體，第三種是不可見不可感覺的物體。無表色代表第三種物體。凡是行動造業，業能成爲無表色而存在到來世。

「諸有依業，發起律儀及不律儀，非二無表，初刹那頃，表，無表色，與及餘能造大種現在俱滅，滅至第二刹那以後，表及大種俱在過去，諸無表色，有在過去，有在未來，有在現在。」（阿毘達摩大毘婆沙論卷第三十二）

無表色能存留到未來，便可以解釋『業力』的因果關係。但從哲學的觀點去研究，問題並不能解決。業所留的無表色究竟是什麼？是什麼性質？怎麼能够引生來世的輪廻生死？佛敎說『無我』，果報不是本體性的。然若『無我』，問題更不能解決了。『無我』問題在後面將要研究。

（乙）業的種類

上面已經說到業的分類，按倫理價値分有四類。但是重要的分類，還是從業力本身上去分類，四阿含經分業爲三類，卽身業、語業、意業。業旣是人的動作，人的動作有三種活力，使用身體手足的行動、使用言語的行動、使用心意的行動。

「此所由業，其體是何？謂心所思及思所作，故契經說，業有二種：一者思業，二思已業。思已業者，謂思所作，如是二業分別爲三，謂卽有情身語意業。如何建立此三業耶？爲約所依，爲據自性，爲就等起。……故毗婆沙師說，上三業如其次第，由上三因；然心所思，卽是意業，思所作業分爲身語二業，是思所等起故。身語二業，自性云何？頌曰：此身語二業，俱表無表性。」(俱舍論卷第十三，分別業品第四之一)

業爲行動造作，行動若按所依而言，都是依『身』，因爲凡是行動都是『身』的行動。若按等起而言，行動都是『意』的行動，意乃是『心』。但按行動的本身說，行動應分爲身、語、意三類。

身業，爲身體的行動，行動表現形狀，稱爲身表業。身業在人心留有招致果報的隱力，乃稱爲身無表業。

語業，爲人的言語，言語和動作一樣，把人的心意表現到外面來，語業便也是表業，但又每有招致果報的隱力，便又稱爲語無表業。

意業爲心思，心思不可見，故不是表業，然可以是無表業。

「毗婆沙師說，形是實，故身表業，形色爲體。語表業，謂卽言聲。無表業相，如前已說，故經部亦說，此非實有。」（同上）

表是形色，形色爲實。婆沙論以無表雖無形相，也是實，假使不是實，業便不能成立。

因此俱舍論說色有三種：

「論曰：以契經說色有三種，此三爲處，攝一切色。一者有色有見有對，二者有色無見有對，三者有色無見無對。」（同上）

在上面已經說了這三種色，色不是顏色，而是具體。無見無對，乃是精神具體。

身語兩表又分爲善惡十業。

- 十惡業
  - 身惡業
    - 殺生
    - 偷盜
    - 邪淫
  - 語惡業
    - 妄言
    - 惡口
    - 兩舌
    - 綺語
  - 意惡業
    - 貪欲
    - 瞋恚
    - 愚痴

- 十善業
  - 身善業
    - 不殺生
    - 不偷盜
    - 不邪淫
  - 語善業
    - 不妄語
    - 不離間語
    - 不粗惡語
    - 不綺語
  - 意善業
    - 不貪
    - 不瞋
    - 不癡

業又分爲三受業：苦受、樂受、捨受。這是按照因業而受苦、或受樂、或捨棄一切。

業又分爲福業、非福業、不動業。這是按照三界而分。福業爲有情人作有利於他人的善行，在欲界得有益於自己的福果。非福業爲有情人作害人的惡行，在欲界招致有害於自己的惡果。不動業爲有情人作善行，在色界和無色界得果報。

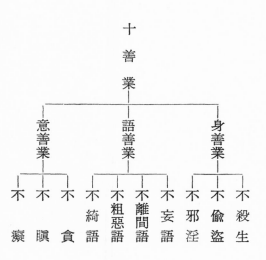

還有其他較不重要的分類，略而不說。業的分類，從哲學的觀念說，都沒有重大的意義。業的意義，在於業能引起果報的業力。

人生的一切，都是前生業力的結果。一個人前生的行爲決定他現生的環境和遭遇。同時，人的行爲，決定外界宇宙萬物的存在，因此『業』便是宇宙萬法的根由。

慧遠曾說業有三報：現報、生報、後報：

「經說業有三報：一曰現報，二曰生報，三曰後報。現報者，善惡始於此身，卽此身受。生報者，來生便受。後報者，或經二生三生百生千生，然後乃受，受之無主，必由於心，心無定司，感事而應，應有遲速，故報有先後。先後雖異，咸隨所遇而爲對，對有強弱，故輕重不同。斯乃自然之賞罰，三報之大略也。……」（弘明集卷第五）

(6) 因果律

慧遠運用漢朝的感應說，然不用漢朝人所說的氣相感應，而以心相感應。

因果律的應用，不限於哲學，在自然科學和人文科學裏，應用也很廣。普通來說，因果律表示兩椿事物中的聯屬關係，一椿事物對於另一椿事物的存在有了影響力。佛教各宗都承認有因果律，也說明『因』是：『有是乃有彼，無是則無彼』。

因果律的意義，在西洋的傳統哲學裏，常以爲是一個『有』引生另一個『有』：引生者爲因，具有發動力，被引生者爲果。西洋近代哲學，從英國經驗主義興起後，因果律漸被哲學家所擯棄，或至多承認兩現象常連結一起則爲因果關係。因爲許多近代西洋哲學家主張人的理智不能認識物的本性和本體，所認識的祇是外界現象。

佛教承認因果關係，且以萬物完全是由因緣和合而成，若沒有因緣，萬物都不存在了。但是這種因果的主張，包括一切，又以心理關係作爲因緣的根基，便和普通哲學上的因果律不同了。

(甲) 因果的範圍

佛祖對於世界的成立，以及對於萬物的變化，不採宿命論，也不採神造論，更不採偶然論。世界不是由神所造，也不由神所掌管，而是由因緣和合而成。

世界萬物的因果關係，爲種種相互的關係，或係同時，或係異時。若爲同時，則爲主者爲因，爲從者爲果。若爲異時，則前者爲因，後者爲果。但若更換立場，一因可有多果，多果可有一因；又因可成爲果，果可成爲因。一切爲相對的關係。

整體世界因着因緣而成一個整體，外界物體和主體內心，互相貫通。世界沒有一個孤立的因，因緣相集合纔能有物。

這種因果關係的主張爲佛敎的特有主張。西洋的哲學雖然承認世界每一事件的發生，應有相當的原因，然而這些原因，祇是單獨的事件，而不構成一個整體系統；佛敎則有一整體的因緣系統。由人的無明，乃起邪見，邪見引起外界的客體，客體再引起人的情慾，情慾產生惡行，惡行招引來生的存在和痛苦更加重無明。這些因果，彼此相連，結成一環，彼此又是因，又是果，使人的存在和宇宙萬物的存在，緊相聯繫。乃有一個整體因果的系統。

（乙）主體心理動作爲客體事物存在的因緣

佛敎因果律的第二個特點，是主體心理動作爲客體存在的因緣。

在普通的生活中，心理的動作可以引起外界事物的存在；不僅如聖多瑪斯 St. Thomas Aguinas (1225-1274) 所講四因之一的『意向因』，可以發動一項動作，就是四因之一的『動力因』，也可以是一個心理動作，例如因哀而大哭，因喜而大笑，因怒而摔杯子。這些心理動作乃是『動力因』。不過，心理動作的動力祇能達到主體本身，發動主體本身的動作，但不能不經過主體的四肢五官，直接使外界一物體產生。例如，不能因我願意有一株桃樹，外面就生長一株桃樹；也不能因我不願意一個人活，那個人馬上就死。這種因果關係，祇能在全能的造物者可以有，全能的造物者願意造一物，想有就有。因爲他是絕對的有，具有一切的力。一個人則沒有這種能力。

佛教不承認造物者，也不主張人是造物者；可是卻主張一切都由人心所造。人心因受無明的染汚，發生邪見，邪見以自我爲有，又以外界事物爲有；若能消除邪見，自我和事物就不存在。外界事物和自我，本來沒有，稱爲空，祇以人的邪見而有。邪見爲心理作用，邪見而使自我和外物存在，這是主體心理動作，直接產生外物。心理動作所引起的果，祇在心理以內存在，因着心理邪見所引起的事物祇存在人心以內。佛教以一切事物都由心的邪見而生，整個的宇宙萬物，便是一種心理想像。若以這種想像的世界爲外界的世界，確實是一種唯心論。西洋哲學的唯心論，或者是認識唯心論，主張人只能認識自己心內的想像，不能認識外界客體，所有的認識是自己一心所造，沒有外界的客體。或者是本體唯心論，主張外界宇宙，祇在人心內存在；然人心是精神體，人心所認識外界宇宙，也爲一精神體。精神的人心和外界的精神，同是一體，人心乃是內外精神體的意識。

佛教的唯心論，旣是認識唯心論，又是本體唯心論；然又和西洋的兩種唯心論不同。人所認識的對象，在人心內，卻又在外。這種對象爲人心所造，卻又是外界的器世界，有色界，有欲界。一個外在的世界爲一假世界，由人心理所造，這種因果關係非常特殊。

（丙）業力的因果關係

上一節所講因果關係，係現生世界的因果關係；佛教還另有一種因果關係爲來生的因果關係，卽是業力的因果關係。前生的業，造成來生的自我存在，又造成來生自我存在的境遇。輪廻的來生，和來生的貧富壽夭，一概由前生業力所造。人的命運不來自上天的意旨，不來自盲目的自然，而是來自本人前生的善惡，自己的一己皆是自造所成。

一個人輪廻再生，因爲他自以爲是一個我，又愛自己的生命，這種自我意識在十二因緣裏稱爲『識』，『識』使生命輪廻。然而後生的生命並不是前生的生命之繼續，前生的生命已經滅了，後生的生命是新的。佛教認爲像薪火之傳，一薪之火傳給另一薪，另一薪之火，不是前一薪之火，乃是自己之火，前一薪之火祇是機緣，使後一薪之火燃起。

後一生的我，也不是前一生的我，我本來就不存在，我祇是因緣和合，乃是假我，人死時，因緣已滅，連假我也不存在。

業力的因果關係，便有兩個問題：第一，前生的業怎麼能使生命輪廻到後生？第二，前生的業怎麼能造成現生的生活境遇？

對於第一個問題，佛教以十二因緣爲答覆，十二因緣互相銜接，互爲因果。『識』爲『自我意識』，輪廻到母胎爲『名色』，『名色』在實際上爲胚胎，爲有生的實體，佛教卻稱爲『名色』，『名色』爲具體物的代名詞，這個代名詞的意義，是認識界的名詞，色是可感覺的對象，名是認識的表達。佛教以『識』所引出的『果』，不是本體界的『存在』，而仍是認識界的現象。接着『名色』而有的因緣，是『六入』、『觸』、『受』。也都是認識界的名詞。佛教認爲在母胎所成的嬰兒，一切都是由認識方面去看。因此這個嬰兒可以視爲認識的果，根本是一種邪見的幻覺。這樣講來，便沒有所謂本體存在問題，僅是認識界的正見和邪見問題。在我們看來是絕對不可能，佛教則以爲理應如此。

第二個問題：前生的業怎麼能够造成現生的生活境遇？佛敎認爲人在輪廻時，有五條路可走。地獄、餓鬼、畜生、人、天。人往那條路上走，完全由前生業力而定。人若輪廻爲人，現生的貧富壽夭，又是心理的善惡行爲，直接爲實體存在的原因，這和第一個問題相同。佛教稱現生的生活境遇爲前生業的報應。漢朝學者主張天人感應，以天和人都由氣而成，天人的氣，凡是同類則互相感應。佛教的業力報應，稱爲異類因和異熟果，果和因不是同類，不是互相感應，而是因果關係。但是佛教所看的不是存在的境遇，是餓鬼，或是人；是窮人或是富人；佛教所看的是這種境遇所有的心理感受，是痛苦煩惱，或是快樂。善惡的行爲在心理上常引起感應，自己覺得心安或慚愧。這種心理感應同時引發心理感受，是滿足或是痛苦。既以報應爲心理感受，便可以由心理的善惡而引發。但是問題仍然存在，這種心理感受，直接由一種實體的存在境遇而生，窮人感到痛苦是因他是窮人；窮人的來源，是前生的業。這樣前生的業直接產生了窮人，間接引起了窮人的痛苦。不過，佛教不承認窮人是一個實體，祇是因緣的和合。因緣可以由心理作用而集合。

(丁) 因緣是否實際存在

因緣不是有，乃是空，這是佛教的共同主張。假使因緣是實有，因緣怎麼能由心理作用的智慧去消除呢？因緣是空，由心的邪見而視爲有。

最後，按照因果律，不能一切的因完全是空，否則沒有因果關係可講。也就是說心有邪見而生因緣，因緣和合而生物，邪見對於心是心的作用，假若心是空，邪見不能有，一切都不可講，也不必講，一切盡是虛無。印度佛教從這種消極方面去看，以人生的最高點之涅槃，爲虛無空寂。

中國佛教之般若、涅槃、華嚴、法華等經典，由積極方面去看，世物世事和自我，一切皆空，然存有佛性實相，稱爲眞如，稱爲眞心。

(三) 法

(1) 宇宙

法的名字，在佛教裏代表『物』、『有』、『現象』、『動作』，也代表『道』和『學說』。例如說『佛法』，則是指的佛教所講的道，即是佛教的教義。我們所要研究的不是這種意義，而是佛教所說的『一切法』，即是一切萬有。

法在梵語爲 Dharma 直譯爲達摩，有『軌持』的意思，軌爲軌範，持爲住持，即是有自體而持自性，使人有所了解，稱爲法，包括有形的無形的、眞實的、虛妄的、各種物體。大乘義章卷十說：「法者，外國正音名爲達摩，亦名曇無。本是一音，傳之別耳。此翻爲法，法義不同：汎釋有二：一自體爲法，二者軌則名法。」

在普通的哲學裏講到宇宙萬物和萬有，乃是兩部份哲學，講萬物的爲宇宙論，講萬有的爲形上本體論。在中國哲學裏這兩部份哲學分得不很明顯，在佛教哲學裏這兩方面的研究也常混在一起。佛教的小乘和大乘都有宇宙論，佛教的大乘，如般若、大乘起信論、華嚴和法華，則講本體論。

（甲）宇宙論

小乘的有部和大乘的空部，都講宇宙。宇宙一詞，在典中，大致與『法界』一詞相近而代之。『法界觀』一如宇宙論，在狹義上指着物質世界（佛學上稱爲器世間）之總體。在廣義上也是指着整個而有秩序，且可解釋之體系。」

佛教普通分世間爲三種，世間的意義，在過去、現在、未來不遷流稱爲世，彼此間有隔離稱爲間，三世間爲衆生世間、五陰世間、國土世間。

衆生世間，爲衆生的世間，上自佛界，以及人天境界，草木生物，下至地獄，都屬於衆生世間。五陰世間是爲由五陰所及的世界，五陰爲色、受、想、行、識。這五陰即是人的感覺和意識，感覺和意識所到的便是五陰世間。國土世間也稱器世間，爲有情者所生存的空間，稱爲國土。

佛教又講三界，爲有情者生死往來的世界，一是欲界，二是色界，三爲無色界。欲界爲有性慾和食慾的有情者所住的世界，上有六欲天，中有人界四大洲，下有無間地獄。色界爲物質有形的世界，不是有情的物，分爲四禪天。無色界爲非物質又沒有形色的世界，以心識爲主。

「已別三界，分別心等，今次應說三界是何，各於其中，處別有幾。頌曰：
地獄傍生鬼，人及六欲天，名欲界二十，
由地獄洲異，此上十七處，名色界於中。
三靜慮各三，第四靜慮八。無色界無處，
由生有四種，依同分及命，令心等相續。
論曰：地器等四及六欲天並器世間，是名欲界。
六欲天者：一、四天王衆天，二、三十三天，三、夜摩摩天，四、覩史多天，五、樂變化天，六、他化自在天。
如是欲界處別有幾？地獄洲異故，成二十八大。地獄，名地獄異。一、等活地獄，二、黑繩地獄，三、衆合地獄，四、號叫地獄，五、大叫地獄，六、炎熱地獄，七、大熱地獄，八、無間地獄。

言洲異者，謂四大洲。一、南贍部洲，二、東勝身洲，三、西牛貨洲，四、北俱盧洲。

如是十二並六欲天，傍生餓鬼處，成二十。若有情界，從自在天至無間獄，若器世界，乃至風輪，皆欲界攝。

此欲界上處有十七，謂三靜慮處各有三，第四靜慮處獨有八器，及有情，總名色界。

第一靜慮處有三者：一。梵衆天，二、梵轉天，三、大梵天。第二靜慮處有三者：一、少光天，二、無量光天，三、極光淨天。第三靜慮處有三者：一、少淨天，二、無量淨天，三、遍淨天。第四靜慮處有八者：一、無雲天，二、福生天，三、廣果天，四、無煩天，五、無熱天，六、善現天，七、善見天，八、色究竟天。

迦濕彌羅國諸大論師，皆言色界處但有十六，彼謂卽於梵轉天處有高台閣，名大梵天，一生所居，非有別地，如尊處坐，四衆圍遶。

無色界中都無有趣，以無色法無有方所過去未來，無表無色，不住方所，理決然故。但異熟生差別有四：一、空無邊處，二、識無邊處，三、無所

有處，四、非想非非想處。如是四種名無色界。此四非由處有上下，但由生故勝劣有殊。」（俱舍論卷第八，分別世品第三之一）

俱舍論述說三界，三界構成有情者的世界（即是人）。人因前生業緣有善有惡，輪廻再生時生到相合於業報的處所。因此，有各種不同的『界』。無色界雖無處所，這是因爲無形；然而仍是『界』，因『由生故勝劣有殊』。

普通哲學上或自然科學上所稱世界，乃是佛教所稱國土世界。國土世界在俱舍論卷第十一，有詳細的述說。在器世間的最下層爲風輪，厚十六億『踰繕那』。風輪上爲水輪，厚八『洛乂』，再上爲金輪，厚三億二萬。金輪以上有九大山。妙高山王處中而住，八山週遶。

「蘇迷盧處中，次踰健達羅，伊沙馱羅山，
朅地洛迦山，蘇達梨舍那，頞濕縛拿拏，
毗那怛迦山，尼民達羅山。於大洲等外，
有鐵輪圍山，前七金所成。蘇迷盧四寶，
入水皆八萬，妙高出亦然，餘八半半下，
廣皆等高量。」（俱舍論卷第十一，分別世品第三之四）

山間有八海，海內具八功德水：一甘、二冷、三輭、四輕、五清淨、六不臭、七飲時不損喉、八飲已不傷腹。八海裏七海爲內海，一海名外海。

「山間有八海，前七名爲內，最初廣八萬，
四邊各三倍，餘六半半陿。第八名爲外，
三洛叉二萬，一千踰繕那。」(同上)

外海裡有四大洲，在妙高山四面，南爲瞻部洲，北爲俱盧洲，東爲勝身洲，西爲牛貨洲。每一大洲兩側有一眷隨洲，共八洲，這些洲上皆有人居住。

瞻部洲從中向北，三處各有五重黑山，黑山北有大雪山，再北有香醉山。

瞻部洲下二萬深處，有阿鼻地獄。地獄分爲八種，名字在上面已經說過。每一地層有十六處，稱爲十六增，每增有一種苦刑。

圍繞妙高山的空中，有日月星辰。問：爲甚麼日月星辰懸在空中不墜下來呢？答說「依風而住。謂諸有情業增上力，共引風起，繞妙高山空中旋環，運持日等，令不停墜。」(同上)

蘇盧山有四層，每層爲一天宮，爲四大天王所居。這四層天，妙高山外層也有天宮，其他山上也有，這就是欲界的天。

色界和無色界，在上面所引俱舍論卷第八，已表白清楚。色界有四禪天（靜慮天），第一、二、三禪天各又有三等天，第四禪天又有八種天，共十七種天。無色界有四處。這三界：欲界、色界、無色界，構成整個宇宙。但是佛教其他經典，對於三界的分類，名稱、數量，都有出入，略有不同。

（乙）有爲法・無爲法

佛教對於法的分類，由法的本義去分，分爲『有爲法』和『無爲法』。有爲是『造作』的意思，凡由因緣而有的物都稱爲有爲法。不由因緣而生者，稱爲無爲法。有爲法既是由因緣所生的物，故有生滅的變遷。無爲法則常住不變。

俱舍論分『有爲法』爲四類，每類再分數種法，共七十五法。

- 有爲法
  - 色法
    - 五根—眼、耳、鼻、舌、身。
    - 五境—色、聲、香、味、觸。
    - 無表色
  - 心法—眼識、耳識、鼻識、舌識、身識、意識。
  - 大地法—受、想、思、觸、欲、慧、念、作意、勝解、三摩地。

- 法
  - 心所法
    - 大善地法—信、不放逸、輕安、捨、慚、愧、無貪、無瞋、不害、勤。
    - 大煩惱地法—癡、放逸、懈怠、不信、惛沈、掉舉。
    - 大不善地法—無慚、無愧。
    - 小煩惱法—忿、覆、慳、嫉、惱、害、恨、諂、誑、憍。
    - 不定地法—尋、伺、睡眠、惡作、貪、瞋、慢、疑。
  - 不相應行法—得、非得、同分、無想果、無想定、滅盡定、命根、生、住、異、滅、文身、句身、名身。
  - 無爲法—虛空無爲、擇滅無爲、非擇滅無爲。

唯識宗分法爲五位百法。五位和俱舍論的五位相同，即是色法、心法、心所法、心相應行法、無爲法。百法的數目，即色法十一、心法八、心所法五十一、不相應行法三十四、無爲法六。

色法，爲有物質之物。有形，故稱爲色。但看所列色法，我們知道法不是指物質，而是指物質性的造作，即是五種感官和感官的對象。五根是感官，爲感覺的根本，五境是感官的對象，說是境，不就感官的具體對象而言，而就感官能力的對象而言，如眼的能力是看到色。佛典以境爲境界，感官在這些境界裏活動，

色法的根和境，都是物質物，由地水風火四大所成。另外是身的觸覺，所有的境，直接是四大的特性和四大所造的物性，即是地堅、水濕、火輭、風動，再有這四性所造的滑、澀、重、輕、冷、飢、渴。

無表色，爲色法在內心所留的業力，或善或惡，在未來世將引起果報。業力無形，故稱無表色。

心法，也稱心王法，爲心的主要作用。當五根對着五境，發生一種感覺時，心即時起了別作用，造成一種『識』，所以有前五識。第六識意識，爲心的本體作用，由前念現起後念，前念滅，後念即起，中無間隔。

心所法，從心王而起的心之作用，大都是情感作用，如貪、癡、等等作用。大地法爲心王有動作時，心會有一種同時一定相應的動作，或者是想，或者是欲……等動作。大善地法爲善心所有的善相應動作。大煩惱法爲染汚心所引起的惡相應動作。大不善地法爲一切惡心所有的相應動作，因爲作惡都是無慚無愧。小煩惱法爲輕惡心的相應動作。不定地法，即可善可惡的動作。

心不相應行法，不是由心王所引發，不用緣慮，和心的動作在意義上不相和；又因爲是無形色，不和色法相同，然而又和無爲法不相合，因常有變遷，故稱爲不相應行，這些不相應行與生俱來，爲一實有的能力或特性。

無爲法、無形質，具有令人斷滅煩惱的能力。共有三種：第一種，虛空無爲，有部以虛空爲無形的大虛空，不障礙也不被障礙，一切有爲法在虛空中自在行動。虛空不變，沒有消長，乃稱虛空無爲。第二，擇滅無爲，擇滅爲消除煩惱的智慧，卽是涅槃。第三，非擇滅無爲，煩惱的消除，不由智慧，乃由有爲法沒有依緣，乃不再生，生緣闕了，住未來世，畢竟不生。

總觀以上的有爲法和無爲法，都是人的心理動作，或是感覺，或是心思。佛教以一切的法都是人心所造，外在的宇宙萬法，有部雖認爲有，這種有也都是假名。沒有人就沒有宇宙萬法。雜阿含經卷十三說，一切卽是十二處：眼色耳聲鼻香口味身觸意法。宇宙萬有都屬於有爲法；有爲法具有形色，形色爲感覺的對象，若沒有感覺便沒有形色。卽是有感覺，若沒有心思，人也不能了別。這一點爲哲學上的普通知識。但普通哲學都承認感覺不活動時，外面的客體確實存在；心和物相分離。佛教大乘則以外面沒有客體，客體卽是主體所造。因此便說一切法卽是感覺，感覺緣心而成，所以說一切由心而成。

(2) 法性・法相

性，爲一物所以是這物的理；相，爲一物的形相。每一物質物都有自己的性和相，朱熹的理學以性爲理，相爲氣；性爲形而上，相爲形而下；性不變不動，相常有變遷。佛教對於一切法的性和相，有特殊的主張。

(甲) 法性

『緣生無性』，這是佛教對於物性的第一個原則。諸物都由因緣而生，由因緣而生則無自性。自性是本來具有的，永不變滅。宇宙萬物，常在變遷，原來沒有的，現在有了，現在有的，將來沒有了。這些萬物便都沒有自性。若有自性，則自己本來存在，不待緣生。

物若沒有自性，怎麼可以存在呢？佛教乃說自性爲『定性』，不能變遷；定性以外有『不定性』，物在變遷時沒有定性，有不定性。這種不定性，不是自性，而是因緣相合成物之理，這種理隨因緣而異。不定性可以變，可以塑造，可以使因緣相合。宇宙萬物所有的性，爲這種不定性。如水沒有自性，常有變動。因緣和合，引生一物，因緣消滅，物也消滅；不定性特別是指這種生滅的變遷。

「緣生故名有，緣生故名空；無性故名有，無性故名空。良以諸法，起必從緣；從緣有故，必無自性。由無性故，所以從緣，緣有性無，更無二法。」（宗鏡錄卷八）

「無定心者，旣唯心現，從緣而生。無有定性，性相俱離，小非定小，故能容太虛而有餘，以同大之無外故。大非定大，故能入小塵而無間，以同小之無內故。是則太虛之微塵、含如塵之廣剎，有何難哉。是以一非定一，故能是一切，多非定多，故能是一。」（宗鏡錄卷十）

「若了一切法，悉屬因緣，皆無自性，但是心生，則凡有施爲，何假功力？以無性之理、法爾之門，隨緣卷舒，自在無礙。」（宗鏡錄卷七）

無自性則是空，又是虛；然而萬物又是存在，這種存在由『不定性』支持。『不定性』是因緣和合之理，因緣和合，起於心理作用，『但由心生』。因爲萬物由因緣而成，因緣便該是『有』，具有自性。但若因緣有自性，因緣則生者常生，滅者常滅，便不能有結合的變遷。因緣既無自性，因緣又是什麼？因緣由人心因着前生業緣而造，然而人心造因緣時，又不能隨意而爲，因爲大家都看到宇宙間有公共的秩序，每一物也有自己的秩序，牛是牛，羊是羊，各不相混。日夜相續，四季循環，常不變亂。因此萬物在無性中，又有一種性，這就是不定性。這樣說來，一切法是無性又是有性，是空又是有，不是有也不是空，不是空也不是有。小乘講有不能離空，大乘講空，不能離有。天台宗和華嚴宗進而講有和空相融，一和多相卽。

假使僅僅講有和空相融，而沒有一個更深的形上理論作根基，這種主張還是不能成立。若僅僅說一切唯心，心爲何可以虛構萬物呢？

因此，般若經、涅槃經、大乘起信論乃講『佛性』，以佛性卽是『法性』。佛性爲『自性』，永不變遷，無生無滅無增無減。衆生都有佛性，佛性乃是一切法的自性。佛性有兩面，一面是本體，淸淨光明；一面是蒙染汚掩蔽，乃生幻想。宇宙萬法就是佛性蒙着染汚的一面，本體光明的一面就是佛。凡夫若能滅除染汚，就可認識佛性而成佛。所以佛教常說『明心見性』。般若的智慧，天台宗和華嚴宗的止觀，都是爲滅除染汚而證佛性。

由佛性又進到眞如或眞心，人具有佛性，佛性也是人的眞心；因着眞心，人乃能存在，又因着眞心，人心可以虛構宇宙萬物。萬物的不定性，卽是以『眞心』爲根本。

眞如在天台宗解爲『如如』。如如，一方面是說差不多，不淸楚；一方面是說如同眞如。華嚴宗進而以佛性爲實體，乃主張宇宙萬物以眞如爲實體。萬物爲事，眞如爲理；事是現象，理是本體；事理相融不能分離。萬物爲眞如的現象，眞如爲萬物的自性。眞如和萬物不相脫離。

天台宗以佛性爲實相，爲萬物的本體。一卽一切，一切卽一，互相融會，故稱爲大乘圓敎。

佛性爲萬物之理，理爲一絕對超越之理，然不脫離萬物。絕對超越之理爲一絕對實有，其餘一切都是假有。一切萬法從自己本身說，是空是虛，從萬法的『理』說，則是實有；因此萬法非有非空，亦有亦空。從萬法的本身說差別不同；從萬法的『理』說，則一切平等，相卽相融。

這種絕對的實有，佛敎稱爲『佛』，也稱爲『涅槃』。佛敎以爲成佛就是入涅槃，涅槃爲『常樂我淨』。

(乙) 法相

『相』爲物的形相，一物有一物的相。佛敎稱相也稱爲相狀，相爲物的定型體相，狀爲物的變遷狀態。唯識論以『有爲法』爲相，倶舍論以生住異滅爲相。相所指的，不僅是物的形相，而是指的有生有滅的物體，這種『相』和『色』的意義就相同了。

小乘有部以物質物由『極微』而成。『極微』係印度古代哲學的勝論派所建立，作爲物質物的構成素，卽構成物質體的原子。佛教小乘接受了這種思想。『極微』構成四大：地水風火；這四大再構成宇宙萬物。因此，法相乃由極微而成，有如朱熹所說物形由氣而成。

唯識論主張法相由種子內引出，種子受現行的熏習時，乃生物相，感官緣着物相而有感覺。唯識論便不大注意『極微』，祇說「識變時隨量大小，頓現一相；非別變作眾多極微，合成一物。」（唯識論卷二）

在大乘佛教裏，以萬法的相稱爲假相，卽是一種外在的現象。華嚴宗講六相：總相、別相、同相、異相、成相、壞相。這個相字有『特性』的意義。總相爲一切物體的共同特性，別相爲每類物體的特性，同相爲多數物體相同的特性，異相爲多數物體不相同的特性，成相爲使因緣和合的特性，壞相爲使因緣不和合的特性。這種特性又有能力的意義，實際上能力卽是物體的一項特性。

華嚴宗以眞如爲總相，近人有研究佛學者認爲這種主張自有矛盾不合經義⑷，實際上乃是華嚴宗的基本主張。華嚴宗以眞如爲萬法的自性，萬法爲眞如的現象，眞如的特性當然是一切法的總相。眞如爲一，沒有差別，差別屬於萬法的假相。法藏的金師子章說：

「師子是總相，五根差別是別相，共從一緣起是同相，眼耳等不相濫是異相，諸根會合有師子是成相，諸根各位自位是壞相。」

金師子的『金』，象徵眞如，爲本體。師子爲金的相，稱爲師子形相的總相；師子的其他各相，如大小、如黃色、如伏起形狀、如冷硬，由五官感覺去分別，稱爲別相。由許多眼睛去看，所得的相是同；五官對金師子所有不同的感覺，乃是異相。五官感覺相合，乃有師子相，便是成相；五官對師子沒有感覺，眼睛閉着不看，手不去摸，便沒有師子相，乃是壞相。天臺宗講『實相』，以眞如爲實相，實相唯一，萬法乃實相的表相，實相和表相不可分離，因爲一卽一切，一切卽一。

(丙) 性相原理

關於佛教哲學的本體論，若祇看否認萬法有性有相，則可以認爲佛教沒有本體論，因爲已經否定萬法的眞實存在，便沒有本體的可言。但就大乘主張眞如爲實體，則佛教大乘各派所講的法性法相，雖有差別，然在各派的理論裏，具有幾項相同的原理。

(一) 實相原理：佛教各派否定宇宙萬法是實有，因此稱爲空。然而若完全只是空，就連幻象也不能起，和實際的經驗太相違背。就是假定萬法由識或心所造，也必須假定心是實有，否則識也沒有。佛教遂主張有一絕對實相，稱爲眞如。

眞如不是脫離宇宙萬法而存在，是和宇宙萬法不可分。怎麼可以認識眞如呢？眞如不是萬法，爲認識眞如，應否定萬法，佛教便主張萬法爲空、爲假、爲邪見。然而否認了萬法，眞如更不能認識了。對於人，眞如由萬法表現出來，卻又不能由萬法去認識眞如。佛教大乘各宗都感到這種困難，所以一面否認萬法，一面又承認萬法，萬法是空又是有，乃主張『中道』。由中道究竟能有什麼認識呢？祇是一種渺茫的直覺，天台宗稱之爲『如如』。涅槃宗稱之爲『涅槃』。一切有情者都是有這種實相，『眾生具有佛性』，稱爲『如來藏』。

(二) 全體原理：宇宙萬物既然同有一『實相』，卽同有一『自性』。宇宙萬法在緣起上，同有一根源，在存在上，同有一實相的支持；因此，在存在上，就彼此互相依存，互相交融。一個理想的世界，應該是和諧、圓滿的世界。這種世界稱爲『一眞法界』。

華嚴宗講四法界：事法界、理法界、理事無礙法界、事事無礙法界。『一眞法界』乃是事事無礙法界。

(三) 相卽相入的原理：宇宙萬法的實相爲一，實相卽是自性；萬法的實相爲眞如。既然實相自性爲一，外面的表相雖有很多不同的差別，根本上則是同一。根本若是同一，則萬法可以一律平等，這點有些似乎莊子的齊物論。

相卽相入的第一個意義是彼此相等，一等於多，多等於一，大等於小，小等於大；這是所謂相卽。第二個意義是彼此相通，萬法的相乃是假相，不能阻碍萬物的相通，一能通於多，多能通於一；這是所謂相入。第三個意義是物的差別相，乃因觀點不同，實際上的實相是同一的。就如觀看一座房子，能從前後左右上下去看，每面所看不同，結論各異。又如一羣盲者去摸一頭大象，有人摸耳，有人摸鼻，有人摸腿，有人摸腹，有人摸尾，各執一說。實際上房子同是一座，大象同是一頭。

相卽相入，便能相融，也能平等。

（四）涅槃原理：佛教的終極目標在於解除人的痛苦。人的痛苦來自生老病死的變遷，爲解除人的痛苦，就要消除生老病死的變遷，而有常久不變的存在。常久的存在不一定就是快樂，因爲若有情慾，情慾引起一般的煩惱，存在仍舊在痛苦中，因此就要消除情慾，而有完全潔淨的存在。在常久而潔淨的存在中，人找到了自己的眞我，也就取得了完全的快樂。爲代表這個終極的目標，佛教便講涅槃，涅槃卽是『常樂我淨』。

佛教各宗都以涅槃爲目標，但涅槃的觀念不僅是宗教信仰的樂境，也是哲學本體論的第一義。涅槃沒有處所，不是一個快樂世界，稱爲『無住處涅槃』；乃是一種境界，在這種境界裏，一切情慾都滅絕，人完全自由，稱爲『無餘依涅槃』。

然而涅槃不僅是境界，而是一個超越的絕對實體，乃是一切法的實相，稱爲眞如，進入涅槃，是人解除一切思念和執着，證悟眞正的自我，卽是眞如，假我的意識已消除，個體的我不再存在。同時假我所見宇宙的一切實有，也完全消絕，祇有超越的絕對實有。

(3) 緣起論

上面談因緣論時，已講到一切法由因緣和合而成，也講到『我』的存在，由於十二因緣，而又提到一切法爲心所造；然而還沒有講到一切法的緣起論。佛敎雖主張『一切唯心』，但是各宗的講法互有差異。

佛敎的因果律和別的哲學所講的因果律，在內容方面有所不同。佛敎不主張因果律由直線往上溯，沒有第一原因，而主張因緣互相連鎖，成一圓周式。佛敎不承認有一創造者或造物主，祇認爲每一物由兩個或兩個以上的原因而造成。宇宙萬物由因緣而成，解釋這種因緣，稱爲緣起論。

（甲）行爲緣起論

行爲緣起論，也稱爲業力緣起論，行爲的善惡積下善惡的業，業具有能力引起來生的果報。業力的果報，就是十二因緣。

在最古的黎俱吠陀中有敍述宇宙開闢之經過的無有歌（Nasadāsya Sukta），以宇宙之初爲渾沌中的一種子，種子由熱力而發爲欲，由欲而發爲現識，乃成宇宙。在奥義書裏，認爲『無明』爲宇宙的起因。而輪廻的思想，在印度古代思想裏乃是普通的思想。佛祖接受古代的因緣觀念，講十二因緣，構成一種新的系統，把三世連結成一體，互相貫通。

「世尊告曰：阿難，於此緣起，不知如眞，不見如實，不覺不達，故令彼衆生，如織機相鎖，如蔓草多有稠亂，忽忽喧鬧，從此世至彼世，從彼世至此世，往來不能出過生死。……阿難，若有問者，老死有緣耶？當如是答老死有緣。若有問者老死有何緣？當如是答緣於生也。阿難，若有問者生有何緣？當如是答緣於有也。阿難，若有問者有有緣耶？當如是答有亦有緣。若有問者有有何緣？當如是答緣於受也。阿難，若有問者受有緣耶？當如是答受亦有緣。若有問者受有何緣？當如是答緣於愛也。阿難，是爲緣愛有受，緣受有有，緣有有生，緣生有老死，緣老死有愁慼啼哭，憂苦懊惱，皆緣老死。」（中阿含經卷第三十四，因品第四）

這是佛教經典中最古的記述，佛祖向阿難講解因緣。所講因緣爲集諦的十二因緣中的後五因：愛、受、有、生、老死。

「阿難，若無愛，各各無愛者，設使離愛，當有求耶？答曰無也。阿難，是故當知是求因求習求本求緣者，謂此愛也。所以者何？緣愛故則有求。阿難，欲愛及有愛，此二法因覺緣覺致來。阿難，若有問者覺有緣耶？當如是答覺亦有緣。若有問者覺有何緣？當如是答緣更樂也，當知緣更樂有覺。阿難，若無有眼更樂，各各無眼更樂者，當有緣眼更樂生樂覺苦覺不苦不樂覺耶？答曰無！……阿難，是故當知是覺因覺緣覺本覺緣者，謂此更樂也。所以者何？緣更樂故則有覺。阿難，若有問者更樂有緣耶？當如是答更樂有緣。若有問者更樂有何緣？當如是答緣名色也。當應所謂緣名色有更樂。阿難，所行所緣有名身，離此行離此緣有有對更樂耶？答曰無也！……阿難，若有問者名色有緣耶？當如是答名色有緣。若有問者名色有何緣耶？當如是答緣於識也。當應所謂緣識有名也。阿難，若名色不入母胎者，有名色成此身耶？答曰無耶！……阿難，若有問者識有緣耶？當如是答識亦有緣。若有問者識有何緣？當如是答緣名色也。……阿難，是爲緣名色有識，緣識亦有名色。」（同上）

佛祖講了後五因緣，夾入了一些解釋的話，接着又講了十二因緣的前三識：覺、名色、識，也講到『求』。後面沒有接着講下去。集諦的十二因緣，名目和次序茲列於下：無明、行、識、名色、六入、觸、受、愛、取、有、生、死。

無明、行，兩因緣屬於前生；識，連接前生和現生；名色、六入、觸、受，屬於母胎期；愛、取、有，屬於現生；生、死、兩緣，屬於來生。

行爲緣起論，以人的存在是由人的行爲所引起。所謂『存在』，和我們哲學上的『存在』意義不相同。假使用我們哲學上的存在，存在爲本體的存在，沒有存在就沒有本體；行爲是屬於本體的。現在的存在由前世行爲所引起，前世的存在又由再前世的行爲所引起，這樣追溯上去，最初的主體我，由何而來？佛教以『存在』爲循環輪廻。

行爲緣起論的對象，爲人的生命，生命的成長，由自我意識而轉到現生，自我意識爲識，爲我執？自我意識在前生爲強烈的意識，堅持執着自我，轉到了母胎，乃成爲潛意識，似乎是胎兒的靈魂，和胎兒的胚胎相結合，胚胎卽是名色。

由生命緣起而欲解釋外界萬有的緣起，則必須以唯心論的理由去說明。

（乙）唯識緣起論

由人的生命到達外界的萬法，乃是人的心理活動。人心認識外界萬法，爲人的生命和外界萬法的結合；有了認識，人心對於所認識的物發生感情作用，或好或惡，或貪或棄，這就是人心生命的表現。佛教以人心生命對於外界萬法，不僅祇是認識和情感的關係，並且有本體的關係，主張萬法由心而造，佛教的唯識宗就是主張萬法唯識。

唯識宗分人的認識官能爲八種：眼耳鼻舌身意爲前六識，第七識爲末那識，第八識爲阿賴耶識。在第八識中藏有種子，種子爲認識能力，由前生行爲所造。種子遇到外面的刺激，就現出一種『相』，『相』引起感官的感覺，感覺使心起了別作用的意識，意識現於第七識末那識，末那識肯定這意識所了別的對象爲有，於是引起了別的行動。這種認識過程，稱爲『種子熏習現行』。這些被引起現行，或惡或善，在第八識中又生新種子，這種過程稱爲『現行熏習種子』。

感覺的對象爲外界的物，物的存在由於阿賴耶識的種子而生，又因末那識的肯定而存在，物便是由識所造。

(丙) 唯心緣起論

唯識緣起論以心爲基礎，由心而有識，由識而有物，識乃萬法的緣起，心則是識的根本。然而佛教大乘各宗大都主張以心爲萬法的緣起，識乃是心的動作。

僧肇接受老莊的哲學觀念；老子曾說：「道生一，一生二，二生三，三生萬物」；僧肇主張一爲涅槃無爲之心，心生妄念，妄念之心卽是二，乃有色和法。心色二法變化無窮而生萬物。

「夫本際者，卽一切衆生無礙涅槃之性也。何謂忽有如是妄心及以種種顚倒者？但爲一念迷也。又此念者從一而起，又此一者從不思議起。不思議者，卽無所起。故經云：『道始生一，一爲無爲，一生二，二爲妄心。』以知一故，卽分爲二。二生陰陽，陰陽爲動靜也。以陽爲清，以陰爲濁，故清氣內虛爲心，濁氣外凝爲色，卽有心色二法。……旣緣無爲而有心，復緣有心而有色，故經云：『種種心色』，是以心生萬慮，色起萬端，利合業因，遂成三界種子。夫所有三界者，以執心爲本，迷其一故。卽有濁辱生其妄氣。妄氣澄淸，爲無色界，所謂心也。澄濁爲色界，所謂身也。故滓穢爲欲界，所謂棄境也。故經云：『三界虛妄不實，唯一妄心變化。』夫內有一生，卽外有無爲。內有三生，卽外有三界。旣內外相應，遂生種種諸法，及恆沙煩惱也。』（僧肇 寶藏論，本際虛玄品第三）

華嚴經和法華經以及涅槃經等不講緣起論，但所有的思想，則屬於唯心緣起論，祇不過改用『眞如』的實相論。

（丁）眞如緣起論

佛敎雖不追究最後因緣，以因緣爲圓周式的連鎖，然而在哲學思想上究竟不能講通。假使世界萬物和自我，都是假有，沒有眞實的存在，這個假有又怎樣能有，且能存在呢？若說一切唯心，則心應當是實有。因此，佛敎大乘各宗乃講一個絕對實有，稱爲佛性、法性、實相、如來藏、眞心、眞如。這種實有爲一絕對實有，卽是佛。一切萬法都是眞如的外在現象，萬法的眞實自性和存在就是眞如。大乘起信論、涅槃經以及華嚴經、法華經主張一切有情者都有佛性，佛性在眾生裏被情慾所染汚，遂起無明愚昧的妄心，妄心生邪見，邪見生萬物。有情者按照佛法除去無明，便能見到自性的眞如而成佛。這種主要思想爲大乘佛學的基礎，但在解釋上，則各宗有所不同。

(四) 存在

在士林哲學裏，『存在』爲『有』能够具體化或實際化的要素。『有』具兩個要素：『性』和『存在』。『性』爲抽象之理，『存在』爲具體的有。凡是一個具體的有，都是『存在』；凡是『存在』卽是有，也具備自性。

在現代西洋哲學裏，不大講抽象的『性』，所講的是『存在』。不必說那些反對形上學的哲學不講『性』，卽使是講形上學的存在主義，也是以『存在』代替『性』。

儒家的理學分理和氣，理爲性，氣爲形，形卽具體的『存在』。儒家主張萬物爲實有，一切都眞眞地存在。幻想和實際分得很淸楚；蜃樓不是實際的房屋，房屋也不是蜃樓。道家雖談虛無，然不主張萬物爲空，而稱萬物爲有。在道家的思想裏，有和無是相對的矛盾，是有便不是無。

佛教對於存在，問題很複雜。佛教主張萬有都不存在稱爲空；然而因着人對外界萬物具有感覺，又信萬有存在，乃稱這種存在爲假有。但若宇宙都是假有，則什麼都沒有，連假有也不能有；因此問題就複雜了。佛教哲學的存在問題，成爲有與空的問題。

印度初期的佛教爲『有論』，上座部的結集，保守初期的思想，廣傳『有論』。重要經典爲發智論、阿毘達摩六論、四阿含經。大眾部關於有的問題，和上座部已有不同，不完全堅持『有論』。大乘佛教則都主張空，空的解釋，各宗又不同。

(1) 小乘說有

(甲) 阿含經

宇宙萬有爲有或爲空，在印度哲學裏爲一個長久爭辯的問題。勝論派以物體由原子而結成，數論派以物體有重濁和清輕兩類，瑜伽派以世界萬刧常住，吠檀多派以梵爲唯一實有，我和梵同爲一體。這個問題，在佛教裏也是分成派系的問題。原始的佛教教義爲小乘，小乘主張萬法爲有，大乘則主張空。佛教對於有空問題，在哲學上從兩方面看：一方面從形上本體論去看，外面的客體是有是空；一方面從認識論方面去看，人怎樣認識外面的客體。在形上本體論方面，小乘以外面實體爲有，大乘以爲空。在認識論方面，小乘有的派別主張感官直接認識外面客體的存在，有的派別主張由感覺而推論客體的存在。大乘以識造成萬法，心是萬法的根源。唯一實有體乃是精神體的眞心或眞如。

然而小乘主張有，也有許多不同的意見。上座部名爲一切有部，主張『我』不是實有，『法』爲實有；但也有主張『法』和『我』都不實有的部派。大眾部主張『我』不是實有，『現行法』則實有；但又有主張『我』和『法』都是空的部派。華嚴宗的賢首大師講敎判時，曾把小乘各派對於『有』的主張分成六宗：

第一、我法俱有宗，主張『我』和『法』都是實有。有這種主張的部派是：犢子部、法上部、賢胄部、正量部、密林部。

第二、法有我無宗，主張『法』是有，『我』是無。有這種主張的部派是：上座部、多聞部。

第三、法無去來宗，以現在諸法爲有，過去的法，體用都爲無。有這種主張的部派爲：大眾部、經量部、鷄胤部、制多部、西山住部、北山住部、飲光部。

第四、現通假實宗，爲說假部的主張，以現在有爲法中間，在五蘊的爲有，在界和處的爲假，隨應諸法，則假實不定。

第五、俗妄眞實宗，爲說出世部的主張，以世俗法爲假，出世法爲實。

第六、諸法但名宗，爲一說部的主張，以『我』和『法』，都是假名，沒有實體。(5)

小乘二十部都主張『一切有』，但是各派的主張多少有些不相同。總括來說，對於『我』，大都以爲假，認爲是物與心經過『假和合』而構成。對於法則分三時有和空的派別，三時爲過去現在將來，現在的法當然是實有，過去和未來的法或者有或者非有。

小乘的原始二十部派都假定外面的客體（法）爲實有；若不是實有，人便不能有認識；因爲認識是由感覺而起，沒有感覺的認識，便不能有意識。

我們之所以不能在任何時空，從心所欲地知覺任何客體，乃是由于知覺事物，有賴于四個不同之條件，而不是單純地只依靠心靈而已。必須有客體；將其形式顯示給意識；必須有意識的心靈來引起此一形式之意識；必須有感官來決定意識之種類；如何者屬於視覺的，何者屬於觸覺的，何者屬於其他種類等等；最後必須要有有利的助緣；諸如光線、距離、角度，以及可知覺的大小、光度等等所有以上這些都關聯到知覺到客體的可能性。客體形式產生在心靈之中，乃是客體與其他三種條件產生之結果。客體的存在，不是由於我們知覺到它的存在，而是由於心靈的意識直接知覺到客體的副本或表象，從客體的副本或表象能推證到

客體之存在。如果沒有客體存在，此種表象或副本則不可能產生。因此，經量部的理論亦稱之爲『外在客體推證論』。(6)

賢首大師所列六宗，代表小乘原始二十部派，承認外面客體的實在性，但程度不同。或以客體常有，或以客體在被認識時爲有，或以客體實際並不實有，祇因人有認識故認爲有。

小乘的原始經典爲佛說四阿含經。阿含經講有，然而又講一切行無常。

「爾時世尊告諸比丘，一切行無常，不久住法，速變易法，不可依法，如是諸行，不當樂着，當患厭之，當求捨離，當求解脫。」（中阿含經卷第一，七法品十日經第一）

佛舉自然界的現象作證，說明天地間的事物常在變換。天若不雨，樹木百穀都要枯槁。河水雖然長流，也有乾竭的一天。海水深廣無限，也將消盡到達『不足沒指』的境地，須彌山七百由延的廣地，也可燒毀。

「爾時世尊告諸比丘，色者無常，無常則苦，苦則非神。覺亦無常，無常則苦，苦則非神。想亦無常，無常則苦，苦則非神。識亦無常，無常則苦，苦則非神。是爲色無常，覺想行識無常，無常則苦，苦則非神。」

（中阿含經卷第二十九，大品說無常經第四）

佛教所講的變易，和一般哲學所講的變易不同。通常所謂的變易常有一主體，一個主體前後不同乃有變易，例如質量和關係的變換，即是主體的變易。就是在生和滅的變易中，由無到有，由有到無，也是主體的變。佛教講變易卻不承認有變易的本體，所謂變易只是一些事件的繼續，前一事件消失了，後一事件成立，在前後的事件中沒有連續的本體。所謂存在的本體，祇是『現在』的一刹那存在。因此小乘所主張的有，爲『現在』的『法』。又因此，小乘大乘都主張一切無常。在前後的變易中，不但沒有連續的本體，也沒有一般哲學所講的因果關係。好比一枝蠟燭點火，蠟燭消熔一分，就有一分的火。蠟燭的本體在消毀，火的本體在建立；然而火的本體不是蠟燭的本體，不由蠟燭本體而生，兩者之間並沒有因果的關係。每一刹那的火和前一刹那的火也不是同一本體，每一刹那的火要在這一刹那燃起，不然火就熄了，而不是同一火的連續存在。同樣，人的生命祇在『現在』的一刹那存在，因爲構成人體的地水火風四原素在繼續變換。佛所講的解脫，就在於斷絕這種繼續，『我』不再輪廻，便可脫離苦海。

「尊者阿難之食已，還詣『祇樹給孤獨園』，往至僧迦摩所在，語僧迦摩曰：『已知如眞法乎？』僧迦摩報曰：『色者，無常；此無常義卽是苦。苦者，卽無我，無我者，卽空也。受想行識皆悉無常；此無常義卽是苦。苦卽無我，無我者，卽是空也。此五陰盛，是無常義，無常義者卽是苦義。我非彼有，彼非我有。』是時僧迦摩便說此偈：

苦苦還相生、度苦亦如是。賢聖八道品，
乃至滅盡處，更不還此生，流轉天人間。
當盡苦原本，永息無移動。我今見空跡，
如佛之所說。今得阿羅漢，更不受胞胎。

是時尊者阿難歎曰：善哉！如眞之法，善能決了。」（增一阿含經卷第二七，邪聚品）

形色萬法都是無常，祇在『現在』的刹那中存在。一刹那間就變了。萬法既都是無常，人不能把握任何的東西，更不能把握自己的存在。「我非彼有，彼非我有」；人的痛苦從此產生。必須斷絕存在的繼續，「當盡苦原本，永息無移動。」

若不斷絕繼續的存在，人須輪廻再生，萬法對於他仍舊是有，仍舊是變，仍舊有苦。佛曾用一個譬喻說：

「猶如商人臂鷹入海，於海中放，彼鷹飛空東西南北，若得陸地，便卽停止；若無陸地，更還歸船。」（長阿含經卷第十六，堅固經第五）

在一切法無常的境狀下，所有的就是現在的存在。

（乙）大毗婆沙論

四阿含經爲佛寂滅後的第一次結集，係佛從兄弟阿難所誦述。第一次結集後，有第二次第三次的結集；但是上座部和大眾部的派系越分越多，於是有第四次的結集。第四次結集的經典，爲大毗婆沙論，由四友尊者主編。後來法勝作摘要，名阿毘曇心論，法救作雜阿毘曇心論。

大毗婆沙論淵源於阿含經，收集迦旃延的發智論或六足論。以『法性恆有』爲主要思想。法性爲每種實有的性體，過去現在未來稱爲三世，繼續變化，法性則常住。故稱三世法性常住。然而也主張空，說十種空：內空、外空、內外空、有爲空、無爲空、散壞空、本性空、無際空、勝義空、空空。

大毗婆沙論在第一百四十六卷講『有』的原因，在於根蘊相應。根蘊是什麼？大毗婆沙論第一百四十二卷說：

「二十二根：眼根、耳根、鼻根、舌根、身根、女根、男根、命根、意根、樂根、苦根、喜根、憂根、捨根、信根、精進根、念根、定根、慧根、未知當知根、已知根、具知根；此二十二根」（大毗婆沙論卷一百四十二）

根，在梵語爲 Jndrya，意義爲能生識或法，好比一種樹根，能生樹幹樹枝和花果，天地間和人世間的一切有，都由根而生。古印度哲學中也講根，對於根的數目有多有少：

「又勝論者說有五根，鼻舌眼身耳根爲五；又數論者說十一根，謂五覺根、五業根、意，五覺根者所謂眼耳鼻舌身根，五業根者謂語手足大小便根，意根爲第十一。或復有說百二十一根，謂眼耳鼻各二爲六，舌身意命及五受根信等五根，總爲二十六趣各二十，爲百二十。」（大毗婆沙論卷一百二十四）

佛經則以佛所說二十二根爲最恰當，不能多，不能少。二十二根包括一個人在各方面的生活、知識、情感和力行。一切有爲『我』所生，『我』爲生一切有是在識、情和行三方面。這三方面的活動，都由心主管，因此心在佛經中爲一切有的總根。在二十二根中，前五根爲感官，能生感覺的知識，乃是『我』的基本活動。女根男根爲男女身上起色慾的官能，女根爲乳房。命根，爲『我』一期的壽命。苦、樂、憂、喜、捨爲五受根，爲我情感的感受。信、精進、念、定、慧爲五信根，爲我得道的方法。未知當知、已知、具知爲三無漏根，爲我得道入涅槃的根由。這二十二根彼此相應，即彼此相聯繫。

「此二十二根，幾樂根相應？幾苦根相應？幾喜根相應？幾憂根相應？幾捨根相應？答：樂根喜根捨根，九根少分相應；苦根憂根，六根少分相應。樂喜捨根九根少分相應者，謂意信等五根三無漏根。問：云何樂喜捨與此九少分相應者？答：意信等五根通與五信相應，此中但取三受相應，故言少分。三無漏根多法爲性，命除受體，與餘相應，故言少分。苦根憂根六根少分相應者，謂意信等五根。問：云何，苦憂與此六少分相應耶？答此六根與五受相應，此中但取憂根相應，故言少分。」（毗婆沙論卷一百四十五）

識根、受根、信根彼此互相聯繫，由識才有受，由受便能有信，以求解脫。

這種相應的關係，爲因果的關係，名爲因相應。因相應爲實有，因爲由因相應而決定實有。

「此二十二根，幾因相應？答十四，謂意、五受、信等，三無漏根，此是相應因，自體根與相應因自體法相應，故名因相應。幾因不相應？答八，謂七色命根。」（大毗婆沙論卷一百四十六）

二十二根裏有十四根爲因相應，有八根爲因不相應。所謂因相應，是一根的自體，和一根的法相應。例如受根的苦根和信根的精進根可以因相應，卽是因着苦而願意精進求道。根的自體爲實有，根的因相應爲實有，根的緣相應也是實有，業果便應是實有。但是識根所生識，識滅時，識根則住。

「諸法與心俱起，不離心，彼法與心俱住俱滅，不離心耶？答：欲色界有情不住無想滅定者，諸根大種與心俱起，不離心，與心俱滅，不離心。若住無想滅定心者，彼便離心。問云何離心？答彼離心而起，離心而住，離心而滅，心心所斷彼相續故。」（大毗婆沙論卷一百五十五）

一切法都不離心，諸根也不離心，一切有便都因心而有。若能達到『無想滅定心者』，因緣的關係已斷，心和法相離，法將滅息不再住留。

法雖由心而起，然而必須承認外面的客體是實在的；不然，便要承認主觀的唯心論。外面有實在的客體，五識根才能生識，而後有意識。五識的感覺和意識不同，感覺須有外面的客體，又直接認識客體的存在。因此，應當承認有外在的各種實體，精神的和物質的都是實有。抱這種主張的小乘，稱爲一切有部；而且又是『直接地實有論』。

(丙) 俱舍論和成實論

佛寂滅後九百年，世親造俱舍論，根據大毗婆沙論的主張而加以改進，仍主張『有』。當時小乘眾大僧卻多不以爲然，大僧眾賢乃著俱舍雹論爲大毗婆沙論作辯護。同時另一大僧名訶梨跋摩造成實論，主張我法二空，創小乘的空觀，以抗大乘。

(A) 俱舍論

俱舍論的中心思想爲『我空法有』。法爲宇宙萬有，萬法卽是宇宙萬有。萬法由認識而生，我若不認識，萬法便是虛空。我的認識生於色法。

俱舍論列舉我的認識器官爲五位：色法、心法、心所有法、心不相應行法、無爲法。色法爲眼耳鼻舌身等感官，一切認識由感官而生。既有感覺乃有心的意識。由心的意識便有相應的感受，稱爲心所有法，如受、想、思、念以及無貪、無瞋、和煩惱各種感受。若能得道，則心不起感受，而得無爲法。

在修得無爲法以前，一切都是有爲法。有爲法爲因緣的和合，都爲無常的法相，因緣的和合，爲有漏的因果。因果由業而成，業爲造作，既有造作，便成因果。

業力不滅，因果連續而生『我』，『我』既有，感官便和外界相接觸。感官所接觸的外界客體應當是『有』，因此萬法便爲實有。然而這種有，是因『我』有而有，『我』則不是實有，乃是業所造的輪迴。

『我』的構成因緣爲十二因緣，十二因緣中以無明爲首，無明乃生見惑和思惑，便起『法執』和『我執』。

大毗婆沙論以感官所接觸的客體爲實有。感官爲五蘊，五蘊和外面客體直接相接觸，直接認識客體的存在。五蘊中以色蘊爲最強。色蘊所得印象，卽是相，相分三類：可見有對、不可見有對、不可見無對。外面的具體事物，爲可見有對的相，人的心理狀態爲不可見有對相，普遍的性質爲不可見無對相。所謂『有對』，不論可見或不可見都是有實在的客體。

俱舍論以五蘊都歸於色法，以一切法都由色法而生。但若色法所生的相，在心中不引起相應的感受，則『我』不以外界客體爲有。而修道的途徑便就在於使心不生相應的感受，而進入無爲法。因爲俱舍論便特別注重『業』，再以三乘的脩因證果，以斷業緣。

「世別由業生，思及思所作，思卽是意業，所作謂身語。此身語業，俱表無表性。」（阿毗達摩俱舍論本頌，分別品第四）

爲斷業緣，三乘的脩因證果最重要的在於『無我』。俱舍論的特點就是在於說明『無果』。佛法有三印，稱爲三法印：諸行無常、諸法無我、涅槃寂靜。大毗婆沙論的主要點，在於說明第一法印『諸行無常』，俱舍論則說明第二法印『諸法無我。』

『我』有兩種：一種是五蘊相繼續，假立因緣之我，被執爲眞我；第二種爲在五蘊所成的假我以外，別執一我。第一種我，爲佛教所講的『我』，稱爲假我。第二種我，爲印度古代哲學中，以我爲實有，不是由五蘊所成。俱舍論所破的我，乃是第二種的我。

俱舍論共分九品，第九品爲「破我品」，末後有一頌：

「此涅槃宮一廣道，千聖所遊無我性，
諸佛曰言光所照，雖開昧眼不能覩。」

『無我性』乃佛的光明所照的大道，引人入涅槃。這條大道指示諸法的因緣和因果，又指出無漏正智，以斷煩惱。

但是佛祖對於出家初學道的人，不說有無。說有，乃是違反眞理；說無，反增初學者的愚昧疑惑。

『世尊告阿難，言有姓筏蹉出家外道，來至我所，作是問：言我於世間為有非有？我不為記。所以者何？若記為有，違法，眞理以一切法皆無我故。若記為無，增彼愚惑。彼便謂我先有今無，對執有愚，此愚更甚。謂執有我，則墮常邊；若執無我，便墮斷邊。』（阿毗達摩俱舍論卷第三十，破執我品第九之二）

(B) 成實論

俱舍論以『我』為空，成實論以諸法皆空。成實論一書分二百零二品，合為五聚：發聚、苦諦聚、集諦聚、滅諦聚、道諦聚。全書的結構，以小乘四諦為基本大綱，所宗的教是小乘，所講的教義則屬大乘，和大乘的三論宗教義相近。

成實論分眞俗二諦，俗諦以諸法爲實有，又以五蘊所結合的假我爲有，眞諦認明諸法皆空。

俗諦爲普通一般人的常情，人見外界的客體森羅萬象，外形和實體都不相同，應視爲實有。但是在實際上這一切的實有，都是因緣的和合，所有的名詞都是人給他們加上的，都應視爲假名，而且也是假有。由假有而生煩惱心，煩惱心就是假心。假分三類：因成假、相續假，相待假，因成假是因緣和合，結成假有。相續假是假有互相連續，因果不斷。相待假是一假有爲另一假有的條件，第二假有要等待第一假有而能成立。

假有既由因緣和合而成，和合而成之有爲假，和合的因緣則爲實有。使因緣和合的能緣心也是實心，卽是法心。

然而再從上分析，因緣也是假，因爲能緣之心也是假，乃達到心空。心既空，名爲空心。成實論的三步分析，分爲假心、法心、空心。

空心有兩種觀，爲空觀和無我觀。空觀在五蘊中不見眾法，觀一切萬法爲空；無我觀在五蘊中不見我，觀我爲無。這種觀法分層次進行，最低層是無明，人以萬法都是實體。次一層看到萬法爲因緣的和合，萬法可以視爲有，然乃是假名，因緣則是實有。再進一層看到因緣也是假名，爲人的無明所造成。最高一層看到一切都是空，自我也是空。

成實論講滅諦時，就根據這種層次，於所緣境上立假有、實有、眞空；更於能緣心上立假心、法心、空心。以法心看因緣爲實有以滅假心而破假有，以空心看因緣爲空以滅法心而破實有。最後於『滅盡定』或『無餘涅槃』位中，以重空義並滅空心。達到眞空無相的境地。

三論宗以『中論』爲主要思想，非有非空。分四種二諦：第一種二諦：有爲俗諦、空爲眞諦；第二種二諦：有空爲俗諦、非空非有爲眞諦；第三種二諦：有空爲二非有非空爲二，都是俗諦，非二非不二爲眞諦；第四種二諦：以上三種皆俗諦，亡慮絕名爲眞諦。三論宗自視高於成實宗，正式爲大乘佛敎。然而成實宗以無餘涅槃滅空心，達到眞空無相，和三論宗的第四種眞諦同一境地，而且直截了當。

道行經的「本無品」說：「一切皆本無，等無異於眞法中本無，過去將來現在如來亦爾，是爲眞本無。」

(2) 大乘說空

大乘以『說空』爲主要思想，主張宇宙萬法都是虛無。這種主張直接站在形上本體論上，主張的目的則在於解脫人心的困擾，使人斷絕痛苦的根源。人心的困擾所有的根本原因，在於心中不安；心中不安是由於有所牽掛；牽掛來自人心傾向一事。假使大乘以萬法爲空，使人堅執着這種主張，人心就傾向這一面，便不得平衡。因此大乘更進一步來主張人心不要主張有或主張空，要在於中；於是有三論和中觀。中觀乃是大乘的中心點。這種中心點以形上本體論的空無爲基礎，以心理平衡虛靜爲實境。

（甲）瑜伽·唯識

大乘教派都以外界客體爲空，以自我爲無。瑜伽派的唯識宗則以心靈爲實有；因爲如果心靈不是實有，則一切理想也都是空幻的，佛法便不能成立。

瑜伽派的大乘宗派，名爲法相宗，再進而爲唯識宗。瑜伽師地論爲這一宗的主要經典，唯識三十頌又是集唯識宗的大成。師地論爲彌勒菩薩所作，唯識頌爲世親論師所著。

『地』在梵語中的意義是能生，能生不僅是土地的特性，也於其他的動作官能的特性，佛第論第一說：「地謂所依所行所攝」。瑜伽師地論全書講十七地，研究萬法的生成和斷滅，順序排列：一者、五識身相應地。二者、意地。三者、有尋有伺地。四者、無尋唯伺地。五者、無尋無伺地。六者、三摩呬多地。七者、非三摩呬多地。八者、有心地。九者、無心地。十者、聞所成地。十一者，思所成地。十二者、修所成地。十三者、聲聞地。十四者、獨覺地。十五者、菩薩地。十六者、有餘依地。十七者、無餘依地。」（瑜伽師地論卷第一，本地分第一）把十七地綜合起來，便有下面的頌：

「五識相應意，有尋伺等三，三摩地俱三，
有心無心地，聞思修所立，如是具三乘，
有依及無依，是名十七地。」（同上）

五識爲感覺的官能，能生感覺印象，意識爲心識，可以生認識。『尋』爲觀察對象的籠統智識，也稱爲『覺』。『伺』是對於認識對象的思維，也稱爲『觀』。『三摩呬多』爲梵語 Samāhita 的譯音，意爲引伸或引出，例如能引各種功德。

瑜伽師地論以萬法的生滅，都在於識，識的產生，首先來自五識。五識爲感官，感官爲產生感覺印象所經過的階段，有自性、所依、所緣、助伴、作業，五種因素。感覺以感官爲所依，卽眼耳鼻舌身；以五境爲所緣，卽色聲香味觸；以所引起的好惡感情爲助伴，然後乃有有漏和無漏的業。感覺祇通於現在的對象，不通於過去和未來，也祇通於形色的『現量』，不通於加以判斷的『比量』，也不通於否定的『非量』。感覺祇感覺到現前的對象，不加比較，也不能否定現前的對象。

意識以意根爲所依，以法境爲所緣，能够通於過去現在未來三個時間，也能够通於現量比量非量三種判斷。

有尋有伺、有尋無伺、無尋無伺，稱爲『三三摩地』，爲禪觀的三種境地，以求心定。『三摩呬多』所引起的心境有四種：「一者、靜慮。二者、解脫。三者、等待。四者、等至。」（瑜伽師地論卷第十一，本地分中三摩呬多地第六之一）

有心無心地，在於心和五識不相應，不爲感覺所動，斷絕煩惱，滅盡有漏種子，使阿賴耶識永滅不餘。

> 「云何有心地？云何無心地？謂此二地俱由五門，應知其相。一地施設建立門，二心亂不亂建立門，三生不生建立門，四分位建立門，五第一義建立門。」（瑜伽師地論卷第十三，本地分中有心無心地品第八第九）

『聞所成』和『思所成』從佛法和識來討論認識：「論體論處所，論據論莊嚴，論負論出離，論多所作法。」（瑜伽師地論卷第十五。本地分中聞所成地第十三）認識論的許多問題都包括在這兩地裡，如論所作法，標出成立法八種：「一立宗，二辯因，三引喻，四同類，五異類，六現量，七比量，八正教。」（同上）這乃是因明學的論理方式。『思所成』有三種相：「一由自性清淨故，二由思擇所知故，三由思擇諸法故。」（瑜伽師地論卷第十六，本地分中思所成地第十之一）講論共相、假相、果相。又講五種有性和五種無性。「何等名爲五種有性？一圓成相有性，二依他起相有性，三遍計所執相有性，四差別相有性，五不可說相有性。……何等名爲五種無性？一勝義相無性，二自依相無性，三畢竟自相無性，四無差別相無性，五可說相無性。」（同上）有是出於因緣，打斷因緣便是無。

「都無有宰主，及作者受者，諸法亦無用，
而用轉非無。唯十二有支，蘊處界流轉。
審思此一切，衆生不可得，於內及於外，
是一切皆空。其能修空者，亦常無所有。
我我定非有，由顛倒妄計，有情我皆無，
唯有因法有，諸行皆刹那。」（同上）

萬有來自十二因緣，由十二因緣而後有五蘊三界互相流轉。在實際上一切皆空，我也是空。而且在認識時，不分內外，就是不分主體和客體；因爲外面的客體，乃是心中的客體，

「於內及於外，是一切皆空。」主體的我是空，所謂外面的客體當然也是空。

外在的客體若單獨存在，則或者是一個原子，或者是原子的複合物。但是原子不能由五蘊去認識，原子複合物的認識也須要對原子有認識。因此，五蘊的外面不能有獨立存在的客體。

宇宙的萬法流轉不息，刹那卽滅，因此，便不能有外面客體的存在。

認識的對象乃是在心以內，心內的對象係因緣所結集；「於內及於外，是一切皆空。」(7)萬法由因緣集合所生，便沒有自性，生不是生，滅不是滅，沒有生滅。這是說由因緣所生法卽空義。假使有因而沒有緣，就不能湊合，無所謂生，無所謂滅。

但是，當人的感官因着因緣而有感覺時，感覺有自己的對象，對象雖沒有自性，然卻有自己的體相。若是沒有體相，感官便不能有感覺。因此，感官所有的現量，雖是單純的感覺，感官在當前的一刹那所得的感覺，眞實不虛，見色有色，聽聲有聲。感覺不是虛無。這就是說識不是虛無的，有認識的心靈也不是虛無的。

唯識學講唯識的界說：「唯遮境有，識簡心空。」『遮』字是捨掉的意思或除掉的意思；『境』是認識的對象；『簡』是分別的意思。唯識的意義是不承認外面的對象是有，承認心不是空。

「假如說，境是實有的，外面的事物，如牛羊都在眼前。可是又可以問：你怎麼知道你眼前有些事物的呢？只要你把眼睛掩蔽起來，眼前有沒有牛羊？離開了眼識上的感覺，意識上的認識，縱然心外是有些四脚腿的牲畜，與你有什麼關係？而且又怎麼知道是有牛羊？既不知道，怎麼能說外境是一定有的呢？你若說心是空的，例如睡熟了就沒有知覺。唯識學回答說：人睡熟了，或是精神反常悶絕了，並不是心無體，而是心的作用暫時停息，心體是依然綿延繼續的生滅不停着。……倘使把心外的境界誤執爲實，一切眾生就會事事向外馳求，作業造罪。再如把自己的靈性的心渺茫虛空，那就等於毀滅人性，撕破自身。」(8)

「這一段是用現代語說明唯識宗以識和心靈爲有，其他萬法該空。唯識宗的意義是「世間諸法，若有若無，若假若實，或由執起，或隨心生，俱識所變，皆不離識。」(9)

唯識宗由瑜伽師地論而來，較瑜伽師地論更進一步明白肯定心的實有。這是哲學上所說的唯心論。

唯心論有兩種，一種是認識論的唯心論，以一切認識都由人心所造成，外界並沒有相應的客體。一種是本體論的唯心論，以宇宙萬物由精神體而來，乃是偉大精神界的表現。這兩種唯心論，也可稱爲主觀唯心論和客觀唯心論。在佛教的唯識宗裡也有這兩派唯心論，「如無著世親的初期唯識學，就是屬於主觀唯心論的一系；若陳那，護法的後期唯識學，就走了

客觀唯心論的道路了。」(10)

(乙) 中論

客體的唯心論在大乘的哲學思想中，佔有很重要的位置；另外在中國的佛教思想中，成爲主要的思潮，華嚴宗、天台宗、禪宗都承認客觀的絕對精神。

客觀的唯心論，由龍樹的三中論發端。三中論爲大智度經、中觀論、十二門論。馬鳴曾作佛本行集經，也發揮這種思想。

中論的思想，以主觀、客觀、智識，三者互相依附。有了主觀的心，纔能有認識，有了認識同時便有客觀的體相。這三者缺一，認識便不能成立。客觀的體相既然要由主觀的心而變成，便沒有外面的客觀體相，客觀的萬法都非實有。而且認識也是由主觀的心和心內的體相而成，心內的體相是假，識便也是假，而非眞實。心既是主體，主體乃是自我，我乃是因緣而造成的假執，絕對不是實有，於是心也是空。宇宙間的一切就都是空了；沒有眞實的存在。小乘的有部講一切是有，大乘的空部講一切是空。

然而，若執一切爲空，心也是空，則人生沒有絲毫價值，人心沒有一點依傍，絕對不能安定，雖然可以走極端的現時一刹那的享樂主義，或者走極端的厭棄一切的悲觀主義，人心總不能安定，人生完全缺乏意義。

大乘乃有兩種修正的途徑：一是主張非有非空，亦有亦空的中道，一是主張有絕對精神體眞如的實有。

中道的佛教派雖主張一切是空，都不主張一切是虛無。所謂一切是空，是指現象世界是空，是不存在；在現象世界的背後，有一個實有。這個實有不能爲人所知，不能爲人所描寫，有點像老子所講的『道』；然而和老子的『道』又不相同。因爲老子以『道』生萬物，萬物爲『道』的外在變化。佛教中道派不以現象世界爲絕對實有的表現，而以現象世界爲因緣所生。因緣所生不是實有，但又不完全是幻象；因爲因緣不是虛無。因此，乃主張亦空亦有，非空非有。宇宙的事物，都由因緣而成，不能單獨存在。眼睛所看的物體，要依靠許多條件的因緣；光、遠近、顏色、眼睛等等條件因緣。所見的物體不能獨立存在，因此，就不是眞實的存在。

楞伽經講論眞實性，分三種性：一、妄計自性，二、緣起自性，三、圓成自性。第一個性，是妄執所感覺的名相爲眞實，這種眞實性爲妄執自性，實際不存在。第二種性，由因緣而起，而成，是非有非空，亦有亦空。第三種性，脫離名相，自證眞如。

「當善知三自性相。何者爲三？所謂妄計自性，緣起自性，圓成自性。」

（大乘入楞伽經卷第二，集一切法品第二之二）

一切事物，本來不是實在，沒有自性，因此可以隨緣；卽是藉着因緣而成。旣能隨緣，便非空無。例如色是藉因緣而成的，乃是空，故色卽是空，空卽是色，色空不二。這種形上的理論，對於人的心理也有影響。佛教追求人心上安定，心若有所偏執，便不安定，佛教乃主張一切平等，離開一切個別相和變化相，對於事物不加分別，心便能够平等一如，無有差別，安定自在。有和空是一種分別，若執着一方，心便成滯了。

萬法從本體方面說，是空無；從隨緣方面說，則是有。『空』乃是無自性；『有』乃是隨緣起。

「諸法無自性，亦復無言說，不見空空義，愚夫故流轉。一切法無性，離語言分別，諸有如夢化，非生死涅槃。……」（大乘入楞伽經卷第三，集一切法品第二之三）

「譬如明鏡，無有分別，隨順衆緣，現諸色相。彼非像非非像，而見像非像。愚夫分別而作想像，外道亦然，於自心所現種種形像而執一，異俱不俱相。」（同上）

心如明鏡，有對象卽現像，然不拘執一像，完全平等自在。有無爲對待的名詞，若執着無以爲唯一的眞理，無在心中成了有；若執着有，心中也常想着無。最好，是不分有無；因爲沒有『有』，也沒有『無』；沒有『無』，也沒有『有』。心中有了『有』或有了『無』，心的自性便不能顯明。『法』都是在心以內，心以外是沒有『法』的。

心如明鏡，平等一如。這種特性稱爲覺性。覺性爲心的自性，心的自性有一本體，本體稱爲眞如。眞是不妄，如是不變。

覺性旣爲人心的特性，每個人都有，卽佛敎所說每個人都有佛性，可以成佛；這種覺性稱爲本覺。但惡業因緣使人愚昧，以至無明淹沒了心的覺性，於是便妄執我和法。這種妄執稱爲不覺。後來因受佛法，開始領悟自己的錯誤，起心要修行，這種覺悟，稱爲始覺。再往前進，因着修行，斷絕惡業，了悟萬法皆空，恢復人心的本覺；這種覺稱爲究竟覺。

覺性的本體爲眞如，爲一超時空的實有，沒有言語可以講述，不能爲理性所瞭解，不能說，也不必說。

「遠離常無常，而現常無常，恒如是覩佛，
不生於惡見。若常無常者，所集皆無益。

爲除分別覺，不說常無常。乃至有所立，一切皆錯亂。若見唯自心，是則無違諍。」（大乘入楞伽經卷第五，如來常無常品第五）

不講常無常，然而常無常的本體自己存在，本體在現象界自己顯現自己，稱爲如來。大乘乃講三身佛性：一是法身、二是報身、三是化身。法身爲宇宙的萬物，即是萬物的法性，也稱爲自性身。報身，也稱爲受用身；修行佛法，達到圓滿境界，乃有功德的報應，報應便是報身。化身，也稱爲應身，佛雖到達圓滿境界，然願超渡衆生，應用各種方法去弘揚正道，一切供弘揚正道的化法，都稱爲化身。

如來的現身，由心而顯。宇宙間的萬法以及報應和應用，都要由心去知道，心若不知道一切等於不存在。然而衹有如來正覺的人，即是有『究竟覺』的人，纔能知道一切都是如來的現身，不以爲眞有，凡夫愚昧則執以爲有。

大乘的空有，歸於非空非有，亦有亦空的中論，在解釋方面有緣起論，有實相論。在中國佛教裡華嚴宗注重緣起論，天台宗注重實相論。天台宗主張三諦圓融，華嚴宗主張事事無礙；兩宗又都歸到眞空妙有。

「以有空義故，一切法得成；若無空義故，一切則不成。
若諸法不空，無作罪福者；不空何所作，以其性定故。
汝破一切法，諸因緣空義；則破於世俗，諸餘所有法。
若無有空者，未得不應得；亦無斷煩惱，亦無苦盡事。」（中觀論，觀四諦品）

「宇宙萬有，形形色色，化化生生，物質的精神的，無一非因緣會合而生。因緣生故，皆無獨立，不變的自體；而莫不共此『空性』。此空性既爲宇宙萬有之所共，故一毛之微而曰『空』可，指大地山河日月星辰而曰『空』亦可」。(11)

(3) 實相

大乘講法和講心時，以法爲空，以心爲空，法既沒有自性，心也沒有自性；因爲性是不生不變，性是常。法（物）有生滅，心也有生滅。但是這種心是每個人的心，稱爲假心，萬法則由這種假心所生。心卽是法，法卽是心，有心便有法，有法便有心。然而所謂空，並不是絕對的虛空，祇是不是它自己罷了。所以稱爲非有非空，亦有亦空。因此法和心應當有一實相（實體）作爲自性，使心能存在，也使萬法能夠存在。這種實相，乃是眞心，也稱爲眞如，又稱爲佛性。眞心因着染汚而有假心，假心集因緣而生法。

例如：

法←心（假心）

法←心（假心）

法←心（假心）

法←心（假心）

法←心（假心）

眞心（眞如・佛性）

譬如：

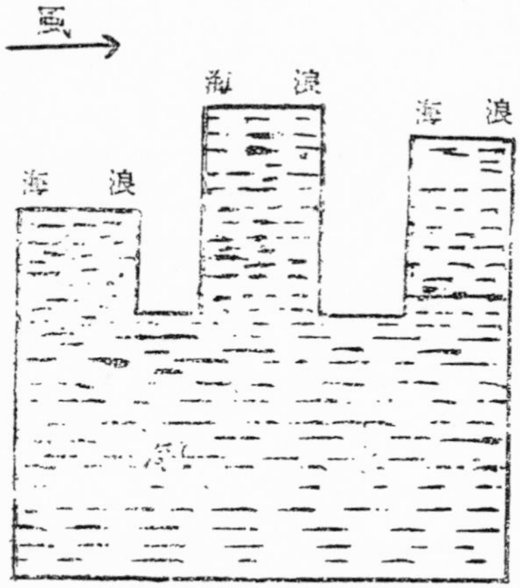

海水因風而起波浪。

眞心因染汚而生萬法

海譬喻心

水譬喻性

風譬喻染汚

波浪譬喻萬法

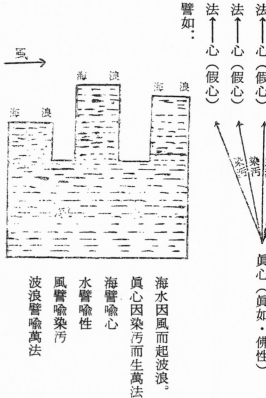

海水因風而起波浪，波浪是海水的形式現象，波浪是海水。波浪本不存在，存在的是海水。然而波浪不僅是海水，而是給海水加了一些形式。但是這些形式因風而起，沒有風就沒有波浪。眞心有性，心因汚染而有假心，假心因着因緣而生萬法，萬法含有眞心的性。萬法是空，萬法以眞心的性，卽是因着眞如而存在。

因此熊十力說：「余通玩空宗經論，空宗可以說眞如卽是萬法之實性，而決不許說眞如變成萬法。此二種語勢不同，其關係極重大。茲以二語並列於左：

『甲：眞如卽是萬法之實性。』

『乙：眞如變成萬法。』

甲乙二語所表示之意義，一經對比，顯然不同。由甲語玩之，便見萬法都無實體，應說爲空。所以者何？萬法之實體卽是眞如，非離眞如別有獨立的自體故。故知萬法但有假名，而實空無。

由乙語玩之，諸法雖無獨立的自體，而非無法相可說。法相者，卽是眞如變成種種相，所謂宇宙萬象。是故乙語肯定法相，甲語便完全否定法相。乙語表示卽相卽性，非相外有性故。古德云：信手所捫莫非眞如，可謂證解。」(12)

熊十力反對大乘以一切皆空；因爲大乘空宗「不惟空除法相，雖復涅槃法性，至眞至實，而猶慮人於此起執，則說無爲空。」⒀若一切皆空，佛法便不可說。我想佛教空宗所說一切皆空，乃是空一切執，而不是以眞如爲空。

大乘佛教都講佛性，各宗講法頗有不同。『涅槃』以佛性爲自性清淨，絕無汚染。大乘起信論以佛性有兩面：有自性清淨的一面，有染汚的一面。

人人都有佛性，乃是大乘的主張。這也是大乘哲學的結論。既然每個人的心都是眞心的染汚一面，每個人的心又是以眞心爲自性，眞心便是每個人的自性，結論當然是每個人都有佛性。

天台宗和華嚴宗都稱爲大乘圓教。華嚴以一卽一切，一切卽一；一切入一，一入一切。這就是以萬法的自性爲眞如，眞如爲理，萬法爲事，事理無碍。天台以眞如爲萬法實相，一攝一切。實相唯一，現相如恒河的沙，無量的多。

實相在禪宗稱爲性，『明心見性』卽是直見自心的自性。自性不能用八識去認識，祇能用直覺的悟去應證。

因此，在中國的大乘佛教裡，雖然都講空，甚至於講多種的空，而又以眞如爲究竟空，爲不可思議的空，根本上則承認有一絕對的實相。在普通的佛教術語裡相指着形相，性則爲本體。但是在講實相時，相是代表體，實相便是實體。

實體，爲不可思議的，是不可言說的，沒有時空，沒有生死，沒有創造，沒有緣起，沒有轉化，是完全的覺悟，完全的自由，這就是『常樂我淨』的涅槃。

若就普通的哲學觀念來看，中國大乘所講的實相，應該認爲最後的絕對實體，老子以『道』爲絕對實體，易經以『太極』爲最高實體，彼此對於絕對或最高實體的含義，解釋不同。佛教的『眞如』，不像『道』和『太極』生萬物。老子以「道生一，一生二，二生三，三生萬物」。易經以「太極生兩儀，兩儀生四象，四象生八卦」。佛教不講眞如生萬法，而以萬法由因緣和合而起，因緣的和合，在於心，所以說心生萬法。

道德經和易經都不是宗教的典籍，不以道和太極爲神。佛教本是無神論，然而常以眞如爲佛。這個佛雖不是釋迦牟尼，雖不是尊神，但都表示有智性，有位格。道德經的道，易經的太極，都沒有智性和位格。

大乘佛教講實相眞如，都是從認識論方面去講，沒有自本體論去講。華嚴講三重觀、理事無礙觀、周徧含融觀，然後講十玄門。在『觀』裡能夠看到『一切世界平等無差別』和『究竟虛無空界。』這裡『究竟虛無空界』就是實相眞如。天台講『摩訶止觀』，『一念三千世界』，『乃至一究竟是一切究竟，一切究竟是一究竟，』究竟卽是實相。

天台宗的『一念三千世界』，三千世界是一心具十種有情者的世界，每一世界和十世界相通成爲百世界。每一世界有『十如如』，十如如是相、性、體、力、作、因、緣、果、報、本末。因此，百世界便成爲千世界。每一世界又分爲五陰世間、眾生世間、國土世間；於是便成三千世界。『一念三千』即是『一入一切』。

華嚴經和法華經從本體方面講實相，則常以『佛』代表眞如。華嚴經講十身佛，普通大乘常講三身佛：法身、報身、應身。法華經講無量壽佛爲永久智慧。涅槃經和大般若經則以涅槃爲實相，涅槃爲『常樂我淨』的清寂法界。

萬法——空
↑　　↑
心——集合因緣生萬法（心生萬法）
↑　　↑
眞心——心的自性（本體）（實相）

眞如（實相）

不可見，沒有形色。

不可思議。

超越形色、超越時間空間，超越對立，超越限制。

無量，永恒、絕對。

自性（真如）

本來光明，本來清淨。

能被煩惱蒙蔽。

禪宗破除煩惱，無心，無念，明心見性。

實相

一卽一切，一切卽一。

一入一切，一切入一。

天台止觀

華嚴圓融。

(五) 我空

(1) 古印度哲學的自我論

從上面所講的因緣論和物體存在論兩節，我們可以知道物體的存在爲因緣關係，因緣關係的成立在於人心，人心乃是主體。心既是主體，心應該有所依附，而所依附者便是心的主體，心所依附的主體則是『我』；『我』便是萬物的因緣關係所以成立的主體和主因。

佛教的目的是爲救人脫離生活的痛苦；生活痛苦的來由就是因緣關係；爲脫離痛苦，便要解除因緣關係；爲解除因緣關係最重要的方法在於消除『我』；若是因緣關係的主體被消除了，因緣關係便不會發生。佛教各宗乃都主張『我空』，以自我爲空。

所謂自我爲空，空不是虛無，而是沒有自性和本體。自我沒有自性和本體，自我是什麼呢？是一團因緣的合和。這樣說我，萬法因緣的主體，也是因緣的合和。

古印度哲學，曾以自我爲主要問題。

「在印度哲學中，關於自我有四種不同的觀點：

根據加爾瓦卡，自我乃是活的身體具有意識之屬性，這是物質主義的自我觀念。佛教則將自我視爲意識之流，或說是一連串之認知，像其他經驗主義者及感覺主義者一樣，只承認經驗的自我。一元主義之吠檀多派，視自我與各個自我爲一體，是不變的，自我啟示的意識，既非主體，也非客體；既不是主體的我，也不是客體的我。多元主義的吠檀多派主張自我並非只是單純之意識，而是意識之主體，稱爲『伊戈』或主觀的我（Jnãtā Ahamartha Evātmā），但自廣泛的觀點看，兩種吠檀多都稱之爲觀念主義者。

而正論與勝論兩派則採實在論的觀點，根據他們的主張，自我只是一統一之本質。對於本質來說，一切感情、認知、欲望都是自我之屬性。貪欲、厭惡、意志、痛苦、快樂、認知，都是靈魂之特質。因爲這些都不能爲外在的感官所知覺，所以不是物質的特質，也不屬於物質的本質。因此我們必須承認，它們是某些本質之特別屬性，與一切物質本質相反。」(14)

數論派，主張一純主體的自我，爲純意識，超越一切有限的時、空，因果，不受心理活動的影響，自己有自由，永不死亡。瑜伽派承認自我，由靈性和粗身相合而成，自我爲純意識，心則無意識，然能透過顯現力量以反映自我的意識。因着反映在心中的情態有各種變化，自我也隨着顯出各種變化，有如月亮映在水裏，隨着水的變動而起變動的情態。

耆那派主張有靈魂，靈魂是意識的本體，加爾瓦卡哲學則否認有靈魂的存在，以意識爲物質性。一元論的吠檀多派以自我有靈魂有身體，然而身體乃是幻相的顯現，所有的實在祇是靈魂，靈魂不是別的，卽是上帝。上帝是超梵，是無限的意識。靈魂卻是有限的，身體更是無知的產物，靈魂和身體的結合，便限定了自我。自我存在於原有內在性質中，和外界相隔離。自我爲有自我的意識，有賴自我啟示之光消除一切障碍。自我意識在純淨的狀態下沒有外在的煩擾時，寧靜安祥，乃有幸福。自我的身體爲業力的產物，業力通過輪迴造成來世的生命。爲解除自我的束縛，須淸除業果。業果淸除以後，靈魂不會再誤將自己與身體合一，不會再輪迴。

這些思想都可以上溯到古印度的奧義書，奧義書以自我（Ātman）爲梵，主張梵我同一。

(2) 自我爲因緣合和

佛教以自我有身體有意識，身體是由四大而成的色法，意識則成於種子，身體有五蘊，有由地水風火所成的血水和內臟。在十二因緣裏，有名色、六入兩因緣，這兩因緣在母胎而成人身。佛經緣生論說：

「從一生於三，從三轉生六，六二二更六，從六亦生六。

從一生於三者，一謂無智，此智者說名無明，於苦集滅道中，不覺知故，名爲無智，由無智故，則有福無福不動，說名三行，及身行口行心行等，從其轉生。從三轉生六者，從彼三行生六識身，所謂眼識耳識鼻識舌識身識意識。六二者，彼六識身轉生所謂名色。二更六者，名色二種，轉生六入，所謂眼入耳入鼻入舌入身入意入。從六生六者，從彼六入轉生之觸，所謂眼觸、耳觸、鼻觸、舌觸、身觸、意觸。」（緣生論，聖者鬱楞伽造。達摩笈多譯）

自我的身體，爲血精合和，血精來自父母。血精爲不淨，人身因此爲污穢。血精的合和來自父母的愛慾，愛慾來自無明。在另一方面，父母血精的合和所成爲『我』，『我』不來自父母，是出自父母以外的因緣，即是因爲前生的『我』，輪迴到父母血精所結成的身體，而成爲現生的『我』。這種輪迴的原因，是因爲前生積有惡業，惡業的種子引起了現生的生命。現生的生命有六識、六觸，和名色。在六識中有意識，意識體會此現生的生命爲『我』。意識的形成，是由於來生種子的薰習而成。因此，由父母精血所成的身體，由意識所體會的我，都是因緣的和合。假使父母沒有愛慾，便沒有血精的結合，便不會有身體。假使沒有前生惡業的種子，便不能有薰習，意識也就不能成；那樣便不會有『我』。『我』由名色和意識而成，名色和意識都來自因緣。

(3) 名色

因着因緣在母胎所成的身體，以名色爲代表，身體便可以稱爲名色。名，梵語爲 Nāmān 指着法的代表，以聲音而引起一種物相，由物相而想到物體。色，指着有量有壞的法，有量則阻碍另一物同在同一的空間，有壞則常有變遷。

名和色合起來成一個名字，則爲五蘊的總稱。五蘊爲色受想行識。色爲有形體之法，由極微質所成有碍的物體。受想行識皆爲心之法，沒有形體可見，故稱爲行。名色所指，爲在母胎所成的身體。這種胎中身體已具有五蘊的官能，雖還沒有五蘊的行爲；但因具有五蘊，故稱爲名色，卽十二支因緣中的一支。

名色爲身體，身體爲四大所成：四大：地水火風，所以結成身體，是因過去的業。

色
- 四大種—地界堅性、水界濕性、火界煖性、風界動性。
- 四大所造
  - 一、五根—眼根、耳根、鼻根、舌根、身根。
  - 二、五境—色境、聲境、香境、味境，及觸境之一部份。
  - 三、無表色。

「剎那後無教，欲過去大生。

釋曰：從初剎那後，欲界無教，依止過去四大生，是四大作此生，依止是身，現世四大爲相續，依止是二，四大次第爲此生流因故。譬如輪行於地，以手轉之，以地爲依處。所依止四大，是何地能依止，身口業是何地。偈曰：

依止自四大，身口業有流。」（阿毗達摩俱舍論卷十，分別業品第四）

名色爲我的身體，由四大元素而成，四大元素所以結合，由於前生的業。因着而有無明，由無明而有我執，因着我執乃有輪迴，因着輪迴，四大乃由父母血精而結成人身。

僅祇有五蘊的名色身體，還不是我，我之爲我，在於意識的體驗，卽是心相應，這種心相應稱爲行。

(4) 行

『行』，在普通的意義上爲身口意的活動，也稱造作，和『業』的意義相同。但是『行』有特別的意義，如大乘義章三說：「內心涉境，說名爲行。」，『行』是心的意識，而這種意識是體驗自我的存在，也就是佛教所說的『我執』。

『世尊告阿難，言有姓筏蹉，出家外道，來至我所，作是問，言我於世間爲有，非有。我不爲記，所以者何？若記爲有，違法眞理，以一切法無我故；若記爲無，增彼愚惑，彼便謂我先有今無，對執有愚，此愚更甚。謂執有我，則墮常邊，若執無我，便墮斷邊。」（阿毗達摩俱舍論。卷第三十，破執我品第九之二）

佛祖對於外道者所問有我無我，不答有無，怕外道者不明眞理，將或者執我有，或者執我無。但是實際上，佛祖認爲普通人都有『我執』，因而纔有輪迴。

在母胎成了身體，假使沒有心識，眼耳鼻舌身五根，卽五種感官，不能和外境相觸而生感覺，沒有感覺，便不生識，沒有識，人不能知道有『自我』。普通我們說心若不在，就視若不見，聽若不聞。『自我』務必要有自我的意識。

自我意識稱爲『行』，梵語爲 Dharma。在印度古代哲學裏，關於自我有無靈魂的問題。主張有靈魂的哲學派，常以靈魂爲我（Ātman），不主張有靈魂的學派，則以『行』爲我。佛教不主張有靈魂，因此以『行』遷流三世。

大乘義章二云：「有爲集起，目之爲行。」俱舍頌疏一：「造作遷流二義名行，據此義邊，色等五蘊，俱合名行。」

『行』梵語 Dharma 或 Karma，印度最早的吠檀經書裏沒有出現，在婆羅門的淨行書裏則開始有形跡，可能來自亞利安民族的原始思想。從婆羅門的信仰裏，日後傳於印度各派哲學或宗教裏，成爲一個中心的觀念。行的觀念，指着善行或惡行，在人的極微體上卽人心上，產生一些種子，引起輪迴的來生生命。

在死時，人的身體已經毀滅，四大元素分散；同時，人又沒有靈魂；這個人的自我就毀滅了。但是，這個人應該再投胎再生，而再生的人，和前生的人是同一個自我，負有前生的業應有的果報。假使不是同一的自我，便不能稱爲輪迴，更不能談果報，祇能說是生命的繼續，如同莊子所說生死像白天黑夜一般，繼續不斷。因此，在佛教的輪迴裏，在前生和現生裏面，究竟有什麼共同的呢？身體不是共同的，靈魂則沒有，所共同的只有一個自我，前生的我，成了現生的我。這個自我是什麼呢？乃是行，卽是產生種子的行業。

佛教以人若有靈魂，則人在輪迴時，靈魂再投胎，帶有前生的智識和記憶，人便應該能够回憶前生或甚至前數生的生活。但是實際上人對前生茫無所知。而對前生所有的祇是業報。卽是前生的行，通到了現生，前生和現生的聯繫，在於行業。

現生之所以有生命，是因爲前生有『我執』。『我執』爲意識，不是理智之知。我執的意識由行業而成，我執的本身也是行。因着我執，便以自我爲實有，貪想保持自己生存；這種意願便引出來生的生命。

因此，自我由多種因緣和合而成，有五蘊、八識、觸、受、愛等等因緣，這些因緣和合的束縛，乃是『我執』的行。用現代哲學術語說，自我就是自我意識。

自我意識爲一種心理現象，『行』在佛教中則攝有全部的心理作用，除受想的心所法以外，其餘心所法都攝在行蘊以內。佛教以自我爲心理作用所成。四大本皆空，因着無明的種子，而有五蘊的識，在識內成立我執，自我乃成。

「時天王釋聞佛所說，歡喜奉行，復問曰：大仙人，一切沙門梵志同一說一欲一愛一樂一意耶？世尊聞已，答曰：拘翼，一切沙門梵志不同一欲一愛一樂一意也。時天王釋復問曰：大仙人，一切沙門梵志，以何等故，不同一說一欲一愛一樂一意耶？世尊聞已，答曰：拘翼，此世有若干種界，有無量界，隨彼所知界，卽彼界，隨其力，隨其方便，一向……」

（中阿含經卷第三十三，大品釋問經第十八）

輪迴到那一界，全看人自己的行，每人都不一樣。「隨彼所知界，卽彼界，隨其力，隨其方便。」

「都無有宰主，及作者受者，諸法亦無力，而用轉非無。
唯十有二支，蘊處界流轉。我我定非有，由顚倒妄計，
有情我皆無，唯有因法有。諸行皆剎那，住尙無況用，
卽說彼生起，爲用爲作者。………………法不能生他，
亦不能自生，衆緣有故生，生亦自然滅。…………」（瑜伽師地論卷第十六，

本地分中思所成地第十一之一）

一切都是空，我一定非有。我之所以有我，由於顚倒妄計，衆因緣相和合，乃有我。

「此言衆中說，汝等當細聽，過去菩薩觀，本所未聞法，
老死從何緣？因何等而有？如是正觀已，知其本由生。
生本何所緣？因何事而有？如是思惟已，知生從有起。……
如是思惟已，觸由六入生。六入本何緣？因何有六入？
如是思惟已，六入名色生。名色本何緣？因何有名色？
如是思惟已，名色從識生。識本由何緣？因何而有識？
如是思惟已，知識由行生。行本由何緣？因何而有行？
如是思惟已，知行從癡生。如是因緣者，名爲實義因。
智慧方便觀，能見因緣根。」（長阿含經卷第一，第一分初大本緣經第一）

佛說長阿含經，第一章便說因緣。因緣有十二支，十二支中，以癡爲最後根本，由癡而

有行，由行乃生識，由識而有名色以成『我』。

「諸識生時變似我法，此我法相雖在內識，而由分別似外境現。諸有情類無始時來，緣此執爲實我實法，如患夢者患夢力故。心似種種外境相現，緣此執爲實有外境，愚夫所計實我實法都無所有，但隨妄情而施設故。說之爲假，內實所變，似我似法，雖有而非實我法性。」

「又所執我復有三種：一者卽蘊，二者離蘊，三者與蘊。非卽非離，初卽蘊我，理且不然。我應如蘊非常一故。……中離蘊我，理亦不然，應如虛空無作受故。復俱非我，理亦不然。……」

「又諸所執實有我體，爲有思慮，爲無思慮。若有思慮，應是無常，非一切時有思慮故。若無思慮，應如虛空，不能作業亦不受果。故所執我理俱不成。」

「又諸所執實有我體，爲有作用，爲無作用。若有作用，如手足等，應是無常。若無作用，如兔角等，應非實我。故所執我，二俱不成。」

「又諸所執實有我體，爲是我見所緣境不。若非我見所緣境者，汝等云何實有我。若是我見所緣境者，應有我見，非顛倒攝，如實知故。若爾，如何執有我者，所信至教，皆毀我見，稱讚無我。……」

「又諸我見，不緣實我，有所緣故，如緣餘心。我所見緣，定非實我，是所緣故。」（成唯識論卷一）

上面所引幾段佛經，爲成唯識論的第一章暢論無我，以我爲『我執』所生。假如我有實體，我的實體，或者是有思慮，或者是無思慮。若是有思慮，則我不常有，因爲思慮不常有；而我則應和思慮同是一體。若是沒有思慮，則是一種虛空，是一種無。換而言之，假如我有實體，我的實體，或者有作用，或者無作用。若是有作用，如同手足一樣，也是無常，因爲作用不常有。若是沒有作用，則是一種虛空的假想、如同兔生角一樣。

然則，爲什麼愚夫執着有『我』呢？那是因爲自己認識一個自我，看到有一個自我。這種認識稱爲『我見』。我見的所以成，完全來自『識』，由於識的因緣所變。

因着我執而生我，我執是一種不善的行爲。

「然諸我執，略有二種：一者俱生，二者分別。俱生我執，無始時來，虛妄熏習內因力故，恒與身俱，不待邪教及邪分別，任運而轉，故名俱生。此復二種：一常相續，在第七識，緣第八識，起自心相，執爲實我。二有間斷，在第六識，緣識所變五取蘊相，或總或別，起自心相，執爲實我。……分別我執，亦由現在外緣力故，非與身俱，要待邪教及邪分別，然後方起，故名分別。唯在第六意識中有。此亦有二種：一緣邪教所說蘊相，起自心相，分別計度，執爲實我。二緣邪教所說我相，起自心故，分別計度，執爲實我。」（成唯識論卷第一）

『我執』的行業，不爲業果。佛敎以業的生力，有一部份是無始而常有的，另一部份爲每人的行所留的業果。無始常有的生力在第七識中，藉着第八識而起。這種生力卽是通常所說的理智力，爲每人天生所有。人的理智力因着第八識所有業果的熏習乃成自我的認識，執爲實有，便有我執。這種我執的『我』，爲『行爲識緣』。因爲識、名色、六入、觸、愛的種子初爲『行』所引，而發生於第八識阿賴耶識中，而後再爲愛、受兩因緣的潤澤，乃有對於後生的引生功能，成爲『有支』。

「我若實無，誰於生死輪迴諸趣，誰復厭苦求趣涅槃？所執實我，旣無生滅，如何可說生死輪廻？常如虛空，非苦所惱，何爲厭捨求趣涅槃？故彼所言，常爲自害。然有情類，身心相續，煩惱業力輪廻諸趣，厭患苦故求趣涅槃。由此定知無實我，但有諸識，無始時來，前滅後生，因果相續，由妄熏習，似我相現。」（成唯識論卷第一）

成唯識論提取了我們前面所提出的問題，既然自我不是實有，誰在輪迴轉呢？成唯識論不作正面答覆，卻自反面來說：假如自我是實有，便沒有生滅的問題，誰去輪迴轉生呢？又假如自我完全是虛空，又是誰追求解除苦惱，趣向涅槃呢？成唯識論爲答覆這個問題，說是有情的愚夫，「身心相續，煩惱業力輪迴諸趣。」也就是說行業有引起生命的力，行業在輪迴，行便是自我。

小乘佛教，以行爲生死流轉的主體，唯識宗和大乘佛教以識爲生死流轉的主體。

我
- 生
  - 名色—四大
  - 意識—心—我執
- 滅
  - 名色—毀滅
  - 意識—輪迴

意識爲『行』所成，卽是我執。我執是我自己有自我意識，自信自己爲實有，佛敎不信人有靈魂，只信有心。心雖是假心，然自我以心爲眞。這種意識可稱爲自我意識。

現代西洋哲學不講靈魂，不講實體（Substance），祇講心(Mind)，因此在講『我』時，問什麼是我之可以爲我？我之被認定爲我（Identity），究竟是什麼？便說是『自我意識』。然而自我意識一定不是我的本體，祇是本體的自覺；有本體，才有自覺。佛敎卻以人死後輪迴時，『意識』卽是我執在輪迴，從一主體到另一主體，譬如以燭傳火，火由一燭傳到他燭。但是，每一燭的火，是每一燭自己的火，而不是傳火的燭的火。第一燭點燃第二燭，第二燭的火是第二燭的火，不是第一燭的火。第一燭的火對於第二燭的火，祇有引燃的作用。在輪迴時，前一生的我，輪迴到第二生的我，乃是同一個我，否則業力報應便失去意義。這就是說前一生的『自我意識』，輪迴到後一生，由一個身體轉到另一身體，而所以在後一生有這另一身體，就是因爲有『我執』的自我意識。若沒有這『自我意識』，就沒有後一生的身體，就沒有輪迴。好比一根蠟燭在點着時，溶化的燭液，流到下面，下面有模型接着，又凝結成一根燭，當上面的燭溶化完了，下面的燭也結成了，兩根燭的燭心同是一根，火沿燭心，由上面溶化的燭點到下面溶成的燭。這樣下面的燭，便可以說是上面溶化的燭的輪迴。

人的出生，因爲有身體（名色）有識；身體和識都是由於人的心相信有身體有識，因此才有；若不相信有，便不會有。人的輪迴便是由於人的無明，因無明而有自我意識，因自我意識而有身體和意識。實際上所謂自我，乃是人心的一種妄見。

(六) 心 論

(1) 心的動作

『心』，在佛教的思想中，為一個基本的觀念，也是佛教思想的核心。無論小乘或大乘，無論教理或修行，都以心為基礎，佛教思想的一切問題，都可以，而且也應該歸宿到『心』。

自我和宇宙萬法為什麼有呢？從認識方面說，無論什麼客體，就連自我本身，若不被認識，便等於不存在，自我和宇宙萬法的被認識，是被人心所認識。被認識了以後，我和法是不是眞正存在，卽是不是實有，則在於人心承認或不承認我和法是實有，卽是否有不有『我執』和『物執』。所以佛教常說：『萬法唯識』或『萬法唯心』。

再從物的本體方面說：自我怎樣存在呢？卽是人怎麼生呢？人的生是輪迴轉生，輪迴轉生是業力所引出，業力由識而流轉，這又是心的作用。自我以外的客體，卽宇宙萬法，若認爲有，萬法的本體存在怎麼來呢？是由於四大元素的結合，而四大的結合要在人的識中實現。所以心是衆緣和合的滙集點，心在梵語的意義爲集起義，再若按大乘所說，萬法爲眞如或眞心所現的現象，而眞如或眞心則是人心的本體。這樣說來，宇宙萬法的本體也來自心。

印度古哲學的數論派以心理活動屬於心，如智識、思慮、情意、愉快、痛苦、失意，都屬於心的活動系統。但是勝論派承認一超越世界一切客體的自我。心的活動雖屬於心，然而不能影響自我。瑜伽派也主張一個純意識的自我，心靈爲自我自性的第一產物，爲一無意識的本質，然和自我的存在最密切，透過顯現的力量，反映自我的意識，心靈具有顯現力，顯現力屬於理智，心靈便具有理智力。

這兩派的心論和佛教的心論不相同，但兩派都承認心有靈明的顯現力，可以反映自我。這點和佛教的明心見性相似。

佛教的修行，總括於戒、定、慧。修行的目的，在於斷除我法兩執。戒律禁除惡行，增加善行，消除有漏種子，毀滅輪迴業力。定爲定心，慧爲直觀佛性。因此，修行都是心的活動。佛教以心的活動而成宇宙萬法，也以心的活動而消除萬法，在自己的心中，自證涅槃。

佛教講心，常從心的動作去講，因此常講心法和心所法。心法爲心的主要作用，心的作用在根和境相對時，起了別境作用。了別境作用爲對物的認識，分別每一椿物體。心了別物體祇對於總相有認識，而不是對於形色。心對於物，得其總相，五識則得物的個別相。心因此稱爲心王，心法也稱爲心王法。

俱舍宗以心的主要作用，有心、意、識三種，心爲集起，能集合眾緣，引起心所法和其他行業。意爲思量，思量爲心的特性。識，爲了別、爲認識，因心對於各種境須能分別。

心王所緣的境，有兩種，即是心法：眼識、耳識、鼻識、舌識、身識、意識。這六識祇有意識屬於心的直接作用，其他五識由感覺而成。然爲能有感覺，必定要心對着感覺的境，然後纔有感覺。心若不在，感官雖對着境，亦不能了別。

在瑜伽學派裏，列有五種心的作用：眞正的知識，假的知識，語句的知識，睡眠中的知識，記憶的知識。所謂知識即是種種對於事物的認識，也可稱爲認知。在這種種認知時，自我被反映在認知意識中；這種種反映於變動的認知狀態中的自我意識便被認知爲自我，因而引起痛苦。引起痛苦的緣因，能有五種：一、將非永恒地錯誤知識，當爲永恒的知識，乃有無明；二、假觀念，誤以自我爲智力或心靈；三、貪戀，貪戀快樂；四、嫌惡，嫌惡痛苦；五、怕死，恐懼死亡。(15)

印度古代哲學的許多派別，大都和瑜伽派相同，把自我和心分開，自我爲超於時空的存在，不受心靈的影響；然而在實際生活裏，自我被反映在心裏，隨着心的變化而起變化，自我便受了限制的束縛，失去自由，失去本心。務必要停止心靈的情意活動，使心靈明淨，乃能反映自我的本性，自我便獲得固有的自由。

唯識宗所宗的六經十一論，以解深密經爲本經和瑜伽師地論爲本論。解深密經有八品，八品中的第二品，爲心意識相品，瑜伽師地論有十七地，十七地中有十二地和心識相關。世親提挈瑜伽師地論造唯識三十論，評論心法和心所法。心法爲八，心所法爲五十一。這五十九法加上色法，心不相應行法和無爲法，共一百法。

八種心法，就是唯識宗的八識，爲心的作用之主體，心的作用又該以心爲主體。前五識的感覺，有根有境，以根爲所依，以境爲所緣，根爲感官：眼、耳、鼻、舌、身；境爲感覺的對象：色、聲、香、味、觸。五識的作用，爲了別作用，卽認識對象。

意識，爲心的思慮分別作用，以第七識末那識爲所依，以一切諸法爲境。前五識祇能了別現在的對象，意識則遍以一切過去未來現在諸法的所緣境；而又身口意的業爲所作業。卽是承認心能知道過去現在未來的事，而又能發動身口意的行動。

末那識，以第八識阿賴耶識爲所依根本，自身又成爲第六識爲所依根本。因着第八識的種子，人心分別自我爲實我，確執不捨，就是末那識。末那在梵語的原義爲思量、爲判斷。阿賴耶識，爲那法生起的根本，藏有色法心法的種子，變現一切有漏無漏法。種子有的部份爲無始以來就有，有的部份爲行業所造。種子因着現行所熏，便現種種法。八種識爲心法，八種心法則引生宇宙萬物，故說『萬法唯心』，一切由心所現。

> 「由自心執着，心似外境轉，彼所見非見，是故說唯心。」
>
> 「如是處處說唯一心，此一心言，亦攝心所，故識行相，卽是了別。了別卽是識之見分。」（成唯識論卷二）

心所法爲心的作用，以心爲所依根本，和心相應。心法共五十一法。

唯識宗的心所法，和俱舍宗的心所法，大致相同，分類的名稱雖不完全一樣，意義則相同。

(2) 心的特性

心生識，識造萬法；心爲一切法的根本。如進一步研究心有什麼特性？研究心的特性，不是研究心的自性或本體，而是研究心的特點。

唯識宗常講三自性；所謂三自性爲一切法的特性，但說它們是心的特性則更恰當。三自性爲『偏計所執性』、『依他起性』、『圓成實性』。

『偏計所執性』，也稱爲分別性。心能分別所識的對象，給起名字，這些名字本來都是假名，因爲對象並非實有；但是心卻執以爲實有，妄執實有我法自性。『依他性起』，依爲依托，他爲他緣，心法心所法都是依他緣而起；因此心雖是萬法的根本，然而心爲造識以引起萬有，必須有所依托的因緣。這一層爲佛教的根本思想，一切萬有都沒有本體自性，祇是因緣的和合。『圓成實性』，卽是眞如。圓爲圓滿，成爲成就，實爲實有。心的本體自性乃是眞如，圓滿成全，眞實無妄。

在長阿含經中，講種種心；在種種心中，特別有『觀他心』以『證他心智』

「世尊以三事教化：一曰神足，二曰觀他心，三曰教戒，卽得無漏心解脫無疑智。」（長阿含經序，卷第一）

「比丘，第四勝法，彼以定心，清淨無穢，柔輭調伏，住無動地，一心修習證他心智。彼知他心有欲無欲，有垢無垢，有癡無癡，廣心狹心，小心大心，定心亂心，縛心解心，上心下心，皆悉知之。譬如有人，清水自照，好惡必察。比丘，如是以心淨，故能知他心。」（長阿含經卷第十三，長阿含第三分）

『觀他心』爲一種勝法。佛祖講勝法爲神通廣大的法。例如第二勝法，修證神通智，能作種種變化，變化一身爲無數身。又如第三勝法，修證天耳智，能聞天聲人聲。證他心智爲第四勝法。這一點有些妙似莊子所說人可以聽天籟，人心可以通於他心。

阿毗達摩大毗婆沙論講『知他心智』，說是能够知道前生的事，也能知道輪迴的去處。

「昔有女人，置兒一處，作餘事業。時有一狼持其兒去，傍人爲逐，語彼狼言，汝今何緣，將他兒去？狼遂報曰：其母過去五百年中，常害我子，我亦過去五百年中常害彼子，怨怨相報，于今未息。彼若能捨，我亦捨之。傍人便告彼母曰：汝若惜子，當捨怨心。女人報言，我已捨矣。狼觀女意都不捨怨，但恐害兒，妄言已捨，遂害其子，捨之而去。問傍生何時知他心等，答初中復位，皆悉能知。問彼位何心知他心等？喜耶？染污耶？無覆無記耶？答三種皆能知。問爲住意識爲住五識知他心等？答惟住意識。問爲住威儀路，爲住工巧處，爲住異熟生心，知他心等？答三種皆能知。」（阿毗達摩大毗婆沙論卷一百一，智蘊第三中，他心智納息第三之三）

『觀他心智』或『知他心智』爲一種神通智。按常理說來，『自我』旣輪迴轉生，應該能夠知道前生的事。但是若是輪迴轉生的『自我』，沒有自性本體，而祇是自我意識的隨緣轉生，現生的心並不是前生的心，則現生的心便不能憶想前生的事蹟。但是輪迴轉生是由於意識誤執我爲實有，這種誤執卽自我意識，緣着一生的行業而轉生。所謂行業也都是識，因此，前生的識留有種子，種子雖異熟生果，引起新的生命，然而在前生種子中留有前生行業，種子熏成識時，也能引起前生行業的記憶。因此佛經說知他心智祇有人能夠有，餓鬼和地獄中受刑的鬼不能有。

「本性念生智，現憶知宿住事者，感人趣有，餘四趣中無此智。」（同上）

知他心智祇在『意識』中，不在感官五識中，「問爲住意識爲住五識知他心等？答惟住意識。」知他心智爲心的活動。這種活動在本身說來是無善無惡，故稱爲無記。上段引文所說：「問爲住威儀路，爲住工巧處，爲住異熟生心，知他心等？答三種皆能知」。這三種心都是無記心。威儀無記心，爲行動起坐，愼重不苟的心；工巧處心，爲圖畫彫刻種種工巧之心；異熟生心，爲異熟果報所生之心。所以，人在各種狀況中都能有知他心智；然而實際上人卻沒有知他心智，佛經也說：

「謂人趣中得此智者極少有，故不說之。」（同上）

經中不講人的知他心智，乃是適合事實；而且在學理上也不能說，尤其是大乘更不能說。大乘般若，維摩諸經講三世心。以心爲刹那生滅者，過去心已過去，未來心尚未成，現在心不暫停，故三世心都不可得。這一點就進入心的本體問題。

(3) 心的本體

三世心都不存在，心的本體存在不存在呢？而且心有沒有本體？有沒有本性呢？

第一，我們先研究心有沒有本性呢，心和性的關係是怎樣呢？宋朝理學家講性和心的關係時，以性爲理，心爲理之所在，兩者的內容同是一個，心是性的具體化。佛教主張萬法沒有自性，自我也沒有自性，都祇是因緣的和合。但是問題卻不是這樣簡單，因爲一切萬法的因緣和合都以心的識爲根本，若是心沒有本體和自性，心便是虛空，識也不存在，那不是一切都成了虛空嗎？那麼就沒有討論佛法而使人得解脫的可能，因此，小乘常以心爲實有。

大乘也常講『明心見性』，主張心有性，性乃是佛性。俱舍宗和唯識宗都講心法和心所法，爲一切法的根本，則心應有本體自性，否則心法和心所法都失去意義。而且在輪迴轉生時，若沒有心識的存在，則不能有輪迴轉生。解深密經說：

「廣慧，當知：于六趣生死，彼彼有情墮彼彼有情衆中，或在卵生，或在胎生，或在濕生，或在化生，身分生起。于中最初一切種子心識成熟；展轉和合，增長廣大依二執受。」（解深密經，心意識相品第三）

經中講六趣轉生，以種子心識爲根本，心識成熟了，完成生命體的六根。所轉生者爲心識，心識若不存在，轉生便不可能，這是唯識宗的主張。心識名阿賴耶，名阿陀那，三名同說一本識。

但是同一經中又說心爲集起義，以心由心識依色聲香味觸等，集起而成。

「廣慧，此名亦名阿陀那識。何以故？由此識于身隨逐執持故。亦名阿賴耶識。何以故？由此識于身攝受，藏隱，同安危義故。亦名爲心。何以故？由此識依色聲香味觸等，積集滋長故。」（同上）

心，爲積集義，乃是佛教對於心的解釋。積集，在於積集五蘊的五識，這是就心的作用而言，也就是心法。然而若沒有心的本體，又怎麼可以積集五蘊的五識呢？佛教當然不以這種難題爲問題，佛教以一切都是因緣和合，則心也是因緣的積集。心的因緣先有種子，再有色、聲、香、味、觸，五蘊的熏習，乃能積集滋長。然而所謂積集滋長乃是指着阿賴耶識。

印順於攝大乘論講記解釋『心意識三』的心字說：

「心體第三，若離阿賴耶識，無別可得。是故成就阿賴耶識以爲心體。由此爲種子，意及轉識。何因緣故亦說名心？由種種法熏習種子所積集故。」

印順在這段解釋後加一附論說：

「心是一切種子識。從種子現起的是染末那與六識。心，意，識，不是平

> 列的八識，是一種七現。這不但在這心，意，識的分解是這樣。『所知相』中說阿賴耶識爲種子，生起『身者』及『能受』的七識。安立義識段，說阿賴耶是義識，所依及意識是『見識』。十種分別中的『顯識分別』也是『所依意』與六識。總之，從種生出的現識，只有七種。本識是七識的種子，是七識波浪內在的統一」。

以心爲阿賴耶識，以阿賴耶識爲心的本體，實際上等於沒有本體。若以阿賴耶識爲種子的收藏所，則收藏所應是一本體，本體究竟若何卻不能知。若以阿賴耶識爲種子的結集，則阿賴耶識沒有本體。

但是無著，世親、護法以阿賴耶識的法爾種子爲佛性體，『法爾種子』卽是無始以來自然本有的淨種，也就是無漏種。關於『佛性』問題，佛教各宗派的主張不完全相同；然而各宗派大都主張有佛性，佛性便是心的本性。

涅槃經有『三因佛性』的主張。『三因佛性』爲正因佛性、緣因佛性、了因佛性。正因佛性是中道的第一義空，完滿表顯卽爲法身，緣因佛性爲斷德，卽是斷絕衆緣，完全表顯卽是解脫。了因佛性爲智德，完全表顯卽是般若。這種解釋以三因佛性爲心的三種境況，而不是三種本體。

涅槃經文又以衆生悉有佛性，這種佛性有什麼意義呢？

「佛言：善男子，我者卽是如來藏義。一切衆生悉有佛性，卽是我義。如是我義，從本以來，常爲無量煩惱所覆，是故衆生不能得見。」（涅槃經卷第七，如來性品第四之四）

佛性是我，我卽是『如來秘密之藏』。這種密藏在同一經中的第二卷壽命品第一之二解說爲解脫、般若、法身的和合。三者和合而成一完整法身，便是『眞我』，卽是『如來藏義』，勝鬘經和起信論則稱爲『如來藏自性淸淨心』。佛性旣是眞我，眞我不能毀壞，也就是『眞心』，或稱『眞如』。

「師子吼菩薩摩訶薩白佛言：世尊，云何爲佛性？以何義故，名爲佛性？何故復名常樂我淨？若一切衆生有佛性者，何故不見衆生所有佛性？……善男子，汝問云何爲佛性者，諦聽諦聽！吾當爲汝分別解說。善男子，佛性者名第一義空。第一義空名爲智慧。所言空者，不見空與不空。智者見空及與不空，常與無常，苦之與樂，我與無我。空者一切生死，不空者謂

大涅槃。……中道者名爲佛性。以是義故，佛性常恒，無有變易。」（涅槃經卷第二十七，獅子吼菩薩品第十一之一）

這是說『正因佛性』，乃是『中道』，也是『涅槃法身』。衆生都有佛性，但不是衆生都能自顯自己的佛性，祇有人纔能自顯佛性，人能顯佛性，因爲有『心』。人心本來明淨，故能顯佛性。佛敎常說『明心見性』，卽是以心的明淨，顯見自己的佛性。佛性在人心，且爲人心的本性自性。

佛性本體稱爲法身，法身爲佛敎所講三身之一。三身爲自性身、自受用報身、法身。但唯識宗也以自性身稱爲法身。人心有佛性，卽是眞心；若以智慧自證佛性，所證佛性稱爲眞如。實際上眞心、眞如、佛性，異名而同指，卽心的本體自性之『涅槃法身』。這樣說來，心有一常住不變的本體，稱爲眞心或佛性。

在佛敎宗派中，涅槃經首說佛性，佛性常恒，唯識學派則不承認衆生都有佛性，而以阿賴耶識爲心的本體藏有有漏和無漏種子，須用修來的正智，以明佛性。大乘起信論以眞如有兩面，一爲眞如門，爲淸淨之本性；一爲生滅門，爲染汚之性，以如來藏爲心的本體，自性淸淨。心的自性爲眞如，不是緣起法，和小乘所說心爲因緣所集合，則不相同。華嚴宗以眞如爲眞心，眞心爲萬法的本體，爲萬法之理。事理不離，眞心在萬法以內。天台以眞如爲實相，實相卽萬法的自性，也就是萬法的心，實相眞如乃絕對超越實體，不可見，不可言，以心觀之。禪宗倡『明心見性』，性爲絕對實體眞如，由心而顯，人不能以理智去認識自性眞如，祇能以直覺去直觀，不立文字，不重言詮。

佛教之心，乃一精神實體，超越萬有，人心之心，爲眞心之表現，通過這種表現，人能達到眞心，認識自性，成佛而入涅槃。

(七) 佛祖所不討論的問題

在各種宗教裏，有幾個共同的問題，問題的答案，作爲宗教的信仰。佛祖對於這幾個問題卻避而不談，有時談到，也不願正面作答。結果，後代佛教乃起爭論，多分派別。

第一個問題是尊神的問題。佛祖避免一切關於尊神信仰的討論，雖然印度古代宗教信仰尊神，佛祖卽不願表示自己對於尊神有所信仰。他不信宇宙爲尊祖所造，也不信宇宙由尊神掌管。後代佛教經典，多主張無神的。佛祖講諸法平等。因生果，果復成因，彼此平等。若信尊神造萬物，尊神祇是因而不能是果，便不是平等因了。

成唯識論說：

「有執有一大自在天，體實徧常，能生諸法。彼執此理，所以者何？若法能生，必非常故。諸非常者，必不徧故。諸不徧者，非眞實故。體旣常徧，具諸功能，應一切處時，頓生一切法。待欲及緣方能生者，違一因論。或欲及緣亦應頓起，因常有故。餘執有一大梵，時，方，本際，自然，虛空，我等常住實有，具諸功能，生一切法，皆同此破。」

成唯識論反對有神，列舉幾種論證。第一，若以尊神爲一常存的實有，本體無限，功能也無限，則不能生萬有；因爲尊神不能變化。若以尊神能生萬有，則不能常住不變，旣有變，則爲有限，而不是無限的實有。第二，若以尊神爲無限實體，能生萬物，則萬物應當在同一時候頓然生出，不應該隨時而生。第三，若以尊神造生萬物，應依緣而起，則萬物並不是因尊神爲唯一原因而生。而且尊神旣常在，一有了緣，便應頓生萬物。成唯識論以這些論證，主張不能有造生萬物的尊神。

十二門論說：

「實不從自在天作，何以故？性相違故，如牛子還是牛。若萬物由自在天生，皆應似自在天，是其子故。」

這種論証，以因果平等爲根據。自在天乃是尊神，尊神若生萬物，萬物便和自在天同性同體，都是自在天了！佛教在中國信神，但並不表示信仰尊神。眞心或眞如，在哲學上爲唯一的實有，然不是宗教上的尊神。

第二個問題爲靈魂問題。佛祖對於靈魂（或魂）的存在，常禁而不談。有一次一個苦行者問佛祖靈魂有沒有，佛祖閉口不言。苦行者走後，阿難陀問老師爲甚麼不答話。佛祖說若答有靈魂，則是讚成主張有靈魂者的學說，若說沒有靈魂，則是讚成沒有靈魂者的學說。他自己兩者都不讚成。這種問題在佛教的教義裏常是一大難題，因爲既主張有輪迴，便該解釋在輪迴裏，究竟是什麼再投胎轉生。

第三個問題，宇宙萬法是否實有。佛祖的主張也不明顯。佛教遂有一切有和一切空的主張。主張一切有爲原始佛教的思想，然而一切空的主張在後代佔優勢。佛祖的思想傾向於空，一切法都不常住，爲暫時性，一剎那有，一剎那滅。物的存在爲一種幻覺。

佛祖心專注意在倫理的誡律。他認爲以婆羅門的信仰和奧義書派的哲理，對於解脫都沒有助益。

註

(1) 三行：福行，罪行，無動行。

(2) 七流：一、見諦所滅流，二、修道行滅流，三、遠離所滅流，四、數事所滅流，五、捨所滅流，六、護所滅流，七、制所滅流。

(3) 程文熙　佛教世界觀　現代佛教學術叢刊　佛教哲學思想論集（一），頁二一〇。大乘文化出版社

(4) 周中一　佛學研究，頁一七五。東大圖書公司

(5) 高觀如　佛學講義，第四編頁六二——六三。河洛圖書出版社

(6) 李志夫譯　印度哲學導論，頁一五五。幼獅書局

(7) 同上，頁一五二。

(8) 默如　唯識學概要　現代佛教學術叢刊　唯識學概論，頁二七九。大乘文化出版社

(9) 王恩洋　成立唯識義　現代佛教學術叢刊　唯識學概論，頁二二九。大乘文化出版社

(10) 筏喻　唯識學上的識變觀　見現代佛教學術叢刊唯識學思想論集（一），頁二三三。

(11) 道安　佛教哲學中之空觀　現代佛教文選，頁二五三。臺北　國際佛教文化出版社

(12) 熊十力　體用論　第二章佛法上　頁八八。學生書局

(13) 熊十力　同上，頁九一。

(14) 李志夫譯　印度哲學導論，頁二一五——二一六。幼獅書局

(15) 同上，頁三二五——三二七。

第二章 魏晉南北朝佛教哲學思想

「就歷史的現象說，印度佛教傳入中國之初，約在部派佛教與大乘佛教交遞之際。最早期翻譯到中國的佛教經典，便是部派時代共同尊重的阿含，和初期的大乘般若經典。而此時期，中國本身沒有正確去理解佛教的眞義，只是把它當作與黃老、方技同一信仰的新來道派。到了漢末魏初……以周易、老、莊爲中心的玄學抬頭。……於是少數特出的知識份子，爲求生命的安全，爲求精神的寄托和心靈的解放，便只好轉向道學尋求新的精神出路。佛教也就乘着這種機運，開始放出了它初步的思想異彩。」(1)

(一) 佛道相融

(1) 佛教與魏晉南北朝思想的接觸

(甲) 佛教與清談

漢朝末期已開清談的現象，魏晉南北朝清談的風氣很盛。清談者多為學人，又傾向道教。當時天下既多兵亂，民不聊生，大家都有逃避社會生活的想望，道教方士的養生術，盛傳於社會，佛教初傳進中國，為一種外來的宗教，初傳的人想使佛教就合中國人的心理，便和當時盛行社會的清談者互相交接，以取得他們的同情。如竺叔蘭、支孝龍、康僧淵、康法暢、支愍度等僧人，和清談者相交游，玄學者王導、庾亮皈依了佛教。孫綽著道賢論，以佛家七道人比竹林七賢，以竺法乘比王濬冲，以于法蘭比阮嗣宗，以于道邃比阮咸。竺叔蘭性嗜酒，和河南府尹樂廣醉酒清談，陶淵明的羣輔錄載董昶、王澄、阮瞻、庾敳、謝鯤、胡毋輔之、沙門于法龍（支孝龍）、光逸為八達。所謂八達，乃散髮裸裎，閉門飲酒，日夜不出。兩晉時候，沙門更顯傾於清談，康僧淵和僧康法暢、支愍度過江，與陳郡的殷浩談佛，康法暢悟銳有神，才辭通辯。帛尸梨密多羅和丞相王導友善，稱為高座。東晉名士南遷，沙門也多南來，世說新語的文學篇載僧意在瓦官寺和王苟子（名修字敬仁）清談，「立識含義之于法開，緣會義之于道邃，幻化義之道壹，亦俱在東晉初渡江。河北釋道安主性空，亦曾駐錫荆襄。

而謂屬本無異宗之竺法汰、竺法深，亦均居中州者也。」(2)「竺法深名道潛，瑯琊人，生於名門世家。晉時支遁，容貌醜陋，玄談則妙美，一時名士，如殷浩、孫綽、王羲之、謝安都和他爲好友。晉慧遠嚴持戒律，氣清氣肅，已經不是清談者的風度，而有玄學家避世獨立的意趣。」(3)

（乙）佛教與玄學

玄學爲魏晉的新學，以老莊的思想爲中心，融會孔孟的仁道。何晏、王弼、阮籍、嵇康、向秀、郭象都是玄學派的學者思想家，他們和當時僧侶過從密切，彼此在思想上互有交換，互有影響。

佛教在漢末流傳到中國的中部，在魏晉南北朝時則傳佈到中國各州。然而佛教當時爲外來的宗教信仰，故爲博取中國人的信從，不能不假借中國和他相近的思想。這種相近的思想，爲當時的玄學。佛教在中國初期傳法時便和玄學相接近，也可以說假借玄學的術語和思想以宣傳佛法，玄學的學者也同時受佛法的影響。

(A) 最初翻譯佛經借用玄學的術語

「佛教在漢末，本視爲道術之一種，其流行之教理行爲，與當時黃老方技相通。……及至魏晉，玄學清談漸盛，中華學術之面目爲之一變，而佛教則更依附玄理，大爲士大夫所激賞」。⑷

支謙祖籍大月支，生在中國，精通漢文和胡語，他再譯支讖所譯道行般若經，定名爲大明度無極經。這本經書的名字用『無極』兩字，乃是取用玄學道家的術語。支謙又改譯支讖的首楞嚴經和維祇難的法句經，都因爲初譯譯文多胡音，讀者莫能解釋，乃爲改譯，行文雅麗。

支謙又在大明度無極經的第一品作註：

「師云：菩薩心履踐大道，欲爲體道，心爲道俱，無形故言空虛。」

註中的「體道」、「心與道俱」、「無形」、「空虛」，都是玄學老莊的術語。

在此經中，有本無品，本無乃玄學道家的術語，支謙用「本無」翻譯梵文 tathatā，後代譯爲眞如。

「一切皆本無，亦復無本無，等無異於眞去中本無，諸法本然，無過去當來現在，是爲眞本無。」

『本無』的意義，也借用老子的『無』的意義。但在佛教的思想裏，『本無』的意義和老莊的『無』，在意義上並不完全相同。支謙所譯的法律三昧經中也用『本無』術語。康僧會也是祖籍西域，生於中土，所譯經典，崇尚文雅。在法鏡經序文裏，他說「神與道俱」，又在所譯察微王經中有「人生本無，歸乎本無」之語，『本無』的術語也爲僧會所用。

(B) 初期僧侶涵詠老莊無爲精神

老莊無爲的思想，在魏晉的清談名士中，造成了清靜安逸的風氣，流爲好酒的狂風，竹林七賢便是這派人的代表。當時玄學界的名士，雖不都像竹林七賢的頹廢；然在思想上則都有老莊的『無爲』主張。阮籍曾在大人先生傳中說：「夫大人者，乃與造化同體，天地並生，逍遙浮世，與道俱成。變化散聚，不常其形。」這種大人先生，代表當時名士的理想人格。漢末四十二章經，開端就說：

「佛言出家沙門者，斷欲去愛證自心源，達佛深理，悟無爲法。」

漢末牟子理惑論說：

「問曰：佛道崇無爲，樂施與持戒，如臨深淵者，今沙門耽好酒漿，或畜妻子，取賤賣貴，專行詐紿，此乃世之僞，而佛道謂之無爲邪？牟子曰：

『公輸般與人斧斤繩墨，而不能使人巧，聖人能授人道，不能使人履而行之也。……當患人不能行，豈可謂佛道有惡乎！』」（弘明集卷一，理惑論）

支謙和僧會所用『本無』術語，不僅指着本體的虛無，也指着人生的無爲，僧會在法律三昧經裏講述外道五通禪和如來禪：

「外諸小道五通禪者，學貴無爲，不解至要，避世安己，持想守一。」

這種外道五通禪所主張的「學貴無爲」及「避世安己，持想守一，」和老莊的思想很相同。支謙說是外道，然也稱爲禪，禪則是佛法。

慧皎傳記支孝龍的話說：

「抱一以逍遙，唯寂以致誠。剪髮毀容，改服變形，彼謂我辱，我辱彼榮。故無心於貴，無心於足，而愈足矣。」

沙門出家，度世外的生活，宗旨就是無爲，佛教的修爲法中當然有精進一門；然而愈精進，愈脫離世界。世說新語文學篇說：

「僧意在瓦官寺中，王苟子來與共語，便使其唱理。意謂王曰：聖人有情不？王曰：無。重問曰：聖人如柱耶？王曰：如籌算，雖無情，運之者有情。僧意云：誰運聖人邪？苟子不得答而去。」

聖人無情，爲清談的一個題目，僧意加入清談。宋朝理學家罵僧侶所言無情爲槁木死灰，無情則無爲。

釋道安研究般若經，開始般若學系統，南北朝時，這種系統分爲六家七宗。這些宗派所講論的主題爲『有』與『空』，各派意見雖有分岐，然都主張無爲以空虛心的慾望。道安主張本無，以無在萬化之先。支道林以色爲空，物無自性。于法開倡三界爲夢幻，一切悉起於心識。支愍度更主心無說，于道邃又說緣會論。這些學說在實行上，都是主張出世。

慧遠在廬山，提倡禪學，嚴守齋律，他在未出家時，已研究老莊。後來師承道安的教法，研究般若。他摘取羅什所譯大智度論爲二十卷，稱爲大智度論鈔，作一序。序中有言：

「法性無性，因緣以此生，生緣無自相，雖有而常無，常無非絕有，猶火傳而不息。夫然則法無異趣，始未淪虛，畢竟同爭，有無交歸矣。故遊其樊者，心不待慮，智不待緣，不滅相而寂，不修定而閒，不神遇以期通焉。識空空之爲玄，斯其至也！斯其極也！」

慧遠的思想當然是佛敎的思想，但他所用的文字，完全是老莊的文句，「心不待慮，……不修定而閒……」。無爲的思想，在慧遠的學派裏，流行很廣。慧遠答恒南郡書說：

「大道淵玄，其理幽深。……故莊周悲慨人生天地之間，如白駒之過隙，以此而尋，孰得久停。」（弘明集卷十一）

又在與隱士劉遺民等書裏說：

「每尋疇昔遊心世典，以爲當年之華苑也，及見老莊，便悟名敎是應變之虛談耳！以今觀之，則知沈冥之趣，豈得不以佛理爲先？苟會之有宗，則百家同致。」（廣弘明集卷二十七上）

慧遠素常喜歡老莊，學佛出家，出家避世，顯然和莊子的精神相契。至於弘明集和廣弘明集中所收釋敎沙門的信和序文，中間多有老莊無爲的思想，如後漢書郊祀志中論佛法說：

「其修道階次，等級非一，緣淺以及深，藉微以爲著，率在於積仁，順躅嗜欲，習虛靜，而成通照也」（同上卷一）

「蠲嗜欲，習虛靜。」這是道家的話，佛教習行這種生活，有自己的方式，然而在裏面涵詠道家的無爲精神。

謝靈運作廬山慧遠法師誄曰：

「於昔安公，道風久被，大法將盡，頹綱是寄。體靜息動，懷眞整僞。……

……」（同上卷二十三）

謝靈運稱揚道安，以提出慧遠。慧遠振起道安的頹綱，他是「體靜息動」，這不是老莊的無爲嗎？廣弘明集卷二十三，爲僧行篇，收有僧尼的誄詞和行狀十三篇，每篇稱揚僧尼的道行，出家棄俗，學禪靜，與世無爭。佛教僧尼有自己的誡律，禁慾禁貪，以減痛苦。他們尋求清淨的目標和道家的養生目標不相同；然而求靜以遠離俗情煩惱，在心理上則有同樣的感觸。因此，佛教在傳入中國的初期，喜歡假借道家的思想，和當時玄學清談者相親。

(2) 理惑論

弘明集卷第一所收的第一種文獻就是理惑論，署漢牟融撰。又注曰「一云蒼梧太守牟子博傳」。對於牟子融這個人後代學者的意見頗多。蒼梧太守和牟融究係兩人或同一人呢？漢章帝時有太尉牟融，字子優，不可能與撰理惑論的牟子爲同一人，因爲時代不同，理惑論作於章帝以後。有的學者認爲牟融爲蒼梧人，不是太守。理惑論的序文說牟子奉母客居交趾，年二十六歸蒼梧娶妻，蒙太守瞍請爲官，辭不就，後值母喪，乃硏究佛法，牟子作理惑論，援引老莊以伸佛學，又指出當時佛教的弊端。故理惑論應作於漢朝末年。

(甲) 稱佛爲道

牟子爲解釋佛法，引用老莊的術語思想，稱佛爲道，渺茫恍惚，不能見聞。

「問曰：何以正言佛，佛爲何謂乎？牟子曰：佛者，謚號也，猶名三皇五帝聖也。佛乃道德之元，神明之宗緖，佛之言覺也。怳惚變化，分身散體，或存或亡，能小能大，能圓能方，能老能少，能隱能彰，蹈火不燒，履刄不傷，在汚不染，在禍無殃，欲行則飛，坐則揚光，故號爲佛也。」「問曰：何謂之爲道，道何類也。牟子曰：道之言導也，導人致於無爲，牽之無前，引之無後，舉之無上，抑之無下，視之無形，聽之無聲，四表

爲大，綄綖其外，毫釐爲細，間關其內，故謂之道。」（弘明集卷一，理惑論）

牟子以佛神力萬通，變化無方，這是佛教所謂神通。然而他把這兩段連結在一起，認爲意義相連，佛神通無方，如同道的無形無相，隨意變化。

（乙）佛教較比道教爲優

漢末，道教已傳佈於社會，方士術士求仙辟穀的養生術盛行。佛教在初入中國時，也被認爲是一種道術，牟子加以辯白。

「問曰：王喬赤松八僊之籙，神書百七十卷，長生之事與佛經豈同乎？牟子曰：比其類，猶五霸之與五帝，陽貨之與仲尼……道有九十六種，至於尊大，莫尚佛道也。神僊之書，聽之則洋洋盈耳，求其效，猶握風而捕影，是以大道之所不取，無爲之所不貴，焉得同哉！」

「問曰：爲道者，或辟穀不食，而飲酒啖肉，亦云老氏之術也，然佛道以酒肉爲上戒而反食穀，何其乖異乎？牟子曰：衆道叢殘，凡有九十六種，澹泊無爲，莫尚乎佛！吾觀老氏上下之篇，聞其禁五味之戒，未覩其絕五穀之語；聖人制七典之文，無止糧之術；老子著五千之文，無辟穀之事。聖人云：食穀者智，食草者癡，食肉者悍，食氣者壽，世人不達其事，見六禽閉氣不息，秋冬不食，欲效而爲之，不知物類各自有性，猶磁石取鐵，不能移毫毛矣。」（弘明集卷一）

牟子以爲道教求長生之術，祇是近人所倡，並非老子的思想，這些長生之術也都不能達到預期的效果。

「問曰：穀寧可絕不？牟子曰：吾未解大道之時，亦嘗學焉辟穀之法，數千百術，行之無效，爲之無徵，故廢之耳。觀吾所從學師三人，或自稱七百五百三百歲，然吾從其學，未三載間，各自殞沒。所以然者，蓋由絕穀不食而啖百果，享肉則重盤，飲酒則傾罇，精亂神昏，穀氣不充，耳目迷惑，婬邪不禁。吾問其故何？答曰：老子云損之又損，以至於無爲，徒當日損耳！然吾觀之，但日益而不損也，是以各不至知命而死矣。且堯舜周孔各不能百載，而末世愚惑，欲服食辟穀，求無窮之壽，哀哉！」（弘明集卷一）

牟子以佛法爲大道，至尊至大，高出儒家孔孟和道家老莊以上，雖和道家有相合之處，然有許多老莊不講的事。

「佛經前說億載之事，却道萬世之要，太素未起，太始未生，乾坤肇興，其微不可握，其纖不可入，佛經悉彌綸其廣大之外，剖析其寂窈妙之內，靡不紀之。」（弘明集卷一）

「牟子曰：書不必孔丘之言，藥不必扁鵲之方，合義者從，愈病者良，君子博取衆善以輔其身。子貢云：夫子何常師之有乎？堯事尹壽，舜事務成，旦學呂望，丘學老聃，亦俱不見於七經也。四師雖聖，比之於佛，猶白鹿之與麒麟，燕雀之與鳳凰也。」（弘明集卷一）

牟子的理惑論俱以問答方式構成各章，每章實乃一小段。雖對佛祖的生平和佛教在漢明帝時入華的事實，略有說明，但對於佛教的思想則沒有提到，祇對佛教有違中國習俗的幾點，加以說明，予以辯護。因此，不能作爲中國佛教的思想書，僅可作爲佛教的辯護書。

在弘明集卷一，於牟子理惑論的後面，收有未詳作者的正誣論一篇，引出當時詆毀佛教的話，予以辯正。倡說老子是佛的弟子。

「夫尹文子卽老子弟子也，老子卽佛弟子也。故其經云：聞道竺乾有古先生者，入泥洹，不始不終，永存緜緜。竺乾者，天竺也。泥洹者，梵語，晉言無爲也。若佛不先老子，何得稱先生，老子不先尹文，何故請道德之經耶。以此推之，佛故文子之祖宗，衆聖之元始也。」（弘明集卷一，正誣論）

當時有老子出關西去，化身爲佛的傳說，以老子在佛之先。佛教徒乃有幻想佛爲老子的祖先的神話，以爭取重於道教的地位。

(3) 弘明集與廣弘明集

弘明集爲梁僧祐所編，廣弘明集爲唐道宣所輯，明萬曆汪道昆作弘明集序說：

「梁僧祐輯弘明集十四卷，蓋由東漢以迄當時，凡諸論著，足以弘道明教，羽翼法門者；總之，則闕儒什七，開士什三，斌斌具在。唐釋道宣廣之爲三十卷。蓋自鄭圃以迄當時，凡諸論著，有當于弘明者，裒而什之，區別爲類。」

弘明集和廣弘明集都收入大藏經。兩集中所收論著，大部份爲儒者和玄學者的文章，小部份爲僧侶的著作，所討論的問題，有佛道異同、精神不滅、神不滅等問題。文中對於佛教的教義已有深入的解釋，較比理惑論爲後出。

(甲) 以佛爲道

晉孫綽，素習儒學與玄學，後信佛。他援老子的『道』以說明佛的本性。

「夫佛也者，體道者也。道也者，導物者也，應感順通，無爲而無不爲者也。無爲，故虛寂自然；無不爲，故神化萬物。」(弘明集卷三，孫綽喻道論)

以佛爲體道者，所講的佛，應是佛法而不是佛祖本人。當時眞心、眞如的思想還沒有發揚，所言體道的佛，不是眞如。佛法主張無爲，又能神化萬物。但在喻道論的最後一段，孫綽描寫佛祖的神通，具有神化萬物的力量：

「昔佛爲太子，棄國學道，……端坐六年，道成號佛，三達六通，正覺無上。……神足無方。於是遊步三界之表，姿化無窮之境，迴天儛地，飛山結流，存亡悠忽，神變綿邈，意之所指，無往不通，大範羣邪，遷之正路。衆魔小道，靡不遵服。于斯時也，天清地潤，品物咸亨，蠢蠕之生，浸毓靈液。枯槁之類，改瘁爲榮。」(同上)

這種描寫法，出自莊子。莊子描寫眞人，由物質體而變爲精神體，超出時空的限制，不受物質力的侵害。秦漢術士描寫仙人，也講「遊步三界之表，姿化無窮之境。」然佛教所重，在於佛法。

晉慧遠引佛經說：

「經云：佛有自然神妙之法，化物以權，廣隨所入，或爲靈仙，轉輪聖智，或爲卿相國師道士，若此之倫，在所變現，諸王君子莫知爲誰。」(弘明集卷五，體極不兼應)

『轉輪』乃佛教的術語，指着輪廻。佛法化人，使能轉輪聖智。慧遠乃說「常以爲道法之與名教，如來之與堯孔，發致雖殊，潛相影響，出處誠異，終期則同。」(同上)若按輪廻轉生，則一切都可相同。

（乙）批評佛敎

魏晉南北朝的學者，幾乎都宗奉玄學，沒有純粹的儒者。他們對於佛敎的寂靜，易於接受。然而玄學之徒，多尊奉孔子的仁義思想，故對於佛敎也多批評。弘明集後序，舉出當時學者批評佛敎的六點：

「況乃佛尊於天，法妙於聖，化出域中，理絕繫表。肩吾猶驚怖於河漢，俗士安得不疑駭於覺海哉！既駭覺海，則驚同河漢，一疑經說迂誕，大而無徵。二疑人從神滅，無有三世。三疑莫見眞佛，無益國治。四疑古無法敎，近出漢世。五疑敎在戎方，化非華俗。六疑漢魏法微，晉代始盛。以此六疑，信心不樹。」（弘明集卷十四，弘明集後序）

這六點批評，乃遵奉儒家傳統思想者所發。批評的要點，在於中國古代沒有佛法，佛法又出自夷狄，不適於中國。弘明集後序的作者應是僧祐，他在文中答覆了這六點批評，所用的理由爲「夫神化隱顯，孰測始終哉。尋羲農緬邈，政績猶湮，彼有法敎，亦安得聞之。……此萬代之遺徵，晉世之顯驗，誰判上古必無佛乎！」（同上）

這種答覆不能辯駁所批評的六點。以中國先古已有佛法，祇是隱而不顯，則是主張在佛祖沒有出生以前，已有佛法了？

道教有顧道士曾作夷夏論詆毀佛教爲夷人的宗教，不合於華夏的習俗。云：「剪華廢祀，亦猶蟲諠鳥聒，非所宜效。」當時有謝鎭之常侍兩番和顧道士辯論：

「故人參二儀，是謂三才，三才所統，豈分夷夏。……原夫眞道唯一，法亦不二，今權說有三，殊引而同歸。……佛法以有形爲空幻，故忘身以濟衆；道法以吾我爲眞實，故服食以養生。且生而可養，則及日可與千松比霜，朝菌可與萬椿齊雪邪？必不可也！」（弘明集卷六）

「夫道者一也，形者二也。道者眞也，形者俗也。眞旣猶一，俗亦猶二，盡二得一，宜一其法，滅俗歸眞，必反其俗。是以如來制軌，玄劫同風。」（同上）

道雖爲一，佛法則爲眞道，孔孟老莊和道教都爲外形俗說。這種辯論當然不能折服人心。後來又有宋朝朱昭之和朱廣之，與顧道士辯難，及僧慧通、僧愍責難夷夏論收於卷七。

朱昭之說：

「夫聖道虛寂，故能圓應無方，以其無方之應，故應無不適。」（弘明集卷七）

佛法虛寂，圓通故適應一切。朱昭之逐條答辯顧道士的責難，顧道士詆毀佛教拜佛，有似「狐蹲狗踞」；「下棄妻孥，上廢宗祀」；「佛是破惡之方，道是興善之術」。朱昭之舉出顧道士的十種責難，稱爲十恨。朱廣之更取顧道士的議論，逐條作答，顧道士以老子卽是佛，因老子西出關外，史傳再不留事蹟，乃在胡地化身爲佛。宋僧愍辯答顧道士，辯明佛法和道教的分別。

「道指洞玄爲正，佛以空空爲宗；老以太虛爲奧，佛以卽事而淵；老以自然而化，佛以緣合而生；道以符章爲妙，佛以講導爲精。太虛爲奧，故有中無無矣；卽事而淵，故觸物斯奧矣。自然而化，故霄堂莫登矣；緣合而生，故尊位可升矣。符章爲妙，故道無靈神矣；講導爲精，故研尋聖心矣。有中無無，故道則非大也；觸類斯奧，故聖路遐曠也。霄堂莫登，故云云徒勞也；尊位可升，故智士亡身。道無靈神，故傾顏何求也。研尋聖

心，故沙門雲興也。爾乃故知道經則少而淺，佛經則廣而深。……」（同上）

兩方的責難辯論，都係感情用事，所舉理由乃是外面的形色和各自的信，沒有進入道佛兩方面的學理思想。當魏太武帝廢佛法的時候，釋道安寫了十二篇二教論。在第一篇歸宗顯本中說明二教互異而的地方。

「教者何也？詮理之謂。理者何也？教之所詮。教若果異，理豈得同！理若必同，教寧得異。」（廣弘明集卷八）

道佛兩教不同，教理也有異，乃是當然的事；然其兩教的理由何在？道安僅說：

「推色盡於極微，老氏之所未辯究，心窮於生滅，宣尼又所未言，可謂瞻之似盡，察之未極者也，故涅槃經曰：分別色心有無量相，非諸聲聞緣覺所知。」（同上）

儒家和道家都被視爲聲聞緣覺的人，都不能深明大道，不能和佛教相比，「無以日光等彼螢火。若夫以齊而齊不齊者，未齊矣。以齊而齊於齊者，未齊焉。余聞善齊天下者，以不齊而齊天下者也。」（同上）儒道佛不相齊，便不要強作相齊。

神仙和涅槃不同，道家用仙丹和吐納方術以求養生長壽，是以自我爲實有，力求保全。佛家則以自我爲虛幻，力求解脫。

「哀哉！不知善積前成，生甄異氣，壽夭由因，修短在業。佛法以有生爲空幻，故忘身以濟物；道法以吾我爲眞實，故服餌以養生。」（同上）

道安說明佛敎在初期翻譯雖沿用道家的道，兩者的意義卻不相同。

「然慧昭靈通義翻爲道，道名雖同，道義尤異。……故知借此方之稱，翻彼域之宗，寄名談實，何疑之有。」（同上）

「老氏之虛無，乃有外而張義；釋師之法，乃卽色而遊玄。遊玄不礙於器象，何緣假之可除？卽色而冥乎法性，則境智而俱寂。般若曰：不壞假名而說諸法實相。維摩曰：但除其病而不除法。信哉此道敦可遠乎！」（同上）

老莊以有生於無，以有爲有，是承認外物的存在，以人有內外。老莊乃敎人除內外而遊於冥，毀棄一切名相。佛敎以萬法爲空，有則來自因緣，因緣來於人心，祇要除去人心的無明，外物的有無並沒有什麼關係、道安認爲佛法「遠開三乘之律，廣闢天人之路。」（同上）北魏太武帝沒有採納道安的二教論，下詔廢除佛法；「愚民無識，信僞惑妖，私養師巫，挾帶讖記。沙門之徒假西域虛誕，坐致妖孽，非所以一齊政化，布淳德於天下也。」（同上）後來北周武帝興道教，廢佛法，有甄鸞作笑道論三卷，合三十六條。「三卷者，笑其三洞之名。三十六條者，笑其經有三十六部。」（同上卷九）甄鸞取老子所說「下士聞道大笑之」的笑，詆毀道教所傳化胡經的老子西域化成佛祖的傳說，以及道教竊取僧服的制度，所言頗重史實。

佛教進入中國的初期因佛教尚虛靜，喜歡假借玄學以取中國士大夫的信心，和道家的關係密切。後來佛教傳佈迅速，取得皇帝的信奉，道教的信徒乃羣起攻擊，兩方乃各表教理的不相同，形成中國的兩大宗教。

（丙）三世報應

南北朝玄學者雖多和僧侶爲友，看重佛教清靜無爲的精神；然而當時也有玄學者反對佛教，作文加以攻擊。所攻擊的事，以佛教沙門袒服，蔑棄常禮，僧尼不娶不嫁，有虧孝道。道安和慧遠都有答辯。另一受攻擊的佛法，則是三世報應。玄學者以精神在人死後即滅，沒有來生，便不能有三世報應的事。

晉戴安公卽戴逵，字安道，作釋疑論，以儒家講善惡報應，目的爲勸善。至於人的壽夭，則因所禀的氣而不同，自有定命，不是來自善惡報應。

「……夫人資二儀之性以生，禀五常之氣以育性，有修短之期，故有彭殤之殊；氣有精粗之異，亦有賢愚之別；此自然之定理，不可移者也。……故知賢愚善惡，修短窮達，各有分命，非積行之所致也。……然則積善積惡之談，蓋施於勸教耳。……」（廣弘明集卷十八）

慧遠請周道祖作答，祇謂冥冥中自有報應，並沒有講佛教的報應。「然則天網恢恢，疏而遂失耶！莫見乎隱，莫顯乎微……」（同上）戴安道再答周道祖，道祖又答辯，道安又再答慧遠，慧遠乃作明報應論和三報論。

「嘗試言之，夫因緣之所感，變化之所生，豈不由其道哉！無明爲惑網之淵，貪愛爲衆累之府，二理俱遊冥爲神用，吉凶悔吝，唯此之動。無明掩其照，故情想凝滯於外物，貪愛流其性，故四大結而成形，形結則彼我有封，情滯則善惡有主。有封於彼我，則私其身，而身不忘；有主於善惡，則戀其生而生不絕。於是甘寢大夢，昏於同迷，抱疑長夜，所存唯著。是故失得相推，禍福相襲，惡積而天殃，自至罪成，則地獄斯罰，此乃必然之數，無所容疑矣。」（同上卷五）

慧遠進入了佛教教義的中心點，卽十二因緣論和自我因緣論，無明是十二因緣的主要因緣，貪愛是自我存在的因素因貪愛而起我執，乃轉生來世，便有三世果報。

「經說業有三報：一曰現報，二曰生報，三曰後報。現報者，善惡始於此身，卽此身受。生報者，來生便有。後報者，或經二生三生百生千生，然後乃受。受之無主，必由於心。心無定司，感事而應。應有遲速，故報有先後，先後雖異，咸雖所遇而爲對，對有強弱，故輕重不同。斯乃自然之賞罰，三報之大異也。」（同上）

慧遠的講解，假借漢朝的天人感應說，以三世的報應歸之於心的感應。漢朝學者的感應說以氣爲基礎，氣同乃起感應，在哲學上可以解釋。慧遠以感應解釋三報，而以心爲基礎，在哲學上便解釋不明白了。若以一切來自心的無明，無明集合各種因緣而使萬法存在，則可以由心的感應而生相應的事物，即是產生痛苦。況且善惡不能沒有報應，報應在現生不顯明；若僅看現生的報應，則應該說報應不存在；若知道有三報，報應便圓滿無缺了。

後秦主姚興，曾作通三世論，企圖由哲理方面說明三世轉生能够實現，生命乃是一種因素，因素得着緣乃實現生命。

「余以爲三世一統，循環爲用，過去雖滅，其理常在。所以在者，非如阿毘曇注言五陰塊然，喻若足之履地，眞足雖往，厥跰猶存常來。如火之在木，木中猶言有火耶，視之不見，欲言無火耶，緣合火出。」（同上，卷十八）

鳩摩羅什作答，讚美說：「雅論大通，甚佳。」羅什則根據佛書以明三世之說有無。

「又十二因緣，是佛法之深者，若定有過去未來，則與此法相違。所以者何？如有穀子，地水時節，芽根得生。若先已定有，則無所待有；若先有，則不名從緣生；又若先有，則是常倒，是故不得定有，不得定無；有無之說，唯時所宜耳。」（同上）

羅什宗仰大乘，倡言中論，不講有無；然並不是不以三生爲有，否則沒有報應可說，祇是心中不留滯在有無的觀念上。沈約曾作形神論說：

「凡人之暫無其無，其無甚促；聖人長無其無，其無甚遠。凡之與聖，其路本同；一念而暫忘，則是凡品，萬念而都忘，則是大聖。」（同上，卷十八）

不論萬法爲有無，心中絕不留滯在這上面，致於『萬念而都忘』心中沒有『有』和『無』，便不引起情慾，心不會『無明』。沈約所說形神，形是『七尺之軀』，神是『心的意念』。沒有意念，不會有七尺之軀。

「余以爲因果情照本是二物，先有情照，却有因果，情照既動，而因果隨之，未有情照，因果何託。」（同上）

情照爲心、爲神；情照引起因果，因果便是形。沈約又作難范縝神滅論，主張形神不可妄合。

(二) 道　安

(1) 生平事跡

在前面講戒律生活和般若與禪定時，已多次講到道安。道安在南北朝佛教裡是一位聲望很高的法師，他的思想和生活，對當時中國的佛教影響很大。

道安姓衞，常山扶柳人。生於晉懷帝永嘉六年（公元三一二年），卒於晉孝武帝太元十年（公元三八五年），年七十四歲，史事見高僧傳卷第五。

道安幼年喪失父每，爲外兄孔氏所養。十二歲出家，因形貌醜陋，招人輕視，被派到田舍工作。三年辛苦，絕不抱怨。後向師求經，一天背誦一經五千言，次日又背誦一經，師乃驚異。後入鄴，師事佛圖澄。後避冉閔兵禍，隱居飛龍山，又往太行恒山，且至武邑。四十五歲，復還冀部，徒眾數百人。

在太行恒山立寺時，當晉穆帝永和十年（公元三五四年），慧遠就道安出家，師事安。晉哀帝興寧三年（公元三六五年），道安年五十三，慕容氏略河南，道安避亂到湖北襄陽。

在襄陽居了十五年，釐訂經典，作般若經疏，著答法汰難二卷，答法將難一卷，並制定僧尼規條。

晉孝武帝太元四年（公元三七九年），年六十七歲。苻丕克襄陽，道安乃赴長安，得苻堅的重視。安在長安，獎勵譯經，親自校譯，又作序文。毗婆沙經、八犍度經、增一阿含經都在這時候譯出。道安在增一阿含經序說：

「此年有阿城之役，伐鼓近郊，而正專在斯業之中。全具二阿含一百卷，鞞婆沙、婆和須密、僧伽羅剎傳，此五大經，自法東流，出經之優者也。」

那時符堅大敗於淝水，慕容冲逼長安，道安說：「此年有阿城之役，伐鼓近郊。」晉孝武帝太元十年（公元三八五年）二月八日，道安卒於長安，年七十四。是年八月，苻堅被殺。

高僧傳評道安在襄陽釐訂經典的工作說：

「初經出已久，而舊譯時謬，致使深義，隱沒未通。每至講說，唯敘大意，轉讀而已。安窮覽經典，鉤深致遠，其所注般若道行密迹安般諸經，並尋文比句，爲起盡之義，及析疑甄解凡二十二卷，序致淵富、妙盡深旨，條暢旣敍，文理會通，經義克明，自安始也。自漢魏迄晉，經來稍多，而傳經之人，名字弗說，後人追尋，莫測年代。安乃總集名目，表其時人，詮品新舊，撰爲經錄。衆經有據，實由其功。四方學士，競往師之。」（高僧傳卷五）

道安釐訂經典，校正錯誤，注譯經文，考訂年代，給當時研究佛經的人一個很大的幫助。眞所謂「眾經有據，實由其功。」道安又制定僧尼條例，高僧傳說：

「安旣德爲物宗，學兼三藏，所制僧尼軌範，佛法憲章，條爲三例：一曰行香定座上經上講之法，二曰常日六時行道飮食唱時法，三曰布薩差使悔過等法。天下寺舍遂則而從之。」

道安在長安譯經邀請外國沙門口譯，由竺佛念譯爲漢文，道安和趙整（道整）同爲校訂。高僧傳說：

「安旣篤好經典，志在宣法，所請外國沙門，僧伽提婆、曇摩難提、及僧伽跋澄等，譯出衆經百餘萬言，常與沙門法和詮定音字，詳覈文旨，新出衆經，於是獲正。」

道安對於佛經，可以說是用科學方法，加以考訂，使「新出衆經，於是獲正」。道安死後，孫綽在名德沙門論讚曰：「物有廣瞻，人固多宰，淵淵釋安，專能兼倍，飛聲汧隴，馳名淮海，形雖草化，猶若常在。」

(2) 小乘有部四阿含經

道安所宗的經典，爲小乘有部。他在長安譯經時，譯有：全具二阿含一百卷、鞞婆沙、婆和須密、僧伽羅刹傳，這些經典，都是小乘有部經典。增一阿含經在建元二十一年春譯完，道安和趙整校訂。

釋僧肇曾作長阿含經序，序云：

「釋迦所以致教，是以如來出世大教有三：約身口則防之以禁律，明善惡則導之以契經，演幽微則辨之以法相。然則三藏之作也，本於殊應，會之有宗，則異途同趣矣。禁律，律藏也。四分十誦法相，阿毘曇藏也。四分五誦契經，四阿含藏也。增一阿含，四分八誦；雜阿含四分十誦；此長阿含四分四誦，合三十經爲部。」

長阿含經爲姚秦時，佛陀耶舍和竺佛念所譯；中阿含經爲僧伽提婆所譯，增一阿含經爲曇摩難提所譯，雜阿含經爲宋求那跋陀羅所譯。四阿含經除雜阿含外，其他三部都是道安所主持的譯場所譯。道安爲增阿含作序：

「四阿含義同中阿含首以明其旨，不復重序也，增一阿含者，比法條貫，以數相次也，數終十，令加其一，故曰增一也。且數數皆增，以增爲義也。其爲法也，多錄禁律，繩墨切厲，乃度世檢括也。」

道安敍述譯經的經過，「佛念譯傳，曇嵩筆受，歲在甲申夏，出至來年春乃迄。……余與法和，共考正之。僧䂮僧茂助校漏失，四十日乃了。」序文後段，強調經中律文的重要，說是當時的急務。

「凡諸學士撰此一阿含，其中往往有律語，外國不通，與沙彌白衣共視也。

而今已後，幸共護之，使與律同，此乃茲邦之急者也。斯諄諄之誨，幸勿藐藐聽也。……此二經有力道士乃能見，當以著心焉。如其輕忽，不以為意者，幸我同志鳴鼓攻之可也。」

魏晉年間，連年兵亂，社會紛擾，僧尼沒有清規，生活荒唐，道安急切主持翻譯四分律、十誦律，規定生活清規，立定寺院規條，使中國的寺院能有一致的生活方式，杜絕淫邪之風。道安在比丘大戒序說：

「大法東流，其日未遠。我之諸師，始秦受戒，又乏譯人，考校者尠。先人所傳，相承謂是。至澄和上，多所正焉。余昔在鄴，少習其事，未及檢戒，遂遇世亂。」

在比丘尼戒本序說：

「法汰頃年，鄙當世為人師，處一大域，而坐視令無一部僧法，推出求之，竟不能具。」

又在傋傋經序說：

「云有五百戒，不知何以不至？此乃最急。四部不具，於大化有所闕。」

增一阿含經的前二十卷，多是關於戒律。例如卷第七的五戒品第十四和有無品第十五。卷第八的安般品第十七有一偈說：

「具足禁戒法，諸根亦成就，漸漸當逮得，一切結使盡。」

卷第十八的慙愧品，記述釋迦牟尼的話說：

「世尊告曰：欲言沙門者，卽我身是，所以然者，我卽是沙門，諸有奉侍沙門戒律，我皆已得。」

釋迦佛在說阿含經時，向弟子比丘說法，從修行絕慾說起，以進於涅槃。

「爾時世尊告諸比丘，當修行一法，當廣布一法，便成神通，去衆亂想，逮沙門果，自致涅槃。」（增一阿含經卷第一，十念品第二）

世尊告訴徒弟比丘們，該修一法，能脫除煩惱，進入涅槃。什麼是一法呢？佛說是

『念』。念爲思念，爲禪觀；然而思念什麼？思念十種對象，稱爲十念：

「云何爲一法？所謂念佛，當善修行，……………

云何爲一法？所謂念法，當善修行，……………

云何爲一法？所謂念衆，當善修行，……………

云何爲一法？所謂念戒，當善修行，……………

云何爲一法？所謂念施，當善修行，……………

云何爲一法？所謂念天，當善修行，……………

云何爲一法？所謂念休息，當善修行，……………

云何爲一法？所謂念安般，當善修行，……………

云何爲一法？所謂念身非常，當善修行，……………

云何爲一法？所謂念死，當善修行，……………

佛法聖衆念，戒施及天念，休息安般念，身死念在後。」（同上，十念品）

廣演品第三，世尊解釋十念。這十項修行，爲小乘佛教的通常方法。例如念佛：

「世尊告曰：若有比丘，正身正意，結跏趺坐，繫念在前，無有他想，專精念佛，觀如來形，未曾離目，已不離目，便念如來功德。如來體者，金剛所成，十力具足，四無所畏，在衆勇健。如來顏貌，端正無雙，視之無厭。戒德成就，猶如金剛，而不可毀。清淨無瑕，亦如瑠璃，如來三昧，未始有滅，已息永寂，而無他念。……」（增一阿含經卷第二，廣演品第二）

又例如觀身：

「世尊告曰：若有比丘，正身正意，結跏趺坐，繫念在前，無有他想，專精念身。所謂念身者，髮、毛、爪、齒、皮、肉、筋、骨髓、膽、肝、心、脾、腎、大腸、小腸、白膜、膀胱、屎尿、百葉、倉腸、胃、溺、淚、唾、涕、膿血、肪脂、涎、髑髏、腦。何者是身？爲地種是也，水種是也，火種是也，風種是也，爲父種母種所造耶，從何處來？爲誰所造？眼耳鼻舌身心，此終當生何處？如是，諸比丘，名曰言身，便得具足，成大果報。……」（同上）

十念的對象，爲禪觀的對象。釋迦佛在開始時，敎比丘們靜坐，默思十端基本的道理。

默思『死』，爲「此沒彼生，往來諸趣，命逝不停，諸根敗壞，如腐敗木，命根斷絕。……」(同上) 又念人的身體爲腐壞枯骨。人便不貪想世物，就能脫除煩惱。

釋迦佛宣講四諦，作爲佛教根本大道，人若能知道四諦，便有解脫的可能。

「世尊告諸比丘，當修四諦之法。……云何苦諦？所謂苦諦者，生苦、老苦、病苦、死苦、憂悲惱苦、怨憎會苦、恩愛別苦、所欲不得苦。取要言之，五盛陰苦。是謂苦諦。彼云何苦集諦？所謂集諦者，愛與欲相應，心恒染著，是謂苦集諦。彼云何苦盡諦？所謂盡諦者，欲愛永盡無餘，不復更造，是謂苦盡諦。彼云苦出要諦？所謂苦出要諦者，謂賢聖八品道，所謂正見、正治、正語、正行、正命、正方便、正念、正三昧，是謂苦出要諦。如是，比丘，有此四諦，實有不虛。」(增一阿含經卷第十七，四諦品第二十五)

四諦爲普遍周知的佛法，然四諦祇是四個概念，指出四端道理。這四端道理係宗教教義的綱要，不是哲學的原則。釋迦佛在第十八卷說出佛教的另一種四個概念，這四個概念稱爲『四法印』，乃是佛教哲學的綱要。

「云何爲四？一者，一切諸行皆悉無常，我今知之，於四部之衆，人中天上而作證。二者，一切諸行苦。三者，一切諸行無我。四者，涅槃休息。我今知之，於四部之衆，天上人中而作證，是謂比丘四法之本。」（增一阿含經卷第十八、四意斷品第二十六）

佛在卷第二十三，稱這四法爲四法本。

後來，佛教普通講三法印，卽諸行無常，諸法無我，涅槃寂靜。因爲諸法爲苦已經在四諦中有苦諦，故不再在法印裡講。三法印爲哲學問題，諸法無常，常變，應稱爲虛。我不存在，一切皆空。唯有涅槃，常樂我淨。佛教哲學都可以說包括在這三個問題裏。阿含經已經指出。

諸法在佛眼中，是什麼？釋迦佛以諸法分爲『有常色』和『無常色』，分爲『聚法』和『散法』，分爲『受』和『陰』，分爲『有』和『無』，分爲『有漏』和『無漏』。

「有常色者是內，無常色者是外。」

「有漏義是生死結使，無漏義者是涅槃之法。」

「聚法之色者，四大形也；散法之色者，苦集盡諦也。」
「受者，無形不可見；陰者，有形可見。」
「有字者，是生死結；無字者，是涅槃也。」（增一阿含經卷第二十二，須陀品第三十）

大乘佛教以這幾個觀念作出發點，建立了各宗的學說。有常爲內，無常爲外。外爲有色有形，內爲無色無形。大乘以內爲佛性，外爲諸法假相。

外面無常的色法，爲五陰色法。五陰卽色想受行識。五陰接觸外界一切物，引起人的痛苦。

人因五陰強盛，常有惡行，惡行則有惡報，稱爲惡業。增一阿含經舉出十惡業、十善業、十湼槃業。

「世尊告諸比丘，若有衆生，奉行十法，便生天上，又行十法，便生惡趣，又行十法，入湼槃界。

云何修行十法生惡趣中？於是有人殺生、盜劫、淫佚、妄言、綺語、惡口、兩舌、鬪亂、彼此嫉妬、嗔恚、興起邪見、是謂十法，其有衆生行此十法，入惡趣中。云何修行十法，得生天上？於是有人，不殺、不盜、不淫、不妄言綺語惡口、不兩舌鬪亂、彼此不嫉妒嗔恚興起邪見。若有人行此十法者，便生天上。

云何修行十法，得至湼槃？所謂十念：念佛、念法、念比丘僧、念天、念戒、念施、念休息、念安般、念身、念死。是謂修行十法，得至湼槃。」

（增一阿含經卷第四十三，善惡品第四十七）

業報不僅爲宗教信仰問題，也是佛教哲學問題，因果律的應用，當然用之於業報；然而業行已滅，怎麼可以在來生引生效果？在討論因緣時，已經討論了這個問題。

「由殺生報，故衆生壽命極短，由不取與報，故衆生生便貧賤。由淫泆報，故衆生門不貞良。由妄語報，故衆生口氣臭弊，致不鮮潔。由綺語報，故至土地不平正。由兩舌報，故土地生荊棘。由惡口報，故語有若干種。由嫉妒報，故以致穀不豐熟。由恚害報，故多穢惡之物。由邪見報，自然生八大地獄。由此十惡報，故使外物衰耗，何況內物。」（同上）

從宗教信仰說，報應說可以勸阻信徒避惡；從哲學上說，則因佛教不信神靈賞罰，而信由業自然引生報應，由綺語而致土地不平，由嫉妬而至穀禾不登，等等因果關係，則不能講通。

增一阿含經的最後兩卷，爲大愛道般涅槃品。大愛道爲一比丘尼，願先釋迦佛而滅度。在滅度前，要求佛施行禁戒，可見增一阿含經很注重禁戒，道安在序文裏特別提出，囑咐僧尼同道盡力遵行。道安又主持翻譯律書，建立清規。佛教寺院乃能在中國成一清淨地。

阿含經述說大愛道滅度入涅槃的經歷，可以作爲佛教修行的途經。

「爾時，大愛道作若干變化（在虛空中），還在本座結跏趺坐。正身正意，繫念在前，而入初禪，由初禪起而入第二禪，從第二禪起而入第三禪，從第三禪起入第四禪，從第四禪起入空處，從空處入識處，從識處起入不用處，從不用處入有想無想處，從有想無想處入想知滅，從想知滅起還入有想無想處，從有想無想處還入不用處，從不用處還入識處，從識處起還入空處，從空處起還入第四禪，從四禪起還入三禪，從三禪起還入二禪，從二禪起還入初禪，從初禪起還入二禪，從二禪起還入三禪，從三禪

還入四禪，已入四禪，便取滅度。」（增一阿含經卷第四十九，大愛道般涅槃品第五十二）

滅度即入涅槃，能脫生死的痛苦。然而在入滅度以前，生死輪廻，不知經歷幾千萬刼。

「佛告比丘，刼極長遠，不可以算籌量。我今當與汝引譬喩，善思念之。吾今當爲汝說。爾時彼比丘，從佛受教。世尊告曰：譬如大石山，縱橫一由旬，高一由旬。設有人來，手執天衣，百歲一拂石，猶摩滅刼數難限。所以然者，刼數長遠，無有邊際，如此非一刼百刼。所以然者，生死長遠，不可限量，無有邊際。衆生之類，無明所蔽，流浪生死，無有出期。死此生彼，無有窮已。我於其中，厭患生死。如是，比丘，當求巧便，免此愛著之想。爾時諸比丘，聞佛所說，歡喜奉行。」（增一阿含經卷第五十，大愛道般涅槃品第五十二）

這一段經文，表白阿含經的含義，佛哀惜衆生流浪生死苦海，教誨人超脫死生之法。阿含經的全文，在發揮四諦的意義。在哲學方面，觀念不多，不講有，不講空，祇講煩惱。業報的觀念非常濃厚，因此強調戒律，以斷貪慾。這種思想，在魏晉南北朝，兵荒馬亂的時候，正合社會人心需要，又能阻止悍將暴君殘殺人民。在全書結束時，敍一國王，夢見各等惡人的罪罰。「王郎長跪，又手受佛教，心中歡喜，得定慧，無復恐怖。……聞佛所說，歡喜奉行。』（同上）

(3) 戒律生活

（甲）四十二章經

佛教在中國的第一本翻譯，爲四十二章經。這本翻譯的時代和譯者，現代學者的意見頗不相同。佛教的傳說依據梁朝的高僧傳，以譯者爲迦葉摩騰和竺法蘭。他們兩人隨着漢明帝所遣西行求法的使者來到洛陽，首先譯出此經典。有些學者反對這種傳說，以經文仿照孝經體例，不是翻譯，而是中國人所著(5)。但在漢末時已有這本經書，因魏晉時的佛書中已經引用這本經典的文句。

四十二章經的文句雖仿效孝經，但內容乃是掇摘印度佛教小乘的教義，融洽道教的虛無寂靜。虛無寂靜的思想爲佛教初入中國時的第一種表現，這種表現流爲中國佛教初期的戒律和禪觀的宗教生活。

四十二章經開端說：

「佛言出家沙門者，斷欲去愛，識自心源，達佛理，悟無爲法。內無所得，外無所求。心不繫道，心不結業。無念無作，非修非證。……」

「沙門問佛，以何因緣，得知宿命，會其至道？佛言淨心守志，可會至道。譬如磨鏡，垢去明存，斷欲無求，當得宿命。……」

「心垢滅盡，淨無瑕穢，是爲最明。未有天地，逮於今日，十方所有，無有不見，無有不知，無有不聞，得一切智，可謂明矣。」

「佛言有人患淫、不止欲自除陰。佛謂之曰：若斷其陰，不如斷心。心如功曹，功曹若止，從者都息。邪心不止，斷陰何益？佛爲說偈：

欲生於汝意，意以思想生，二心各寂靜，非色亦非行。」

四十二章經爲一本介紹佛法的小冊子，所講的是修身之道。修身以淨心爲主。人生的惡都在於欲，欲生於心，心淨則欲斷。

「佛言：吾視王侯之位，如過隙塵。視金玉之寶如瓦礫。視紈素之服如敝帛。視大千界如一訶子。」

輕看世物，不起貪心，乃是老莊的人生觀，佛法勸人守戒。

「佛言：佛子離吾數千里，憶念吾戒，必得道果，在吾左右，雖常見吾，不順吾戒，終不得道。」

戒爲戒律，律身以嚴，保持身心潔淨，對於食，則守齋；對於色，則守貞。

「佛言：愛欲莫甚於色，色之爲欲，其大無外。……」

「佛言：愼勿視女色，亦莫共言語。」

孟子中有告子言：「食色性也。」佛教教人謹防食色的情慾，不爲淫慾所污染。

「佛言：愼勿信汝意，汝意不可信。愼勿與色會，色會卽禍生。」

這種思想雖不是佛教教義的深奧處，然而對於世人的生活，則能有影響。佛教初入中國時，所以吸引人心使人信服，就在於這種嚴肅的生活。魏太武帝反對佛教，就是看見僧侶不守清規，不度嚴肅的生活。

（乙）受　戒

曹魏嘉平二年中天竺曇摩迦羅到洛陽，立羯磨受戒。

律藏在當時沒有傳入中國，然而當時僧尼已經很多，不能不制定生活規範，道安乃制定三科法。高僧傳說：

「安既德為物宗，學兼三藏，所制僧尼軌範，佛法憲章，條為三例：一曰行香定座上經下講之法，二曰常日六時行道飲食唱詩法，三曰仰薩差使悔過等法。天下寺舍，遂則而從之。」

到了道安晚年律書漸傳來中國，他在長安時，譯出十誦廣律。後來鳩摩羅什和弗若多羅合譯十誦律，佛陀耶舍和竺佛念合譯四分律。

在大藏經中有羯磨一卷，曹魏沙門曇諦所集。羯磨（Karma）為佛教術語，意為作業，乃授戒懺悔等業事的一種宣告式。書中第二章為受戒法。度沙彌法說：

「盡形壽不得殺生，是沙彌戒，能持不？（答言能）
盡形壽不得盜，是沙彌戒，能持不？（答言能）
盡形壽不能淫，是沙彌戒，能持不？（答言能）」（羯磨）

盡形壽卽是說一生，所有沙彌戒共十條，除上面三條外，還有不得妄語，不得飲酒，不得著華鬘香油塗身，不得歌舞唱伎或故往觀聽，不得上坐高廣大牀，不得非時飲食，不得捉持生像金銀寶物。「此是沙彌十戒，盡形壽不得犯作，能持不？（答言能）。汝已受戒，竟當供養三寶：佛寶、法寶、僧寶，勤修立業：坐禪誦經勤作眾事。」

沙彌十戒，對於中國的傳統來說都是新的，祇有戒盜戒淫不是新的，而戒淫在佛戒的業淫範圍，較比中國的傳統也更廣。沙彌的生活在中國社會裏便成了一種新的生活方式，不僅是因爲所着伽裟和所依的寺廟是種新的外型，也更因爲生活的內容和戒律爲中國的傳統所沒有的。

佛說大愛道比丘尼經，爲北涼一僧人所譯，經中詳細解釋了十戒所禁止的事，例如：

「三者，沙彌尼盡形壽不得淫，不得畜夫婿，不得思夫婿，不得念夫婿。防遠男子，禁閉情態。心無存淫，口無言調，華香脂粉無以近身。當念欲態，垢濁不淨。自念態惡萬事百端，寧破骨碎心，焚體身體，死死無淫。非淫妖而生，不如守貞潔而死。……」

「九者，沙彌尼盡形壽男女各別，不得同寺而止，行迹不與男子迹相尋，不得與男子同舟車而載，不得與男子衣同色，不得與男子同坐，不得與男子同器而食，不得與男子染作彩色，不得與男子裁割作衣，不得與男子浣濯衣服，不得從男子有所求乞。若男子進貢好物，當重察視之。當遠嫌避疑，愼所惡名。不得書疏往來，假借債人。使者有布施，亦不宜受。若欲行者，必須年耆。愼莫獨行，行必有所視，視設見色，好不清淨，不得別行獨止一室而宿也。有犯斯戒，非淨彌尼也。」

男女授受不親，女子在閨門以內，這些禁戒在中國古代禮書中也有；然而不像佛教戒律的嚴密，也不及佛教戒律的繁瑣。但是這些戒律是爲僧尼而設，不爲凡夫而立。凡夫的戒律則很簡單。

（丙）十誦律

道安的生活很嚴肅，他的門徒也遵守清規。門徒中以慧遠爲最著名。慧遠在廬山，提倡禪靜，又嚴守戒律，和在長安的鳩摩羅什適成反比。鳩摩羅什本爲貴族，不拘小節，佛陀跋陀羅，即覺賢在長安也不喜羅什的疏放。然而羅什青年時在龜茲受戒，從卑摩羅義學十誦律，在長安譯經時，同弗若多羅譯出十誦律，成爲中國律宗的重要經典。同時的佛陀耶舍和竺佛念合譯四分律，作爲唐朝宋朝律宗的基礎。佛陀跋陀羅譯摩訶僧祇律，盛行於南方。

十誦律記述佛祖所說的戒律，也記述佛祖說戒的環境和事實。佛祖所說戒律有：「四波羅夷法」、「十三僧殘法」、「三十尼薩耆法」、「九十波逸提法」、「七滅諍法」、「雜誦」、「尼律」。這些律戒在摩訶僧祇律裏也有同樣的記述。

摩訶僧祇律在開端說：

「若能盡受持，調御威儀戒，五事功德利，
世尊之所說。受持此律者，如其義善聽。
若能盡受持，調節戒律儀，建立世尊教，
是名眞佛子，佛法得久住。能行正法施，
亦無悔疑起，請問於他人。比丘比丘尼，

犯罪得依怙，遊化於諸方，所往無罣礙。」

開端說明守戒的重要和益處，守戒才是『眞佛子』，『佛法得久住』。波羅夷（Parajika）爲重罪，爲棄，卽犯重罪者將被棄於僧尼以外。僧祇律稱爲退沒，不共住，墮落。十誦律稱爲墮不如意處，四分律稱爲斷頭，不共住，無餘。重罪爲四，稱爲四波羅夷四法：一淫戒，二盜戒，三殺戒，四大妄語戒。

「戒行淫法者，淫名非梵行。非梵行者，二身交會。波羅夷者，名墮不如，是罪惡極深重。作是罪者，卽墮不如一不名比丘，非沙門，非釋子，失比丘法。不共住者，不得共作比丘法。所謂白羯磨白二，羯磨白四，羯磨布薩自恣不得入十四人數，是名波羅夷不共住。是中犯者有四種：男女黃門二根，女者人女，非人女，畜生女；男者人男，非人男，畜生男。黃門二根者，亦人，非人，畜生。比丘與人女行淫，三處犯波羅夷，大便處、小便處、口中。非人女，畜生女，二根亦如是。共人男行淫二處，犯波羅夷，大便處、口中。非人男，畜生男，黃門亦如是。」（十誦律卷第一，四波羅夷法之一）

「是中犯者有三種：取人重物，犯波羅夷：一者自取，二者敎他人取，三者遣使。自取者，手自取，自手擧離本處，波羅夷。敎他者，若比丘敎人盜他物，是人隨語卽偸奪取離本處時，是比丘得波羅夷。遣使者，若比丘語人，言汝知某甲重物處不，若言知處，遣往盜取，是人隨語卽偸奪取離本處時，比丘得波羅夷。

復有三種取人重物波羅夷：一者用心，二者用身，三者離本處。用心者發心思惟欲偸奪者；用身者，若手若脚若頭若餘身分，取他人物；離本處者，隨物所在處擧著餘處。」（同上）

經中，對於偸取重物，分析又分析，說明物有主無主，有人看守沒人看守，又說明物所在處，「地處、上處、虛空處、乘處、車處、船處、水中、田地、僧坊處、身上處、關稅處、共期處。」（同上）『重物』爲價值五錢之物。『波羅夷』是逐出僧團以外，不再稱爲比丘比丘尼。『僧殘』（Saṁghāvasēsa）也譯僧伽婆尸沙，爲次於波羅夷的罪，犯者要依僧衆懺悔法行懺悔，若不行，則依波羅夷法。在這兩者之間，有『偸蘭遮』（Sthūlātyas）偸蘭名大，遮名障善道，乃是大罪。

『僧殘』共十三種：一、故失精戒，二、觸女人戒，三、淫語戒（麤語），四、嘆身索供養戒，五、媒嫁戒，六、無主房戒，七、有主房戒，八、無根謗戒，九、假根謗戒，十、破僧違諫戒，十一、助破僧違諫戒，十二、汚家擯謗違諫戒，（汚家，比丘受施而與他人），十三、惡性拒僧違諫戒。

『偸蘭遮』，則爲犯波羅夷而未遂的罪，或就死屍而淫，或偸値五錢以下的物。

一次，有僧人名迦留陀夷，引女人們參觀僧坊，到了自己房裏，便摸觸女人，女人中有喜歡的，有不喜歡的。不喜歡的人，出了房門，向衆僧人說：「諸比丘大德，法應爾耶，此安隱處，更有恐怖。」僧人們問是什麼緣故，女人們把所遇的事說了。僧衆朝佛祖，佛祖向比丘們說戒。

「是中犯者有九種：上摩下摩，若抱若捉，若牽若推，若舉若下，若摩觸大小便處。若比丘欲盛變心，摩觸無衣女人頭，僧伽婆尸沙。若摩面咽胸腹肋脊膂骨大小便處髀膝腨，僧伽婆尸沙。如是抱捉牽推舉下摩大小便處，亦如是。若比丘從地舉無衣女著土埵上，土埵上著踞牀上，……僧伽婆尸沙。若比丘欲盛變心，從堂上舉無衣女人著彖上，……僧伽婆尸沙。若比丘欲盛變心，上下摩觸有衣女人頭，偸蘭遮。……若女人欲盛變心，上下摩觸無衣比丘頭，比丘有欲身心，身動受細滑，僧伽摩尸沙，……若母想、姊妹想、女想、摩觸女人身，不犯。若救火難、水難、刀難，若墮高處、惡蟲難、惡鬼難，不犯。若無染心觸，不犯。」（十誦律卷第三，十三僧殘法之初）

佛經對於戒律的分析，非常細緻，小的情節可以改換罪的程度和罪罰的高低。對於摩觸男女，細加分析，對於綺語妄語，也都加有詳細的分析。佛對妄語作一偈：

「妄語墮地獄，作之言不作，是二俱相似，
後皆受罪報。夫人處世間，斧在口中生，
以是自斬身，斯由作惡言，應訶而讚嘆，
應讚而訶罵。口過故得衰，衰故不受樂，
如掩失財利，是衰爲尠少。惡心向善人，
是衰過於彼，尼羅浮地獄，其數有十萬，
阿浮陀地獄，三十六及五，惡心作惡口，
輕毀聖人故，壽終必當墮。」（十誦經卷第四十三，僧殘法之餘）

十誦律又有三十尼薩耆法。尼薩耆爲尼薩耆波逸提（Naihargkapra-cittya），尼薩耆的意思是盡捨，波逸提的意思是墮地獄。這種罪是關於比丘衣鉢的財物，卽是比丘拿得多了，因此應該都捨棄，稱爲盡捨；若不捨則墮地獄。總共有三十種。

比丘除應有的衣服外，不能有多餘的衣服。

「世尊以種種因緣，呵責六羣比丘云：何名比丘，多畜衣服？入聚落著異衣，出聚落著異衣，食時着異衣，食竟著異衣，……積如是種種異衣，朽爛蟲壞不用。佛如是種種因緣，呵已，語諸比丘，以十利故與諸比丘結戒，從今是戒應如是說，若比丘衣竟，已捨迦絺那衣，畜長衣得至十日。若過是畜，尼薩耆波逸提。」（十誦律卷第五，三十尼薩耆法之一）

再有波逸提九十種。波逸提罪稱爲單墮事，卽是沒有贓物可以捨，而祇是單墮地獄，也稱爲燒煮覆障。

「故比丘故妄語者，波夜提。故妄語者，知是事不爾誑他。故異說波夜提者，是罪名燒煮覆障。若不悔過，能障礙道。」（十誦律卷第九，九十波逸提之初）

佛祖以未滿二十歲的青年不能受戒，因爲他不能忍受饑寒，遵守戒律。

「世尊佛以種種因緣，呵責目犍連，汝不知時，不知量趣，得便與受具戒。汝云何不滿二十歲人與受具戒，何以故？未滿二十歲人，不能堪忍寒熱飢渴蚊蝱風雨蛇毒所螫，他人惡言，苦急奪命，重病，皆不能堪忍。是未滿二十歲人，未成就故。」（十誦律卷第十六，九十波逸提之十）

佛祖能看到不滿二十歲的人，不能受戒，因爲他還「未成就故」，觀察的很對，規定的很明智。中國雖有許多幼年送入佛寺的青少年，度着比丘比丘尼的生活，然正式受戒，應在二十歲以後。

佛祖又規定比丘比丘尼共住十年以後，纔受具足法：

「佛種種因緣，呵竟，語諸比丘，從今聽五法，成就滿十歲若過，應授共住弟子具足。何等五？一滿十歲若過，二持戒不破，三多聞，四有力能如法除弟子憂悔，五能拔弟子惡邪。……」（十誦律卷第二十一，七法中受具足法第一）

具足法卽具足戒，爲比丘比丘尼的全部戒律，比丘有二百五十戒，比丘尼三百五十戒。

但律宗所傳四分律、五分律和南方所傳的律，在戒律數目上，不大相同。但在戒律的精神上，則都在傳佛祖所定僧尼的嚴肅生活。

具足法爲七法之一。七法爲具足法、布薩法、自恣法、安居法、皮革法、醫藥法、衣法。

十誦律在七法之後，又有八法。八法爲迦絺那衣法、俱舍彌法、瞻波法、那般茶盧伽法、僧殘悔法、順行法、中遮法、臥具法。

臥具法爲比丘的先後次序，在印度人的生活中乃是一項革命性的設施。印度人有階級制度，階級由出生的族系而定。婆羅門族常居上座，不屑和其他族的人往來。

「佛在王舍城，子時諸比丘互相輕慢，無恭敬行。佛見諸比丘互相輕慢，無恭敬行，以是因緣故，集比丘僧，問諸比丘，於汝等意云何，誰比丘應作上座，先受水，先受飲食？」（十誦律卷第三十四，八法中臥具法第八）

有比丘答覆，剎利種人若出家爲僧，應作上座。有比丘答應，婆羅門種人若出家爲僧，應作上座。有比丘答覆，毗舍種人若出家爲僧，應先受水。這些答覆都是按出家人的種族，分先後的次序。又有其他比丘按照僧人的修養工作，以分先後上下，若比丘得阿羅漢漏盡的階段，應該在上。若比丘得阿那含斷五根，不再輪迴，應該居上座。若比丘得斯陀含斷三結三毒，應先受水。若比丘得須陀洹斷三結不墮三惡，應先坐先受水。但是這一切答覆，都不中佛祖之意。佛云：

「諸比丘種種難種種說，不合佛意。佛語諸比丘。汝等當一心聽，誰比丘應先坐先受水，先受飲食。」

佛便舉一個譬喻，有鵽、獼猴、象同居，互相爭居上座，各自說前生所作。但後來乃都喜佛法，互相恭敬。

「世尊卽說偈言：
若人不敬佛，及佛弟子衆，現世人訶罵，
後世墮惡道。若人知敬佛，及佛弟子衆，
現世人讚嘆，佛世生天上。
佛種種因緣，讚嘆恭敬法已，語諸比丘，從今先受大戒，乃至大須臾時，
是人應先坐，先受水，先受飲食。」（同上）

在佛的僧徒中，不以種族分上下，而是以受戒的先後，定上下的次序，這是佛祖對印度社會制度一種大膽的改革。

十誦律和摩訶僧祇律在內容上，沒有大的分別，祇是傳述的系統有不同。十誦律出於薩婆多部，僧祇律出於窟居上座部，四分律出於曇無德部，五分律出於彌沙塞部。這四部律書都流傳於中國，而以四分律流傳最廣。

爲什麼佛祖要制定戒律呢？摩訶僧祇律卷一有開場白：

「若能盡受持，調御威儀戒，五事功德利。
世尊之所說，受持此律者，如其義善聽。
若能盡受持，調節戒律儀，建立世尊教，
是名眞佛子，佛法得久住。能行正法施，
亦無疑悔起，請問於他人。比丘比丘尼，
犯罪得依怙，遊化於諸方，所往無罣礙。」

佛教的戒律，乃是佛教精神的所在，僧尼的制度和生活跟中國的傳統思想不相合，然而卻得士人的敬重，且在南北朝時，寺廟充斥中國，僧尼有百萬以上。這都靠戒律的嚴肅，顯明出世的精神。

（丁）北朝戒律

北朝沙門曇靖，僞造提謂波提經，以佛祖向提謂和波提兩人說法勸善的話，加入中國古禮和陰陽五行，把五戒和五行五常五臟五方等相配合。南方佛教倡於慧遠。慧遠信從道安的般若禪觀，但又重視戒律，持身嚴肅，他有一信說：

「意謂六齋日，宜簡絕常務，專心空門，然後津寄之情篤，來生之計深矣。」（弘明集卷七）

蕭子良作淨住子淨行法門三十一條，在第三條滌除三業門說：

「身口意三，禍患之首，故經云：有身則苦生，無身則苦滅。旣知其患苦，則應挫而滅之。滅苦之要，莫過懺悔。懺悔之法，先當潔其身，靜其慮，端其形，整其貌，恭其身，肅其容，內懷慚愧，鄙恥外發。書云：禮無不敬，敎不可長。又曰：過而能過，是謂無過。……書云檢七情，務九思，思無邪，動必正。七情者，喜怒憂懼憎愛惡欲者也。九思者，視思

明、聽思聰、色思溫、貌思恭、言思忠、事思敬、疑思問、忿思難、見利思義。此皆所以洗除胸懷，去邪務正。……」（弘明集卷七）

佛教的戒律的用意在於正心。正心和孔子的思想也相近，蕭子良以孔子的話說明戒律的意義，使中國士人能夠接受。

十誦律自羅什翻譯後，卑羅義傳於壽春，僧業慧觀弘揚於建業，成爲南方佛教的唯一律經。

志道律師住鐘山靈曜寺，講解律品，在魏太武帝滅佛法後，志道北上虎牢，集北方僧人講律明戒。

廣弘明集智稱行狀，以律學的興盛，由智稱開始。

「以泰始六年，初講十誦於震澤，……門人歲益，經緯日新。坐高堂而延四衆，轉法輪而朝同業者，二十有餘載。君子謂此道於是乎中興，……法師之於十誦也，始自吳興，迄于建業，四十有餘講，撰義記八篇，約言示制，學者傳述，以爲妙絕古今。春秋七十有二，齊永元三年，遷神于建康縣之安樂寺。……」（弘明集卷二十三）

智稱曾從法穎講律，自己一生研習十誦律，曾講四十幾遍，所著八篇爲十誦義記八卷。南朝律學由智稱發端，由僧祐宏揚。僧祐曾師事法穎，苦力學律，宣講十誦律，聽眾常七八百人。僧祐撰弘明集，以天監十七年，卒於建福寺，年七十有四。

智稱的弟子有法超，以梁武帝勅令集出律要儀十四卷。陳朝有曇瑗、智文兩律師。曇瑗因陳宣帝詔令，建律學講習所。智文壽九十一歲，卒於隋開皇十九年，一生講十誦律八十五遍，又講大小乘戒心與羯磨。

北朝僧侶崇奉大乘，故講大乘律。大乘律稱爲菩薩戒，菩薩乃大乘的理想人物，慈悲救世，菩薩戒以地持經、菩薩瓔珞本業經，及梵網經爲主。地持經爲曇無讖譯。梵網經則爲北朝僧人之僞作，假名爲羅什所譯。

菩薩地持經開端說：

「有十法具足摩訶衍攝，云何爲十者？一者持、二者相、三者翼、四者淨心、五者住、六者生、七者攝、八者地、九者行、十者安立。

云何名持？菩薩自種性初發心及一切菩薩分法，是名爲持。」（菩薩地持經卷第一，初方便處種性品第一）

菩薩有種性，「必定堪任阿耨多羅三藐三菩提，是故種性名必定持。」（同上）阿耨多羅三藐三菩提爲佛教術語（Anuttara-samyak-samdodhi）阿爲無，耨多羅爲上，三藐爲正，三爲偏，菩提爲道，即是無上平等正覺。菩薩有種性可以稟受無上平等正覺。這種種性稱爲種性持。菩薩因着種心發菩薩心，行大方便，稱爲大菩提持。

菩薩的特性，在於利他，與人方便。菩薩一方面以萬法爲空，發菩提心；一方面又發利他方便心，自心安樂：

「初發心堅固，有二方便：一者淨心方便，二者道方便。淨心方便者，彼安隱心快樂心，日日增長。道方便者，自於日夜成熟佛法，隨其力能淨心方便安樂，饒益衆生。」（菩薩地持經卷一，方便處發菩提心品第二）

菩薩所持的戒有九種：

「一者自性戒，二者一切戒，三者難戒，四者一切門戒，五者善人戒，六者一切行戒，七者除惱戒，八者此世他世樂戒，九者清淨戒。」（菩薩地持經卷第四，方便四處戒品第十）

自性戒爲四德：「一者從他正受，二者善淨心，三者若犯即懺，四者專精念住。」（同上）這四德使信者持法不犯，若犯須即懺悔。「自性戒名眞實戒，自利利他，多所安隱，多所快樂，哀愍世間，饒益天人。」（同上）

一切戒者有兩種：在家戒、出家戒。又分爲三種：律儀戒、攝善法戒、攝眾生戒。

「難戒者，略說三種：一者，菩薩具足大財大勢力能捨出家受菩薩戒；二者菩薩若遭急難，乃至失命於所受戒，不令缺減，況具足犯；三者，菩薩於一切修行，一切正受，一切憶念，心住不亂，乃至盡壽於細微戒，不令缺減，何況重者。」

「一切門戒者有四種：一者正受戒，二者性戒，三者習戒，四者方便成戒。……」

「善人者有五戒：一者自持淨戒，二者授與他人，三者讚嘆淨戒，四者見同法者心生歡喜，五者設有所犯，如法懺除。」

「一切行戒者，彼六種七種，略說十三種，迴向大菩提廣攝戒。……」

「報除惱戒者有八種：菩薩初作是思惟，我不欲令他殺盜邪淫妄語兩舌惡口無義語，手石杖等觸惱於我。如我不欲，彼亦如是，云何以此加於他人？以是不殺於彼，以至不以手石杖觸作，是思惟已，不以八事觸惱衆生。」

「此世他世樂戒者有九種，……菩薩於彼身口業，是四種戒，又檀波羅密得戒，羼提波羅密乃至般若波羅密俱戒，是五種戒、……」(6)

「清淨戒者有十種：一者初善受戒，爲沙門爲菩提，不爲身命。二者終不退滅起於疑悔。三者亦不過持戒起非處疑悔。四者離諸懈怠，不樂睡眠，日夜精勤，成就善法。五者攝心不令放逸如前。六者修習正願，不願財利及生天上，常修梵行。七者攝持威儀……種種邪惡，皆悉遠離。八者離於二邊，離隨順欲樂及諸苦行。九者修習出要異學諸見，皆悉遠離。十者於受戒不缺不減，是名清淨戒，是名菩薩大戒，藏得菩提果。」

「菩薩依此戒，已滿足尸波羅密，得阿耨多羅三藐三菩提，乃至未成無上正覺，得五種福利。一者常爲一一諸佛所念，二者終時其心歡喜，三者捨身在所生處，常與淨戒諸菩薩衆爲善知識，四者無量功德藏戒度成就，五者今世後世性戒成就。」（菩薩地持經卷第四，方便處戒品第十）

從這些戒律中，可以看出大乘菩薩戒和十誦律比丘比丘尼戒，內容和精神都不相同。十誦律的注意點在絕慾，規定許多細節，禁止身口意的邪行。十誦律的精神在於消極地禁止惡行，以成就自身的佛法。菩薩地持經則以菩薩有向善的種性，乃勸勉遠離邪惡，精進向善，以成己成人。菩薩戒的精神，是積極勸善，以利他人。

梵網經係北朝僧人所造，取曇殊千臂和優婆塞戒的經文，改作而成。序文雖爲僧肇作，然乃是羅什所譯波羅提本義經的序文。這本書共兩卷，上卷講菩薩心地，指示佛子所應做的善行；下卷則列舉一切眾生戒，有十波羅提木義罪，有四十八種垢罪，即有十種大罪，四十八種輕罪。兩卷的精神不大相合，上卷積極，下卷消極，顯然地係湊合的書。上卷講菩薩心地，對於菩薩各種善心，多有說明：

「盧舍那佛廣答告千釋迦，千百億釋迦，所問心地法品，諸佛當知堅信忍中十發趣心向果：一捨心、二戒心、三忍心、四進心、五定心、六慧心、七願心、八護心、九善心、十頌心。諸佛當知從是十發趣入堅法忍中十長養心向果：一慈心，二悲心、三善心、四捨心、五施心、六好語心、七益心、八同心、九定心、十慧心。諸佛當知從是十長養心入堅修忍中十金剛心向果：一信心、二念心、三迴向心、四達心、五直心、六不退心、七大乘心、八無相心、九慧心、十不壞心。諸佛當知從是十金剛心入堅聖忍中十地向果：一體性平等地、二體性善慧地、三體性光明地、四體性爾炎地、五體性慧照地、六體性華光地、七體性滿足地、八體性佛吼地、九體性華嚴地、十體性入佛界地。是四十法門品。」（梵網經卷上，法門品）

四十法門品從四梯級，第一梯級為十發趣心，為十種行善的心，第二梯級為十種接受佛法以成菩薩的心，第三梯級為十種安位於佛法的心，第四梯級為十種結成佛果的心境。大智度論對於各種心，更詳有述說。大智度論為大乘的基本經典，乃龍樹所造，鳩摩羅什所譯。

北朝僧侶雖宏揚大乘戒律；然在元魏時本來奉行僧祇律和十誦律。十誦律弘傳於南朝後，北朝又奉行四分律，四分律較比十誦律分析得更明白，內容則比十誦律更繁複，然都屬於小乘。

四分律共六十卷，分為初分、第二分、第三分、第四分。有四波羅夷法，十三僧殘法，三十捨墮法，一百七十八單提法，受戒衣住藥犍度法。

「衆山須彌最，衆流海為最，衆經億百千，

戒爲第一最。欲求第一最，今世及後世，
當持此禁戒，終身莫毀犯，除結無罣礙，
縛着由此解。以戒自觀察，如鏡照面像。
夫欲造善法，備具三種業，當審觀其意。
……犯罪者知法，順法者成就，
戒律亦如是。如王治正法，如醫觀衆病，
進止得其所，可治則進藥，不可者則捨。
……如是諸佛子，修行禁戒本，
終不迴邪流，沒溺生死海。……
佛所說禁戒，能善修學者。終不墮惡趣，
永得安隱處。……若有捨戒者，
於佛法爲死。持戒如護命，守之無毀失，
譬如得王印，所往無罣礙。……」（四分律藏卷第一，初分）

四分律的開場白，歌頌戒的效力，能造一切善業，死時不墮入惡趣中。講律藏的人，以戒爲佛經的最要部份，「戒爲第一最」，造成一種宗派，稱爲律宗。四分律由北朝末年慧光極力宣揚，唐朝道宣也弘四分律。唐義淨翻譯一切有部的律書很多，有毘奈耶律五十卷。道宣爲律宗的建立人，住終南山，史稱律宗南山派。

(三) 慧　遠

(1) 生平事跡

慧遠本姓賈氏，雁門樓煩人，生於晉成帝咸和九年（公元三三四年），幼隨舅父令狐氏遊學洛陽，廣讀經書，尤喜老莊。年二十一，謀渡江從范宣子，時正當石虎去世，南北兵亂，遂往太行恆山，投道安法師，出家爲僧。道安因兵亂逃往襄陽時，遠隨安赴襄陽，時年三十二。在恆山時，潛心習佛法，然不廢老莊書籍。高僧傳說：

「年二十四，便就講說。嘗有客聽講，難實相義，往復移時，彌增疑昧。遠乃引莊子義爲連義，於惑者曉然。是後安公特聽慧遠不廢俗書。」（高僧傳卷第六）

在襄陽，追隨道安，釐訂經典，制訂僧法。晉孝武帝太元三年（公元三七八年）秦將苻丕攻襄陽，道安遣散徒弟，自己則往長安，慧遠往廬山。

「僞秦建元九年，秦將苻丕寇斥襄陽，道安爲朱序所拘，不能得去，乃分張徒衆，各隨所之。臨路，諸長德皆被誨約，遠不得一言，遠乃跪曰：獨無誨勗，懼非人例。安曰：如汝者，豈復相憂。遠於是與弟子數十人，南適荆州，住上明寺。後欲往羅浮山，及屆潯陽，見廬峯清靜，足以息心，始住龍泉精舍。」（同上）

慧遠有同門僧友慧永，已先自襄陽到廬山，住西林寺。慧遠既到廬山，徒眾增多，刺史恒伊爲他另建一寺、稱爲東林寺。遠又造東林精舍。

「遠創造精舍，洞盡山美，却負香爐之峯，傍帶瀑布之壑，仍不疊基，卽松栽構，清泉環階，白雲滿屋。復於寺內，別置禪林，森樹烟凝，石逕苔合。凡在瞻履，皆神清而氣肅焉。」（同上）

晉孝武帝太元十六年（公元三九一年）年五十八，僧伽提婆來廬山，慧遠請重譯阿毘曇心經和三法度論。道安法師前曾請曇摩難提翻譯阿毘曇心經，但譯文多處不妥，慧遠乃請僧伽提婆重譯。晉安帝隆安五年（公元四〇一年）鳩摩羅什抵長安，大開譯場，慧遠屢次和他通書信。後十年佛陀跋多羅（覺賢）被羅什擯出長安，南至廬山，慧遠誠心接待，請講禪經。

慧遠崇尚虛靜，奉行淨土宗，又結白蓮社，念佛坐禪。潛居廬山三十多年，足跡不入俗境，「每送客，遊履常以虎溪爲界。」（高僧傳卷第六）晉安帝義熙十三年（公元四一六）慧遠逝於廬山東林寺，年八十四歲，弟子多有當世知名僧人。謝靈運曾爲之作誄銘。

「昔釋安公，振玄風於關右，法師嗣沫流于江左，聞風而悅，四海同歸。爾乃懷仁山林，隱居求志，於是衆僧雲集，勤修淨行，同法餐風。棲遲道門，可謂五百之季，仰紹舍衛之風，廬山之嵎，俯傳靈鷲之旨，洋洋乎未曾聞也。」（廣弘明集卷二十三）

陶淵明曾心愛白蓮社，和慧遠有心交。慧遠的弟子在高僧傳中有傳者多人，如慧觀、僧濟、法安、曇邕、僧徹、道汪、道溫、法莊等。他的嚴肅生活，禪靜修行，對於後代影響很深。

(2) 禪定生活

(甲) 提倡禪定生活

南北朝時還沒有所謂禪宗，祇有禪定的生活。佛教傳入中國時，援引道家的無爲，以標榜僧侶的生活。安世高傳習禪法，翻譯禪法書籍，道安與以注釋。魏晉的淸談者主張淸靜無爲，放浪形骸，喜歡和僧侶交接。魏晉南北朝的有名沙門法師也以禪靜生活著名於世。

道安在河北時，曾爲安世高所譯的陰持入經、道地經、大十二門經作注。這三經都有禪法。居襄陽時，遠近學者都加禮敬。高僧傳載襄陽學人習鑿齒致謝安書，書中說：

「來此見釋道安，故是遠勝，非常道士。師徒數百，齋講不倦。無變化技術可以惑常人之耳目，無重威大勢可以整羣小之參差，而師徒肅肅，自相尊敬。洋洋濟濟，乃是吾由來所未見。」

道安在襄陽信彌勒淨土的信仰，立誓願生『兜率』天宮，念彌勒佛經。念佛乃是禪定。廣弘明集有景行法師行狀，篇中記述當時寺院中有禪房。

「或告法師曰，荆州法事大盛，乃因此束枻。自反首西序，遇僧序道人，深解禪定，乃曰眞吾師也，遂落髮從之，住竹林禪房，始斷粒食，默然思道，或明發不寐。……初法師入山二年，禪味始具，每斂心入寂，徧見彌勒如來，常云宿植之緣也。」（廣弘明集卷二十三）

法師僧景爲湖南衡陽湘鄉人，本姓歐陽。他習行禪定，斷食默坐，說是能夠見到彌勒佛。彌勒淨土念佛乃是當時禪定的習行。同時習禪定者必習宗戒律，以絕欲念。廣弘明集有禪林寺尼淨秀行狀，文中述說淨秀習禪，嚴守戒律：

「性愛戒律，進止俯仰，必欲遵承，於是現請曜律師講，內自思惟。……又於南園就穎律師受戒。」（同上）

淨秀尼常在佛殿內坐禪，傳說曾見彌勒下降，身放光明，使她生於兜率天。因此可見，當時的禪定工夫和念經、信彌勒佛、信兜率天淨土，都連接在一起。廬山慧遠結廬念經，專心禪定，信守戒律。

「朗朗高堂，肅肅法庭，旣嚴旣淨，愈高愈淸。……乃修什公，宗望交泰，乃延禪師，親承三昧。……」（同上）

禪觀在中國的發展，雖由道安提倡實行，然一心實踐禪觀，而使禪觀在中國佛敎成爲最普遍的修行法，又成爲中國佛敎的一大宗，則是覺賢法師。覺賢名佛陀跋多羅，在長安被鳩摩羅什所排擠，乃南下到廬山，受到慧遠的禮遇，出禪經，宣揚禪法。

慧遠的廬山出禪經序說：

「今之所譯出，出自達磨多羅與佛大先。其人西域之俊，禪訓之宗。搜集經要，勸發大乘。弘敎不同，故有詳細之異。……」（祐錄卷九）

佛大先卽佛陀斯那，也作佛馱先，爲罽賓的禪師。覺賢就是他的弟子，他在廬山所出禪經，卽是達磨多羅的經。覺賢後來往江陵，居於道場寺。江陵禪風乃盛。

禪觀本無經典，但重師承。和禪觀相聯者爲般若經，慧遠對於般若的思想深加研究。

般若主張涅槃佛性，佛性至極不變。慧遠講法性，曾作法性論，書已佚失。在沙門不敬王者論中，散見般若思想。

「是故經稱泥洹（涅槃）不變，以化盡爲宅。三界流通，以罪苦爲場。化盡則因緣永息，流動則受苦無窮。何以明其然？夫生以形爲桎梏，而生由化有。化以情感，則神滯其本，而習昏其照。介然有封，則所存唯己，所涉唯動。於是靈轡失御，生塗日開，方隨貪愛於長流，豈一受而已哉。是故反本求宗者，不以生累其神；超落塵封者，不以情累其生。不以情累其生，則神可冥，冥神絕境，故謂之泥洹。泥洹之名豈虛稱哉。」（弘明集卷五，求宗不順化三）

有生乃有苦，生由貪愛而輪廻，貪愛由於無明昏昧。慧遠藉道家的文句，以神字代表心字；說「生由化有」，化有卽輪廻；「化以情感」，情感卽貪愛；「神滯其本，而習昏其照，」卽情感滯心，心乃昏昧。若能「不以情累其生，則神可冥」，卽不以貪愛累着生命，則心可自由。心若入於超越的絕境，便是入涅槃，不生不死，永常不變。

鳩摩羅什翻譯大智度論，慧遠摘要爲抄略二十卷，自己作序說：

「生塗兆於無始之境，變化搆於倚伏之場，咸生於未有而有，滅於既有而無。推而盡之，則知有無廻謝於一法，相待而非原。生滅兩行於一化，映空而無主。於是乃卽之以成觀，反鑒以求宗。……嘗試論之，有而在有者，有於有者也；無而在無者，無於無者也。有有則非有，無無則非無。何以知其然？無性之性，謂之法性。法性無性，因緣以生。生緣無自相，雖有而常無。常無非絕有，猶火傳而不息。夫然則法無異趣，始末淪虛，畢竟同爭，有無交歸矣。故遊其樊者，心不待慮，智不待緣，不滅相而寂，不修定而閒，不神遇以期通矣。識空空之爲玄，斯其至也，斯其極也。」

讀這段文章，似乎是讀莊子的文章；然而文句似乎相同，意義則完全不一樣。生存起於無始的境界，生死的變化來自因緣的倚伏。有不可執爲有，無不可執爲無；以有爲有，實則不有；以無爲無，實則不無。有無都沒有自性自相，而是成由因緣。無性無相而能存在，是因爲具有法性，法性本無性，然爲有無的本體。因此，非有非無。稱爲空空，空空稱爲玄。玄爲至極之虛，爲有無所同歸，生死所同一化。至極之虛，便是涅槃。「卽之以成觀，反鑒以求宗」，卽是禪觀。

般若講法身，法身爲佛的本體。超越一切法，永常不變。慧遠曾尋求佛像，創寺供奉佛影，作佛影銘序：

「夫滯於近習，不達希世之聞，撫常永日，罕懷世外之感；是使塵想制於玄襟，天羅網其神慮。若以之窮齡，則此生豈遇，以之希心，則開悟靡期。於是發憤忘食，情百其慨，靜慮閑夜，理契其心。爾乃恩治九澤之惠，三復無緣之慈。妙尋法身之應，以神不言之化。……法身之運物也，不物而物肇其端，不圖終而會其成。理玄於萬化之表，數絕於無形無名者也。若乃語其筌寄，則道無不在。是故如來或晦先迹以崇基，或顯生塗而定體，或獨發於莫尋之境，或相待於旣有之場。獨發類乎形，相待類乎影。惟夫冥寄爲有待耶？爲無待耶？自我而觀，則有間於無間矣。求之法身，原無二統，形影之分，孰際之哉。」（廣弘明集卷十五）

法身爲佛本體，爲如來，爲萬法的實相。華嚴和天台兩宗後來互相宣揚，慧遠的這篇銘已經開了端緒。法身爲萬物的開端，常在萬物以內，萬物爲法身的荃寄。法身無形可像，如來佛像乃是假像。如來卽是法身，「求之法身，原無二統。」

(乙) 頓悟漸悟的爭執

在當時佛教曾有般若經和涅槃經的爭論，釋道生學涅槃經，立佛性頓悟義，又倡一闡提人皆可成佛，被眾僧侶所擯棄，引起頓悟漸悟的爭論。在廣弘明集中有謝靈運的與諸道人辨宗論，述道生頓悟的主張。

「有新論道士，以爲寂鑒微妙，不容階級。……竊謂新論爲然。」（廣弘明集卷二十）

持反對論者以爲這種頓悟思想，和般若論不同，乃是盲目的邪說。謝靈運答說中國和西域印度文化不同，中國人容易明瞭道理，不易受人教誨；西域印度人容易管教，難於明瞭道理；因此中國人不應習行漸悟而應行頓悟，西域印度人則應習行漸悟。

「華民易於見理，難於受教，故閉其累而開其一極。夷人易於受教，難於見理，故閉其頓了而開其漸悟。」（同上）

謝靈運以孔子的教育爲頓悟的教育，釋教的教育爲漸悟的教育。以中國的思想開闢佛教

思想的新路。他說：「華夷有險易之性，二聖（孔、佛）敷異同之教。」（同上）

持反對論者僧維以為學者為明瞭『無』，要由『有』去推，推便是漸悟。靈運答說在推理時祇是暫時的合於理。應說為假合，眞正的合於理是最後的『無』，纔是眞知，眞知乃是常知。積一切的暫知，不能成為永知，也不能積一切的假知而成眞知。

「三答：暫者，假也；眞者，常也。假知無常，常知無假。今豈可以假知之暫，而侵常知之眞哉！」（同上）

慧驎，僧維開假知和眞知的差異，答以假知為累積之知，眞知則是寂照。慧驎又問若累積之知在心，在心也是理，累積不過是方法。謝靈運答說累積而得理，頓悟也得理，外貌相同，實則不同。

「優累滅累，貌同實異，不可不察，滅累之體，物我同忘，有無壹觀。……

……一無有，同我物者，出於照也。」（同上卷廿一）

累積而得理，可以知道有無之辨。頓悟寂照則一有無，物我兩空，這是大頓悟，這是禪定。謝靈運稱頓悟的實相為一極，為宇宙眾生的實體，於眾生號曰佛性。一極源出易經的太極，用意則爲佛教的佛性，靈運有心把孔子和佛祖的思想，折衷以成新說。

在道生以前，有支道林研究大乘菩薩十地，以七地爲頓悟。所謂十地，指菩薩進修，必循十位的階梯，到了第七地，具足道慧，明知一切，悟理的全分。這種頓悟，當時稱爲小頓悟，道生所講頓悟，稱爲大頓悟。凡一闡提者都有佛性，都可見性成佛。見性應由頓悟，因理不可分，一悟即明。

道生的弟子有道猷和法瑗，皆爲宋文帝所禮遇，兩人繼承頓悟的主張，駁難漸悟的僧侶。南齊時，有隱士劉虬和禪師法京，也倡頓悟成佛。祐錄收有劉虬的無量義經序，序中說：

「而講求釋教者，或謂會理可漸，或謂入空必頓。請試言之，以筌幽寄。立漸者以萬事之成，莫不有漸。堅冰其於履霜，九成作於累土。學之入空也，雖未圓符，譬於斬木，去寸無寸，去尺無尺。三空稍登，寧非漸耶？立頓者，以希善之功，莫過觀於法性。法性從緣，非有非無。忘慮於非有非無，理照斯一者，乃曰解空。存心於非有非無，境智猶二者，未免於有。有中伏結，非無日損之驗。空上論心，未有入理之效，而言納羅漢於一聽，判無生於終朝，是接誘之言，非稱實之說，妙得非漸。理固必然。」

法京在後梁時，駐錫江陵，爲禪師。他的弟子智遠和慧暠，也學禪法。禪法和頓悟在後代禪宗裡，關係密切，頓悟成爲禪宗的特色。

⑶ 淨土信仰

道安在襄陽時，曾和弟子僧輔、法遇、曇戒、道願，等八人，立誓願生兜率天，信彌勒淨土。且作往生論、淨土論。慧遠在廬山於元興元年（公元四〇二年），年六十九歲，和劉遺民、周續之、畢穎之、雷次宗、張萊民、張季碩等一百二十三人，於東林精舍無量壽佛像立，建齋立誓，期生西方。

慧遠深信精靈不滅，又怕輪廻報應的痛苦，故立誓期生西方兜率天。慧遠在沙門不敬王者論的第五篇，論形盡神不滅。他說：

「神也者，圓應無生，妙盡無名，感物而動，假數而行。感物而非物，故物化而不滅；假數而非數，故數盡而不窮。」（弘明集卷五）

這種思想，不是佛教的思想，乃是道家的思想。所以在這一段的後面他說：

「古之論道者，亦未有所同，請引而明之。莊子發玄音於大宗曰：大塊勞我以生，息我以死，又以生爲人羈，死爲反眞，此所謂知生爲大患，以無生爲反本者也。文子稱黃帝之言，曰：形有靡而神不化，以不化乘化，其變無窮。……論者，不尋無方生死之說，而惑聚散於一化，不思神道有妙物之靈，而謂精粗同盡，不亦悲乎。……」（同上）

慧遠以人之神爲精靈，死而不滅。釋氏有三世報應的信仰，慧遠曾作明教應論和三報論，都放在弘明集卷五裏。

後漢靈帝光和二年（公元一七九年）支婁迦讖和竺佛朔共譯般舟三昧經，介紹彌陀。慧遠在廬山組織白蓮社念佛，依照般舟三昧經的信仰，能見西方阿彌陀佛。

「佛告跋陀愁菩薩，若有菩薩所念，現在定意，向十方佛。若有定意，一切得菩薩高行。

何等爲定意？從念佛因緣向佛念，意不亂從。」（般舟三昧經卷上）

念佛，在於心向佛，不有亂想，心能得定。心定而後常想西方阿彌陀佛，卽能見佛。

「跋陀愁菩薩，若沙門白衣，所聞西方阿彌陀佛剎，常念彼方佛，不得缺戒一心念。若一日晝夜，若七日夜，過七日已後，見阿彌陀佛，於覺不見，於夢中見之。」(同上)

佛解釋念佛得見佛，有如人聽說須門、阿凡和利、優婆洹，三個美色淫女，心常想念，於是「各於夢中，到是婬女所，與共棲宿。其覺，亦各自念之。」(同上)可以說是一種心理作用；但是佛說這是念佛的神力。：

「如是，跋陀愁菩薩，心當作是念時，諸佛國境界名大山須彌山，其有幽冥之處，悉爲開闢，目亦不蔽，心亦不礙。是菩薩摩訶薩，不持天眼，徹視。不持天耳，徹聽。不持神足，到其佛剎。不於是間，終生彼間佛剎。乃見便於是間，坐見阿彌陀佛。」(同上)

般舟三昧經爲講述得三昧的各種方法，以除慾望，不貪生命，心能淸淨，勤行善事，以得三昧。

三昧爲梵語 Samadhi，也譯爲三摩提，意義爲定，爲正受，爲不離雜念。一切禪定也稱爲三昧。般舟三昧經說人得了三昧，不僅可見彌陀佛，且可以見天中諸佛。

是等功德不可計，奉戒具足無瑕穢，
其心清淨離垢塵，行此三昧得如是。
設有持是三昧者，能了覺意不可議，
曉知無量之道法，無數諸天護其德。
設有持是三昧者，常見面見無數佛，
聞無量佛講說法，輒能受持念普行。
設有持是三昧者，惡罪勤苦皆滅除，
諸佛於世行愍哀，悉共嗟嘆是菩薩。
假使菩薩欲覩佛，當來無數佛世尊，
一心踴躍住正法，當學諷誦是三昧。
其有持是三昧者，其功德福不可議，
逮得人身最第一，出家超異行分衛。

若有末後得最經，逮功德利最第一，

得其福祚不可限，住是三昧得如是。」（般舟三昧經卷下，請佛品第十）

得見阿彌陀佛爲念佛的目標，然最重要的目標還是心定。般舟三昧經重覆地講三昧的重要，就在於叫人心定，慧遠念佛雖爲超出西天，然也是爲保持心定。他在廬山，靜心坐禪，嚴守戒律，不出山門。他作念佛三昧詩集序：

「序曰：夫稱三昧者何？專思寂想之謂也。思專，則志一不分想，寂則氣虛神朗。氣虛，則智恬其照，神朗，則無幽不徹。斯二者，是自然之玄符，會一而致用也。……又諸三昧，其名甚衆，功高易進，念佛爲先……」（廣弘明集卷三十上）

當時念佛的人，多文人詩友，慧遠在序文中說：「是以奉法諸賢，咸思一揆之契，感寸陰之頹影，懼來儲之未積；於是洗心法堂，整襟請向，夜分忘寢，夙宵惟勤。……」廣弘明集收有王齊之的念佛三昧詩四首。最後一首：

「慨自一生，夙乏惠識，託崇淵人，庶積冥力，思轉毫功，在深不測。至

哉之念，注心西極。」（同上）

慧遠以前，還有三國吳黃武至建興（公元二二二——二五三年）的時期中，支謙譯出佛說阿彌陀經二卷，又有西晉竺法護翻譯無量清淨平等覺經。這兩經都敍述阿彌陀佛在因位時發心願，和極樂淨土的莊嚴。

和慧遠同時的鳩摩羅什譯出阿彌陀經，劉宋文帝元嘉初（公元四二四年）畺良耶舍譯出觀無量壽經，在三年以前（劉宋永初二年。公元四二一年）佛陀跋陀羅譯出新無量經。這三部經，稱爲淨土三部經。

淨土信仰結成淨土宗，以供奉阿彌陀佛像和念佛爲修行方法。南北朝時，北朝多造石像，南方多鑄造金像。念佛在慧遠的白蓮社，在於專思寂想，然後心地明徹，可以觀見佛在眼前。在慧遠以後，南朝梁時有曇鸞，立『五念門往生法』。五念門爲禮拜門、讚嘆門、作願門、觀察門、廻向門。教導信徒，發願得生樂土，日常禮拜佛像，口誦如來佛名或阿彌陀佛，後來天臺智顗有常行三昧說，以九十日不斷，身常行旋不休息，口常念阿彌陀佛名不止，又於意中念阿彌陀佛在西天淨土莊嚴裏，常現三十二相，由一到三十二，由三十二到一，順逆反覆觀佛。

中國民間遂盛行念佛的修行，在唐朝各宗興盛，在宋朝時，禪宗特盛，天臺居次，淨土居第三位。然民間的信仰，實際要以淨土爲最普遍。慧遠則可視爲中國淨土宗的始祖。

(四) 僧肇・道生・支遁

(1) 僧　肇

(甲) 傳　略

僧肇，「京肇人，家貧以傭書爲業，遂因繕寫，乃廣觀經史，備盡墳籍。志好玄微，每以莊老爲心要。嘗讀老子道德章，乃嘆曰：美則美矣，然期栖神冥累之方，猶未盡善。復見舊維摩經，歡喜頂受，披尋翫味，乃言始知所歸矣。因此出家，學善方等，兼通三藏。及在冠年，而名振關轉。……後羅什至姑臧，肇自遠從之，什嗟賞無極。及什適長安，肇亦隨入。及姚興命肇與僧叡等入逍遙園，助詳定經論。」（高僧傳卷六）

僧肇少年英俊，隨羅什譯經學道。他自稱所遇時機最好，能夠見得所有經論：「什師於大石寺，出新至諸經，法藏淵曠，日有異聞。禪師於瓦官寺，教習禪道，門徒數百，日夜匪懈，邕邕肅肅，致自欣樂。三藏法師於中寺，出律部，本末精悉，若覩初製。毗婆沙法師於石筆寺，出舍利弗毗曇梵本，雖未及譯，時問中事，發言新奇。貧道一生，猥參嘉運，遇茲盛化，自不覩釋迦祇桓之集，餘復何恨。但恨不得與道勝君子同斯法集耳。」（同上）

僧肇既好老莊，乃作般若無知論，又著涅槃無名論、不眞空論、物不遷論、維摩經注。羅什死後的次年，晉義熙十年（公元四一四年）僧肇卒於長安，年僅三十一歲。傳燈錄說肇爲秦主所殺。

（乙）思想——三論

僧肇爲中國三論宗的始祖，講空又講不眞空。在魏晉時，玄學盛行，佛教僧徒則引用老莊的虛無說，造成道安的本無論。僧肇駁斥這些思想，雖也常引用老莊的文句和術語，但是思想則是般若的思想。

僧肇的不眞空論說明萬有爲現象，乃是因緣的結合；然現象應有本體。萬有爲『虛』爲『無』，本體則是非有非無。

「夫至虛無生者，蓋是般若玄鑑之妙趣，有物之宗極者也。自非聖明特達，何能契神於有無之間哉。是以至人通神心於無窮，窮所不能滯，極耳目於視聽，聲色所不能制者，豈不以其卽萬物之自虛，故物不能累其神明者也。」[7]（不眞空論，肇論卷上）

這一段話似乎是道家的話，祇不過以佛教的般若代替道家的道。以般若爲至虛無生，好似道家以道爲至虛沒有生滅。但是有一句話，則表示僧肇的思想和道家有所不同，卽是說：『契神於有無之間』。僧肇不以道家的有無爲佛教的有無，也不以有爲眞有，不以無爲眞無，而是非有非無的中道。

「尋夫不有不無者，豈謂滌除萬物，杜塞視聽，寂寥虛豁，然後爲眞諦者乎！誠以卽物順通，故物莫之逆，卽僞卽眞，故性莫之易。性莫之易，故雖無而有；物莫之逆，故雖有而無。雖有而無，所謂非有；雖無而有，所謂非無，如此，則非無物也，物非眞物。物非眞物，故於何而可物也！……」（同上）

從物性方面去看，物沒有自性，稱爲無。從物的存在方面去看，物又是存在，稱有爲有。有不是眞有，無不是眞無，故有非有，無非無。

「中觀云：『物從因緣，故不有；緣起，故不無。』尋理卽其然矣。夫有若眞有，有自常有，豈待緣而後有哉！譬彼眞無，無自常無，豈待緣而後無哉！若有不能自有，待緣而後有者，故知有非眞有；有非眞有，雖有不可謂之有矣。不無者，夫無則湛然不動，可謂之無。萬物若無，則不應起，起則非無，以明緣起，故不無也。」（同上）

這一段說明佛敎對有無的思想。萬物旣由因緣結合而存在，則不能說是無；旣由因緣而得存在，則不能說是有。萬物爲現象，沒有自性，沒有自己的存在；所有的存在，爲本體的現象。僧肇沒有說明本體若何；但在開端時，已說出「至虛無生者，……有物之宗極者也。」宗極卽是本體，本體卽是般若。

在物不遷論，僧肇講卽體卽用，靜爲體，動爲用，靜中有動，動中有靜，動靜不能分離。

「夫生死交謝，寒暑迭遷，有物流動，人之常情。余則謂不然。放光云：

『法無去來，無動轉者』。尋夫不動之作，豈釋動以求靜？必求靜於諸動。必求靜於諸動，故雖動而常靜；不釋動而求靜，故雖靜而不離動。……道行云：『諸法本無所從來，去亦無所至』。中觀云：『觀方知彼去，去者不至方，斯皆卽動而求靜，以知物不遷明矣。……何則？求向物於向，於向未嘗無；責向物於今，於今未嘗有。於今未嘗有，以明物不來；於向未嘗無，故知物不去。覆而求今，今亦不往。是謂昔物自在昔，不從今以至昔；今物自在今，不從昔以至今。……」（肇論卷上，物不遷論）

這兩段的上段以動中有靜，靜中有動，說明物不變遷；因靜者不變。後來宋朝理學家常用這項原則，爲說明宇宙的變易。第二段則以時間來說明物不遷。過去的事爲過去的事，不能繼續到現在，現在的事不能反置到過去。佛教本來常說萬法無常，剎那卽滅。然而滅是變而不是遷。僧肇講物不遷，並不是講物不變。

「旣曰古今，而欲遷之者，何也？是以言往不必往，古今常存，以其不動；稱去不必去，謂不從今至古，以其不來。不來，故不馳騁於古今；不動，故各性位於一也。……

然則四象風馳，璇璣電卷，得意豪微，雖速而不轉。是以如來功流萬世而常存，道通百刼而彌固。……果不俱因，因因而果。因因而果，因不昔滅；果不俱因，因不來今。不滅不來，則不遷之致明矣。……」（同上）

僧肇對於物之不遷，舉出動靜同時有，舉出古今不相流，舉出因果不滅不來。在這三點中，有本體不變的思想，有因果不相續的思想，有如來法身不壞的思想。這幾點也都是般若的思想。般若通於涅槃，涅槃通於如來法身。僧肇有涅槃無名論，論中說：

「經稱有餘無餘涅槃，涅槃者，秦言無爲，亦名滅度。無爲者，取乎虛無寂漠，妙絕於有無。滅度者，言乎大患永滅，超度四流。……夫涅槃之爲道也，寂寥虛曠，不可以形名，得微妙無相，不可以有心知。超羣有以幽昇，量太虛而永久，……

論曰：涅槃非有亦復非無，言語路絕，心行處滅。尋夫經論之作也，豈虛構哉！……」（涅槃無名論卷下，九折十演。開宗第一）

涅槃在小乘裏常具有寂靜虛無的神秘意義，在大乘裏則爲不可見、不可知的超過萬法的本體，亦有亦無，非有非無，神秘意義更加深。僧肇以涅槃不可言說，沒有名稱，然不是虛構，乃實實存在。涅槃即是如來法身。

(2) 道生

（甲）傳略

竺道生，「本姓魏，鉅鹿人。寓居彭城，家世仕族。父爲廣戚縣令，鄉里稱爲善人。生幼而穎悟，聰哲若神，其父知非凡器，愛爾異之。後值沙門竺法汰，遂改俗歸依，服膺受業。」（高僧傳卷第七）

道生的生年不可考。竺法汰於晉哀帝興甯三年（公元三六五年）隨道安到襄陽，後經荊州來到南京，居瓦官寺。法汰在南京二十三年，死於晉孝武帝太元十二年（公元三八七年）。道生出家依佛，當在這段時間內。他的出生，當在晉孝武帝時。

道生從南京入廬山，「幽栖七年，以求其志。」（同上）後來他往長安，奉羅什爲師，羅什卒後，道生於晉安帝義熙五年，（公元四〇八年）來還南師，居青園寺。「寺是晉恭皇后褚氏所立，本種青處，因以爲名。」道生居京師，深得劉宋太祖所敬重。道生後改青園寺爲龍光寺。

道生在南京倡頓悟說，又倡一闡提都有佛性，遂遭眾僧攻擊。生在大眾中，「正容誓曰：若我所說反於經義者，請於現身卽表癘疾。若與實相不相違背者，願捨壽之時，據師子座。」遂往虎丘山，後來涅槃大本傳到南京，經說一闡提悉有佛性，和道生所倡相合。道生便講涅槃經。

宋文帝元嘉十一年（公元四三四年）道生在廬山精舍，宣講涅槃，卒於廬山。

釋慧琳作龍光寺竺道生法師誄幷序，序中說：「中年遊學，廣搜異聞，自揚徂秦，登廬躡霍。羅什大乘之趣，提婆小道之要，咸暢斯旨，究舉其奧，所聞日優，所見愈賾。既而語曰：象者，理之所假，執象則迷理。教理，化之所因，束教則愚化。……乃收迷獨運，存履遺跡。於是眾經雲披，羣疑冰釋，釋迦之旨，淡然可尋，……物忌光穎，人疵貞越，怨結同服，好折羣遊。遂垂翼歛趾，銷影巖穴，遵晦至道，投迹愚公。登舟之跡，有往無歸。命盡山麓，悲興寰畿。」（廣弘明集卷二十三）

道生「性靜而剛烈」，（同上）因着頓悟和佛性的爭執，和一些僧人結怨，他便隱跡廬山，「銷影巖穴」。

（乙）思想——涅槃

道生天資聰慧，生性強烈，不拘於舊說。他「常以入道之要，慧解爲本。」（高僧傳卷第七）慧解卽是自心的體會。他註解經典，也主張不守字義。「道生旣潛思日久，徹悟言外，迺喟然嘆曰：夫象以盡意，得意則象外；言以詮理，入理則言息。自經典東流，譯人重阻，多守滯文，鮮見圓義。若忘筌取魚，始可與言道矣。於是校閱眞俗，研思因果，迺言善不受報，頓悟成佛。又著二諦論、佛性當有論、法身無色論、佛無淨土論、應有緣論等，籠罩舊說，妙有淵旨。而守文之徒，多生嫌嫉。」（高僧傳卷第七）

道生的思想，集中在涅槃經，主張人人都有佛性，人人也可頓悟成佛。這種思想在當時爲新的主張，尤其主張善不受報，有背佛教的通常信仰。

涅槃經的漢譯，首有佛般泥洹經，爲西晉白法祖所譯，又有大般泥洹經，題爲法顯所譯，上兩經爲小乘的涅槃經典，出自長阿含經。大乘的大乘涅槃經有兩種譯本，一爲北涼曇無讖所譯，一爲佛陀跋多羅所譯。這本經爲涅槃宗的根本經典。

法顯翻譯泥洹經，是在晉義熙十三年（公元四一六年），十月一日完結，那時道生在南京已經住了八年。但是他主張頓悟佛性，則在泥洹經翻譯以前，引起大家的反對。泥洹經翻譯後，當時也有許多僧人懷疑爲僞作。

「外國風俗，還自不同。提婆始來，義觀之徒，莫不沐浴鑽仰。此蓋小乘法耳，便謂理之所極，謂無生方等之經，皆是魔書。提婆末後說經乃不登高座。法顯後至，泥洹始唱，便常住之，言衆理之最，般若宗極，皆出其下。以此推之，便是無主於內，有聞輒變。譬之於射，後破奪先。則知外國之律，非定法也。」（弘明集卷十二，范泰與生觀二法師書）

范泰的批評，雖指僧衆先信小乘，後又改信般若，再又改信泥洹，「無主於內，有聞輒變」，他心目中，也是不讚成泥洹經。泥洹經的思想，僧慧叡作喻疑論予以說明：

「今大般泥洹經，法顯道人，遠尋眞本，於天竺得之。持至揚都，大集京師義學之僧百有餘人。禪師（佛陀跋多羅）參而譯之，詳而出之。此經云：泥洹不滅佛有眞我。一切衆生，皆有佛性，學得成佛。佛有眞我，故聖鏡特宗，而爲衆聖中王。泥洹永存，爲應照之本。大化不泥，眞本有焉。而復致疑，安於漸照，而排跋眞誨，任其偏執，而自幽不救，其可如乎。……

……」(7)

泥洹經主張衆生皆有佛性，和道生的主張相同；但又說「學得成佛」，似是說學習以漸悟，而不是頓悟，然又說反對的人「安於漸照」，則泥洹經不是主張『漸照』，這又和道生的主張相合。不過，當時僧人中有許多懷疑大般泥洹經爲僞作，便不願接受這種主張。

大乘大般涅槃經的北涼譯本，由曇無讖於劉宋武帝永初二年（公元四二一年）完成。在宋文帝元嘉中，傳到南京，經過慧嚴、慧觀和謝靈運的修改，成爲南本。這本經典的思想，更合於道生的思想。道生在廬山得了這種經本，登座宣講，神色開朗，發洩了胸中的鬱悶。

道生以衆生俱有佛性，因爲實相無相，涅槃生死不二，佛性本有，佛性非神明。一切衆生，都沒有自性，也沒有自相。然衆生皆存在，則必有一實相，實相無形，故無形相。實相爲衆生的實相，這實相卽是佛性。佛性不是神明，而是衆相的實相。實相的本體爲涅槃，常有常不滅，生死不二。實相卽是法身，法身無色，法身不壞。涅槃不是淨土，佛性的本體爲涅槃，然佛性也在衆生以內，佛性並不要求有一特別的淨土，以作居所。

頓悟漸悟的爭辯，起於道生的主張；然而後代大乘僧衆繼續辯論，天臺、華嚴、禪宗，更別有主張。當道生主張頓悟時，支道林和謝靈運也有小頓悟之說，謝靈運之與諸道人辨宗論，以頓悟爲是，然採折衷之說：

「有新論道士，以爲寂鑒微妙，不容階級。積學無限，何爲自絕。今去釋氏之漸悟，而取其能至，去孔氏之殆庶，而取其一極。一極異漸悟，能至非殆庶。故理之所去，雖合各取。然其離孔釋矣。余謂二談救物之言，道家之唱得道之說，敢以折中自許。竊謂新論爲然。」（廣弘明集卷十八）

道生的頓悟說，以眾生皆有佛性爲根基，明心見性卽是頓悟，禪宗特別主張這一說。

(3) 支遁

(甲) 傳略

支遁，「字道林，本姓關氏，陳留人，或云河東林慮人，幼有神理，聰明秀徹。……家世事佛，早悟非常之理。隱居餘杭山。……年二十五出家。每至講肆，善標宗會，而章句或有所遺，時爲守文者所陋。謝安聞而善之。」（高僧傳卷第四）

支遁的求學態度和解釋佛經的方法，和道生相同，不拘於文字，一般『守文』的僧人，便反對而且鄙陋他們。然而當時的文人則看重他們。

「謝安聞而善之，曰：此乃九方歅之相馬也，略其玄黃而取其駿逸。王洽，劉惔，殷浩，許詢，郗超，孫綽，桓彥表，王敬仁，何次道，王文度，謝長遐，袁彥伯等，並一代名流，皆著塵外之狎遁。」(同上)

支遁和一班人交遊，當時文人都尚老莊之學。支遁作逍遙篇注，反對「各適性以爲逍遙」(同上)，善人可以適性，惡人適性則爲惡。

支遁入剡，於沃山小嶺立寺。晚年，移石城山，立栖光寺，注安般四禪諸經，作即色遊玄論，聖不辨知論。後來出山陰，講羅摩經。因晉哀帝請，至東都，居三載，上表乞還東山：

「貧道野逸東山，與世異榮，菜蔬長阜，漱流清壑，襤褸畢世，絕窺皇階。不悟乾光曲耀，猥被蓬蓽。頻奉明詔，使詣上京。進退惟咎，不知所厝。自到天庭，屢蒙引見，優遊賓禮，策以微言。……迴首東顧，孰能無懷。上願陛下，特蒙放遣，歸之林薄，以鳥養鳥，所荷爲優，謹露板以聞。伸其愚管，裹糧望路，伏待慈詔。」(同上)

帝許還山。晉廢帝太和元年（公元三六六年）閏四月去世，壽五十三歲。所著文翰有十卷。廣弘明集卷三十九，收有支遁的詩十餘首。

詠懷詩五首的第一首說：

「傲兀乘尸素，日往復月旋。弱喪困風波，浪流逐物遷。中路高韻益，窈窕欽重玄。重玄在何許，採眞遊理間。苟簡爲我養，逍遙使我閒。寥亮心神瑩，含虛映自然。亹亹沉情去，彩彩冲懷鮮。踟躕觀象物，未始見牛全。毛鱗有所貴，所貴在忘筌。」

這是一首自敍詩，少年逐物，中年好玄，然都沒有能夠達到人生的眞理，「未始見牛全」。第四首說：

「閑邪託靜室，寂寥虛且眞。逸想流巖阿，朦朧望幽人。慨矣玄風濟，皎皎離染純。時無問道睡。行歌將何因。靈溪無驚浪，四嶽無埃塵。余將遊其嵎，解駕輟飛輪。芳泉代甘醴，山果兼時珍。修林暢輕跡，石宇庇微身。崇虛習本照，損無歸昔神。曖曖煩情故，零零冲氣新。近非域中客，

遠非世外臣。淡泊爲無德，孤哉自有隣。」（同上）

這首詩寫山居的靜逸生活，指出禪觀的妙理，「崇虛習本照，損無歸昔神。」以萬物爲虛，又不以無爲執。又有一首詩，名詠禪思道人，結尾說：

「冥懷夷震驚，怕然肆幽度。曾筌攀六淨，空同浪七住。逝虛乘有來，永爲有待馭。」（同上）

支遁對於頓悟，主張小頓，以超越七位，便悟佛性。在這首詩裡，他說『空同浪七住』。

(乙) 思想——般若

支遁好玄談，性喜老莊，和當時談玄的文士相交好。但是他的思想，以佛學爲基本。他曾作莊子「逍遙篇」注。世說新語「文學篇」記載支遁的逍遙論說：

「夫逍遙者，明至人之心也。莊生建言大道，而寄指鵬鷃。鵬以營生之路曠，故失適於體外；鷃以在近而笑遠，有矜伐於心內。至人乘天正而高興，遊無窮於放浪，物物而不物於物，則遙然不我得。玄感不爲，不疾而速，則逍靡不適，此所以爲逍遙也。若夫有欲當其所足，足於所足，快然有似天眞，猶飢者一飽，渴者一盈，豈忘烝嘗於糗糧，絕觴爵於醪醴哉。苟非至足，豈所以逍遙乎。」

這篇文章對於莊子的逍遙，予以精神方面的解釋，雖沒有提到佛教的術語，但在文字以內，寓有禪觀的精神，內外都不滯於物，以遊於禪觀的無窮境界。支遁和老莊道家，喜談自然。老莊的自然，爲物的天性，在人稱爲天機。支遁的自然，則指物的自性本體。物本來沒有自性，由因緣虛構而成。然在物以內，則有一超越的本體。支遁以物的本體爲自然。外界萬物，乃是『超越本體』的現象。在上面所引的第一首詠懷詩裡有兩句說：「寥亮心神瑩，含虛映自然。」就是有『明心見性』的思想。他所謂虛，在於心無所執。支遁的大小品對比要抄序說：

「夫般若波羅密者，衆妙之淵府，羣智之玄宗，神王之所由，如來之照功。其爲經也，至無空豁，廓然無物者也。無物於物，故能齊於物，無智於智，故能運於智。是故夷三脫於重玄，齊萬物於空同，明諸佛之始有，盡羣靈之本無。登十位之妙階，趣無生之徑路。……夫無也者，豈能無

哉。無不能自然，理亦不能爲理。理不能爲理，則理無理，無不能自然，則無非無矣。」（出三藏記集卷八）

支遁講『至無』，至無爲空，「至無空豁，廓然無物者也」。這種至無還可以和老莊的虛無同一解釋。但支遁接着便說：

「故有存於所存，有無存於所無。存乎存者，非其存也，希乎無者，非其無也。何則？徒知無之爲無，莫知所以無，知存之爲存，莫知所以存，希無以忘無，故非無之所以無；寄存以忘存，故非存之所存。莫若無其所以無，忘其所以存。忘其所以存，則無存於所存；遺其所以無，則忘無於所無。忘無故妙存，妙存故盡無。盡無則忘玄，忘玄故無心。然後二迹無寄，無有冥盡。是以諸佛因般若之無，始明萬物之自然」（同上）

般若之無，爲非無之無；非無之無，是非有非無。萬物非有，然也非無。人不可執於有，也不可執於無，應該是『無心』。魏晉南北朝對於般若的解釋，有六家七宗，支遁主張『色空』。

在頓漸的爭論裡，支遁主張小頓。世說文學篇注說：「支法師傳曰：法師研十地，則知頓悟於七住。」十地爲大乘菩薩的十地，也稱十住：一、發心住，二、治地住，三、修行住，四、生貴住，五、方便俱足住，六、正心住，七、不退住，八、童貞住，九、法王子住，十、灌頂住。大乘菩薩十地：一、歡喜地，二、離垢地，三、發光地，四、焰慧地，五、極樂勝地，六、現前地，七、遠行地，八、不動地，九、善慧地，十、法雲地。十地和十住和般若波羅蜜相聯連；般若波羅蜜分檀波羅蜜、戒波羅蜜、忍辱波羅蜜、精進波羅蜜、禪定波羅蜜、慧波羅蜜、方便波羅蜜、願波羅蜜、力波羅蜜、智波羅蜜。般若的意義是智，波羅蜜的意義爲度，爲究竟，爲到彼岸。

南齊劉虬的「無量義經序」說：

「支公之論無生，以七住爲道慧陰足，十住則羣方與能，在迹斯異，語照則一。」（出三藏記集卷第九）

七住爲不退住，七地爲遠行地，按大乘佛教的思想，七住爲十住中的一特殊地位，因七地爲遠行地，菩薩住在七地已遠離世間和二乘道，得無生法，成就方便波羅蜜。支遁主張達到了七住地，便有頓悟。論者多以爲小頓悟不符合經義，因爲明心見性，性爲眞如，爲實相之理，乃唯一不可分，小頓悟實則爲漸悟之一種。竺道生所以祇講頓悟，禪宗也講頓悟。

漸悟頓悟爲悟道方法的分別，而不是所悟的道有分別。小頓悟既要經過六住地，到七住地纔悟，則是漸悟。支遁認爲前六地祇是七地頓悟的預備，沒有得悟，因所悟之理是一不可分，一悟則全悟，不悟則全不知。然爲什麼祇到七住地而悟？心理的作用非常微妙，不能分成一成不變的階段，十住地之說本來已經是抽象理論，在實際上很能成就。道生主張頓悟，以十地的修行，也不一定能悟道。涅槃集解卷五十四，引道生語：「十住幾見，髣髴其終也。始既無際，窮理乃窺也。」若是要窮理纔窺，則又是漸頓了。

(五) 東晉的六家七宗

般若學在佛教傳入中國時，已成爲中國佛教之重要思想，自漢代到南宋，爲中國最流行的經典。最早的釋經有支婁迦讖的十卷道行和放光光讚。後來鳩摩羅什重譯般若大小品，道安特爲宏揚。

般若學以大般若經爲主，大智度論則是疏論。大般若經的主旨，在於講般若智的妙用，即是講無諍法，以一切法不合不散，無色無相。但是這種無諍法在南北朝時，解釋很多，通常佛教史稱爲六家七宗。

六家	七宗	主張之人
本無	本無	道安（性空宗義）
	本無異	竺法深、竺法汰
即色	即色	支道林（郗超）
識含	識含	于法開（于法威）
幻化	幻化	道壹
心無	心無	支愍度、竺法蘊、道恆
緣會	緣會	于道邃

這六家七宗，乃是中國佛教對於性空本無的解釋。這個問題本是佛教的基本問題。『有』『空』的思想在一般來說，可以說是小乘大乘的分界線；但是對於有和空的解釋，在印度佛教中小乘和大乘，各有許多宗派；在中國的佛教中，就在開始的時期，已經有不相同的派別。所謂六家七宗既都是根據般若經，則都是大乘的派系。

道安的本無宗，採取道家的術語，以『本無』作爲佛教的基本思想；然在中國佛教初期，『本無』的術語乃佛教眾僧所共用，『本無』的思想，也是佛教的共同思想。道安所倡本無說，稱爲性空宗。

「謂無在萬化之前，空爲衆形之始。夫人之所滯，滯在未有。若詫（宅）心本無，則異想便息。安公本無者，一切諸法，本性空寂，故云本無。」

『無』在萬化以前，這個『無』不是有無的無，而是老子所說的『無』，老子稱道爲『無』，這種無不是虛無，而是有的極至。曇濟所作六家七宗論，稍作解釋。

「本無之論，由來尚矣。何者，夫冥造之前，廓然而已。至於元氣陶化，則羣像稟形。形雖資化，權化之本，則出於自然。自然自爾，豈有造之者哉。由此而言，無在元化之先，空爲衆形之始。」（名僧傳抄曇濟傳）

這般話都是套用老子的話。有生於無，所謂生，不是造化，而是自然化生。在原始時，祇是廓然無形的空無。後來元氣陶化，乃有萬有。道安既用老子的無，也用老子的無爲無欲，滅盡五陰，冥如死灰。在人本欲生經註解釋想受滅盡定說：

「行玆定者，冥如死灰，雷霆不能駭其念，火燋不能傷其慮，蕭然與太虛齊量，恬然與造化俱遊。」

話雖是老莊的話，含義則是佛教的般若。所謂太虛，應是眞如。萬有的性都是空而不是實，道安曾作性空論，今不傳。萬有性空，卽是沒有自性。然而萬法又不是空無，因此不應執着於有，也不應執着於無。萬有有法身、有眞如、有眞際。法身祇是一個，沒有名，沒有意義，常存不滅。因而萬有都是如，都是相等，便是眞際。沒有所着，沒有所滯，無爲無欲，綿綿常存。道安在合放光光讚隨略解序說：

「般若波羅密者，成無上正眞道之根也。正者，等也，不二入也。等道有三義焉：法身也，如也，眞際也。故其爲經也，以如爲首，以法身爲宗。如者，爾也，本末等爾，無能令不爾也。佛之興滅，緜緜常存，悠然無寄，故曰如也。法身者，一也，有無均淨，未始有名，故於戒，則無戒無犯，在定則無定無亂，處智則無智無愚。泯爾都忘，二三盡息，皎然不緇，故曰淨也，常道也。眞際者，無所著也，泊然不動，湛爾玄齊，無爲也，無不爲也。萬法有爲，而此法淵默，故曰無所有者，是法之眞也。」

道安默契老莊的精神，超出有無之上，捨相對而取絕對，把有無、淨汙、智愚，都捨掉，追求一種眞如。在眞如裡一切平等，不是虛無；一切又沒有價值，不能動心，不視爲有。把一切的相對價值，『泯爾都忘』，這又進入了三論宗，放棄有無，而取非有非無。

卽色宗爲支道林所講，也是僧肇所講，支道林有弟子郗超，也講色空。所謂色空，卽是色沒有自性。色，爲有形之有，卽是可見的萬有。有形的萬有爲空，也就是說萬法沒有自性。所以色空和本無論，在根本上是相同的。

僧肇說色是空，卽是色不是色，色沒有自性。外面我們所看見的東西，似乎有這些東西，實際上並沒有這些東西，牛沒有牛，羊沒有羊；一切有形之物，都是空的。然而空並不是假，牛雖然沒有牛，然而並不能說牛不是牛，而是一個假牛。牛不因自己的本質而是牛，而是因自己的外形而是牛。所以色空論以色不是色的本體，不是因着自己的性而成色，但是色因着色而成色，色之所以成爲色，乃是藉着因緣而成。

「難又曰：若卽物常空，空物爲一，空有未殊，何得賢愚異稱？夫佛經所稱，卽色爲空，無復異者，非謂無有，有而空耳，有也，則賢愚異稱；空也，則萬異俱空。夫色不自色，雖色而空，緣合而有，本自無有皆如幻之所作，夢之所見，雖有非有，將來未至，過去已滅，見在不住，又無定有。」（弘明集卷三，答何衡陽書）

萬法不常，三時不有，過去和將來不是實有，現在也是不住。然而不以有爲虛，祇以爲空，空是內空，沒有自性，而色仍是色，因「緣合而有。」

支道林講色空，仍是注意本無。色既是空，一切平等，形骸不足重視，所重者爲精神。支道林迎合莊子養神的主張，隳棄形骸，凝守精神。支道林又採莊子的話稱這種人爲至人。

識含宗爲于法開的主張，以萬法起於心識。三界萬法都是夢幻，心識爲大夢之主。這一宗還不是唯識宗的源起，然和唯識宗的主張很相近。俗人有惑識，見事不明，以所見聞爲有。若能依正覺成佛則是大覺，惑識都除淨，便可全神明。

「夫聖神玄照而無思營之識者，由心與物絕，唯神而已矣。故虛明之本，終始常住，不可凋矣。……今以悟空息心，心用止而情識歇，則神明全矣。」「衆變盈世，羣衆滿目，皆萬世已來，精感之所集矣。故佛經云：一切諸法，從意生形。又云：心爲法本，心作天堂，心作地獄，義由此也。……」「夫億等之情，皆相緣成識，識感成形，其性實無也。」（弘明集卷二，宗炳明佛論）

識含宗分別神、心、意、情、識，以心爲識之本，識爲萬法之本，識由情生，情由意而有。神則是明知，玄照而沒有私慮。

幻化宗為壹法師之說。竺法汰曾有弟子曇壹和道壹，幻化宗大約是道壹的主張。這種主張以萬法為幻化，空而不實；然主張心神為實有，萬法幻化為心所造。安澄中論疏記說：

「玄義云：第一釋道壹著神二諦論，云：一切諸法，皆同幻化，同幻化故名為世諦。心神猶眞不空，是第一義。若神復空，教何所施，誰修道，隔凡成聖？故知神不空。」

以心神為眞有，和識含宗的主張相同。心神若是空，幻化也莫由而起，幻化將成為幻化的幻化。

心無義宗為支愍度的學說，恰恰和幻化宗相反。支愍度為晉惠帝時人，據世說新語「假譎篇」所載，愍度創心無義，乃為自立新說，以謀衣食。「愍道人始欲過江，與一傖人為侶，謀曰：用舊義往江東，恐不辦衣食。便共立心無義，既而道人不成渡。愍度果講義積年。後有傖人來，先道人寄語云：為我致意愍度，無義那可立！治此計權救饑爾！無為遂負如來也。」

根據這段史實，心無義的建說，用義並不光明，不過這種記述究竟可靠嗎？

無心義應該是主張心為空。心不實有，物我兩空。印度的古代哲學和印度的古代佛教有主張心無的人，因爲心若不空無，萬法也不能無。

但是中國佛書所記支愍度和後來沙門所立的心無義，則是說無心於萬物，以萬物爲有，心卻不留滯在物上。若這種解說是眞的，則支愍度的無心義和儒家所說不役於物，沒有什麼分別了！至於和老莊所說空心又是一樣了。故世說新語以支愍度的無心義和舊說不同。劉孝標作注釋說：

「舊義者曰，種智是有，而能圓照。然則萬累斯盡，謂之空無。常住不變，謂之妙有。而無義者曰：種智之體，豁如太虛，虛而能知，無而能應，居宗至極，其唯無乎。」

支愍度的無心義，以心爲太虛，爲無，則和印度的古說相合。

緣會宗爲于道邃之說，于道邃爲于法蘭的弟子。緣會宗的思想爲佛教的基本思想，也是般若經所常說。萬法的有，由因緣相會而成。于道邃特別偏重因緣會合的思想，以解釋萬法沒有體性。

上面所講六家的思想，都在於解釋本體的有無，般若經的主要思想，在於一切法皆無相。中國魏晉的沙門注重般若的思想，解釋萬法的有無，是受當時玄學的影響。魏晉玄學倡老莊的虛無說，以『無』爲天地萬物之本，以『無』爲人生的基本原則。魏晉沙門順從玄學的趨勢，採用老莊的術語，解釋般若的『無』，成爲玄學的新說。

註

(1) 張曼濤 中國佛教的思維發展，現代佛教學術叢刊中國佛教的特質與宗派，頁二八〇。大乘出版社

(2) 湯用彤 漢魏兩晉南北朝佛教史，頁一七四。鼎文書局

(3) 同上，第七、八、九章。

(4) 同上，頁一二〇。

(5) 梁啓超 近著第一輯，中卷。

(6) 波羅蜜 Paramita 意義爲度，爲究竟，爲到彼岸。指着菩薩的七行，能由生死度到涅槃。六波羅蜜：一、檀波羅蜜，檀爲布施。二、尸羅波羅蜜，尸羅爲戒。三、羼提波羅蜜，羼提爲忍辱。四、毘犂耶波羅蜜，毘犂耶爲精進。五、禪波羅蜜，禪爲定。六、般若波羅蜜，般若爲慧。

(7) 湯用彤 漢魏兩晉南北朝佛教史，頁六一六。商務

第三章　佛敎的認識論

(一) 緒論

佛敎的思想，可以說是以認識論爲中心。佛敎敎義大綱爲苦、集、滅、道四諦；人生一切都是痛苦，痛苦的來源乃是『無明』，爲滅苦應破無明；無明卽是錯誤的認識，錯誤的認識在於認爲不存在的萬物爲存在的眞物。破除無明的佛法稱爲道，稱爲慧，稱爲正知正覺，正知正覺也就是認識論。

認識論在印度的古代哲學裏，佔有主要的地位，數論派講所因所量，勝論派講智識，正理派開始講因明學。佛敎大師繼承這種傳統，以認識論作爲思想的中心。這幾派古代哲學思想所留下來的，多保存在唯識論的典籍裏。

中國的哲學，從古以來就不重視認識論，所重的在於倫理生活。佛敎的因明學和唯識論的經典，雖都翻譯成爲漢文，但都沒有取得學者的重視，中國學者所重視者爲禪的心論，一般人所重視者爲阿彌陀佛淨土宗。近來因受西洋哲學的影響，而近代西洋哲學所研究者主要爲認識論問題，又因唯識宗論的註疏由日本取回，中國現代乃有重視佛教唯識論的學人。

唯識論爲世親菩薩（Vasubandhu）所創，世親爲無著（Asanga）的弟弟。世親造唯識二十論和唯識三十論。唯識論的中心點在阿賴耶識，阿賴耶識的觀念在世親以前，已經存在佛教前期經典中。如華嚴經、解深密經、楞伽經等經典，都講到以一切法都由阿賴耶識而變現。傳說彌勒菩薩爲無著的老師，給他講授瑜伽師地論，爲唯識學的根本論。無著，作有攝大乘論、辯中邊論、大乘莊嚴論等書，都是唯識論的中心經典。世親依據這些經論，造唯識二十論與唯識三十論。

世親爲公元四百二十年到五百年間的人，他建立了唯識學，一時學者，都共相研究，成爲一種新學說。當時龍樹的中觀學還很盛行，和唯識學相對立，形成佛教兩大學派。世親的弟子有一位名叫陳那（Dignaga），約爲公元五〇〇年間人。他研究唯識學，特別注重因明術，著集量論、因明正理門論、觀所緣緣論等書，他改革了印度的因明學。另外一位弟子名護法（Dharmapala）著成唯識論，釋唯識三十論，爲唯識學的根本典籍。

在中國傳唯識學的爲唐玄奘。他翻譯唯識三十論，爲作註釋，又翻譯了成唯識論。被視爲中國唯識宗的始祖(1)。他的弟子窺基繼傳此學。

唯識學所研究者爲阿賴耶識；對於阿賴耶識的解釋，有三派。華嚴十地論以阿賴耶識爲眞如，稱爲清淨識；攝大乘論以爲是眞妄和合之識，一方爲眞如識，一方爲妄識，因現象妄境，都由這識所現，大乘起信論也稱它爲和合識；玄奘的唯識論則以阿賴耶識全爲妄識，和眞如識完全不同。(2)

攝論系的唯識學，爲唐眞諦所傳，他翻譯了攝大乘論、大乘起信論，當時佛教研究這種學說的人很多，成了一種學風。

地論宗的唯識學在中國由華嚴宗傳授並發揚，所有的經典爲華嚴十地論。這部經爲世親所著，由北魏菩提流支、勒那摩提、佛陀扇多共譯於洛陽，由他們的弟子傳授，華嚴宗的賢者法師集其大成。

我們研究中國佛敎的認識論，應該分四段：先講因明學，次講攝大乘論和大乘起信論，第三講十地論，第四講成唯識論。但是大乘起信論所涉及的問題，關於本體論者很多。十地論乃是華嚴宗的經典，故都留在下一章的本體論去講。在這一章祇講因明學和唯識學。唯識論爲中國唯識學的正宗，故詳細予以論說。

(二) 因明學

(1) 因明學史

因明學不起於陳那，而是起於印度古代哲學的正論派。正論派也稱尼耶也學派（Nyāyae Darcana），「尼」表示內面，「耶也」表示示，即是表示進到裏面去，意義爲「研究」。正論派的大師爲足目（Akahapada），又稱爲喬答摩或瞿曇，（Gotama or Gautama）又稱爲阿克夏帕達（Akahapada）。正論派注重辯論，以求正知，使得解脫。正論派的辯論式爲五分論式，即所謂宗、因、喻、合、結。佛教大師彌勒、龍樹、無著，接受了五分論式。世親的弟子陳那則加以修正，後來商羯羅主，再修正陳那的規範，奠定了佛教的因明法式。

「因明論者、源唯佛說，文廣義散，備在衆經。……爰暨世親咸陳軌式。雖綱紀已列，而幽致未分，故賓主對揚，猶疑立破之則，有陳那菩薩，是稱命世，……覃思研精，作因明正理門論。……商羯羅主即其門人。……

大師（玄奘）行至北印度境迦濕彌羅國法救論師寺，逢大論師僧迦耶舍此示衆持，特喜薩婆多，凡因明論創從考決，便曉玄猷。後於中印度境摩揭陀國，復遇尸羅跋陀菩薩等。重精厥趣，披枝葉而窮其根柢，尋波瀾而究其源穴。」（窺基，因明入正理論疏上卷）

「所以世親弘盛烈於前，陳那纂芳於後，……爰有天主菩薩，亞聖挺生，傳綜研評，……我三藏法師玄奘、神悟爽拔，峻節冠羣。……詢師訪道，行達北印度迦濕彌羅國，屬大論師僧伽耶舍，稽疑八藏，考決五乘，……後於中印度摩揭陀國，遇尸羅跋陀羅菩薩，更廣其例。……以貞觀二十一年秋八月六日，於弘福寺，承詔譯訖……」（因明入正理論，後序）

龍樹作因明正理門論，唐義淨譯，商羯羅主作因明入正理論，唐玄奘譯。陳那著集量論，唐玄奘翻譯。公元七世紀時，法稱著量評譯論，他的學說在西藏流行。

因明學和邏輯學，雖然在理則方面相同，在目的方面則不同。邏輯學是一門研究推理結構的有效性的學術，所研究的在於有效和無效的推理結構，所有目的在於求推理的正確，但不保證命題的眞假。因明學也是研究推理結構的學問；然而其目的，則在於求勝敵方的辯論，以顯示『聖教量』的眞理，使人能得人生的解脫。邏輯學爲一種推理方法，因明學乃是宗教信仰的肯定。

陳那菩薩著取因假說論，唐義淨譯。開卷便說：

「論曰：爲遮一性異性非有邊故，大師但依假施設事而宣法要，欲令有情方便，趣入如理作意，遠離邪宗，永斷煩惱，如是三邊皆有過，故我當開釋。」（取因假說論）

陳那講解因明，目的是使人永斷煩惱。因明的意義：

「清涼云：因者，卽萬法生起之因。明者，卽觀法本因之智。謂世間種種言論及圖書印璽地水火風，萬法之因，皆悉明了，通達無礙。……又因明入正理者，謂因，乃立者三支中，因以宗因喻不相離，故明。卽敵者所生之智，以聞立者理引發故。」（因明入正理論解，明 眞界集解）

明眞界著因明入正理論解作後序，序說：

「因明入正理論者，蓋乃抗辯標宗，摧邪顯正之閫閾也。因談照實，明彰顯理，入言趣本，正以離邪，論之者較言旨歸，審明要會也。」

因明學便是一種「抗辯標宗」的學術。

(2) 量

『量』爲認識，爲判斷，爲推論。「量的一般意義是人們要行動能達目的所必須預先具備的正確知識，也可說是關於對象的正確了解。它只有現、比兩類。」(4)

『現量』，爲直接的認識，不加分析，不易錯亂。我們對於事物，直接所有的印象，是整個的印象，各部份合在一起。例如看見一頭牛，牛的印象是一隻牛的印象，不分析牛的各部份。可以有四類：一、五根現量，卽五種感官所得的直接印象。這種現象爲原始的基本現量。二、意識現量，卽是感官和對象相接觸時，心使感覺成爲有知的印象，因爲若心不在，感官就不能有感覺。以後，回想這種印象時，就不用感官的活動，完全由心去動作。三、自證現量，爲自我意識，人在直接感覺時，自心體驗到自身的感受：愉快、煩惱、痛苦等感受，自己證實自己的存在。四、瑜伽現量，爲心的直覺或直見，心在安定時，對於事物有直接的了解。這種了解，也是現量。(5)

現量不是邏輯學的研究對象，乃是屬於認識論。以感覺印象為主。因明學則以屬於因明，為因明學的基礎。

『比量』，為分析、比較、推論的知識，以心識為主。比量分為兩類：為自比量、為他比量。

為自比量，自己對於事物的了解，由已知的事推到未知的事。為他比量，即將自己的知識，傳達給他人，或者將自己的主張加以論證。

「現謂顯現量者，楷定義。卽以現智照現境，於自相處轉，決定無謬，親得法體，離諸分別。……」「比謂比類，量謂度量。如隔山見煙，必知有火。雖未親見，亦非謬也。以先證知諸法本因，後方立量，故衆相卽指因中三相。」（因明入正理論解，明 眞界著）

比量，乃是邏輯學和因明學的對象，用思維，用言語，為推理的工作。因明學的推理有一定的程序宗、因、喩。古因明學有九句因，陳那的新因明學有三相。九句因為：

「於同有及二，在異無是因，

翻此名相違，所餘皆不定。」（龍樹因明正理門論本，玄奘譯）

我們在後面，將要解釋這九句因。陳那的三相爲，遍是宗法性，同品定有性，異品遍無性。龍樹在講九句因時，也說到這三相性：

「此中（卽九句因）唯有二種名因，謂於同品一切徧有，異品徧無，及於同品通有非有，異品遍無。」（同上）

「因有三相，何等爲三，謂徧是宗法性，同品定有性，異品徧無性。」

「……三相者，謂同異徧也。徧相是總，同異爲別，何等，下徵別三相。徧是宗法性者，謂能立因，全是宗法。如所作因，全是無常，以是宗法故，則因徧宗法，名決定因。若纖毫不是，卽猶豫因矣。同品定有性者，謂因與宗齊，則宗由因有。故龍樹云：宗無因不有，少有不齊，則非定有矣。如無常以所作爲因，方得定有。異品徧無性者，謂於立處全無，同品所立，若將毫有，則不徧無矣。如立常，以非所作爲因，方得徧無。故龍樹云：此中唯有二種名因，名同品一切徧有，異品一切徧無也。」（明眞界。因明入正理論解）

陳那和尚捨九句因法，專講三相。羅天主也講三相：

「因有三相。何等爲三？遍是宗法性，同品定有性，異品遍無性。云何同品異品？謂所立法，均等義故。」（羅天主。因明入正理論卷一，玄奘譯）

窺基作因明論疏，也曾解釋這三相。

宗中之法，即是宗中的賓詞。宗是所立的論題，即是理則學三段式的結論，結論中的賓詞稱爲法。所謂遍是宗法性；如說聲是無常，無常是賓詞，稱爲法。爲證明這條宗，用「所作性故」爲因，所作性較比聲的範圍大，凡是聲，都是所作性。這個因，即是偏是宗法性。

同品定有性，即是凡和宗是同類的都有這個因，例如說：凡是有理性的動物都能說話，人能說話，人是有理性的動物。人是有理性的動物爲宗，宗的法是「有理性的動物」，因是「凡是有理性的動物都能說話。」凡是「有理性的動物」和「能說話」是相等的，終是同品定有性。

異品遍無性，則是從相反的一面去說。

(3) 宗

(甲) 立宗

因明學的三項重要觀念，爲宗、因、喩，『宗』是推論時的命題，命題也是推論式中所該證明的結論。『因』是證明命題的理論，卽是理則學三支式的小前題；『喩』是證明命題的例證，把因和宗相聯繫，卽是理則學三支式的大前題。例如：

宗：聲是無常。

因：所作性故。

喩：凡是所作性皆是無常，譬如瓶等。

結：所以聲是無常。

宗爲一個命題，表示一個人的主張。普遍來說，宗是不顧論宗，每一個人都可以提出主張，但須要有充分的理由。陳那所以稱宗爲不顧論宗。窺基就立宗所依據的理由，把宗分成四種。第一種爲遍所許宗，宗的主張，大家都讚成，或爲明顯的事，或爲普遍的原則。第二種爲先承稟宗，宗的主張乃承稟先聖的遺訓。第三種爲傍憑義宗，宗爲主張憑依大家所讚成的事理。第四種爲不顧論宗，自己說出自己的主張，自己拿理由去證明。

「凡宗有四：一、遍所許宗，如眼見色，彼此兩宗皆共許故。二、先禀承宗，如佛宗子習諸法空，鵂鶹弟子立有實義。三、傍憑義宗，如立聲無常，憑顯無我。四、不顧論宗，隨立者情所樂便立，如佛弟子立佛法義，若善外宗喜立便立，不須定顧。」（窺基，因明入正理論疏卷上）

宗爲一句命題，有主詞，有賓詞，佛典稱這兩個詞，有許多不同的名詞，可列擧於後：

主詞——體。前陳。所依。自性。有法。所別。

賓詞——義。後陳。能依。差別。法。能別。

一句命題，從文句上說只要依照文法就能成立了，然在內容上，則須主詞和賓詞有關係（肯定）或無關係（否定），命題纔能够成立，例如人是有理性的動物，狗不是有理性的動物。

因明學對於宗，就研究宗所以能够成立的條件。

窺基以爲宗能否成立，有八種不同的境遇，他稱爲宗的八義：

「能　立：因喻具正，宗義圓成，顯似語他，故名能立。

能　破：敵申破量，善斥其非，或妙微宗，故名能破。

似能立：三支互闕，名言有過，虛功自陷，故名似能立。
似能破：敵者量滿，妄生彈詰，所申過起，故名似能破。
現　量：行離動搖，明證衆境，親冥自體，故名現量。
比　量：用已極成，證非先許，共相智決，故名比量。
似現量：行有籌度，非明證境，妄謂得體，名似現量。
似比量：妄與由況，謬成邪宗，相違智起，名似比量。」(同上)

一個命題要能够站得住，又可以把對方的主張打破，站得住名爲能立，能立要因、喻都正確，命題的主詞賓詞所有關係乃能圓成。把敵方的主張打破名爲能破，能破在於對準敵方的弱點，指出敵方的錯誤，攻破敵方的立論。

「此立八門，以總攝諸論要義也。八門者，謂眞具四門，似含四門也。一、眞能立，謂對敵申量，三分圓明，開曉於賓故。二、眞能破，謂斥量非圓，彈支有謬，示語於主故。三、似能立，謂對敵申量，三分闕謬，非曉於賓故。四、似能破，謂妄斥非圓，彈支有謬，不悟於立故。五、眞現量，謂於色等義，有正智生，自相處轉故。六、眞比量，謂藉衆相，而觀於義，相應智起故。七、似現量，謂有分別智，於義異轉，了瓶衣等故。八、似比量，謂以似因，智於所比，義相違解起故。」(因明入正理論解，明眞界集解)

現量和比量在佛教各派學者所有解釋多不相同，有所謂外道兩說，小乘五說，大乘四說。然就根本上說，各派的解釋，大致相同，即是以現量爲感覺知識，比量爲理知知識。所以說：「眞現量謂於色等義」，「眞比量謂藉眾相，而觀於義」。

前四門是說邏輯的方法，後四門是說知識的來源。邏輯的方法根據陳那的三相，使「宗」的主張能夠成立。知識的本源，乃是知覺和推理。

(乙) 宗之過

『過』，是不合因明的法則，不合邏輯。宗之過，即是宗的命題有錯誤，不合因明法則，主詞和賓詞的關係，發生毛病。龍樹曾說宗有十四過：

1. 同法相似；兩個名詞，意義相同，然稍有分別，誤而相混。
2. 異法相似：兩個名詞，意義不同，錯用爲同意字。
3. 分別相似：兩個名詞，爲一大類的兩分類，誤相混用。

4. 無異相似：兩個名詞本不是分類名詞，強用爲分別名。
5. 可能相似：可能的事，強用爲必然的事。
6. 猶豫相似：猶豫不定者，誤用爲已定者。
7. 義准相似：兩名詞本可互用，誤以爲不能互用。
8. 至非至相似：相和爲至，不相和爲非，兩者混用，致生錯誤。
9. 無因相似：兩者的理由不相同，強爲之同。
10. 無說相似：不能相說的，強以爲可說。
11. 無生相似：不存在的，強以爲有。
12. 所作相似：有果必有因，然果相同，因未必相同，誤以爲同。
13. 生過相似：因相同，果未必相同，誤以爲同。
14. 常住相似：常住的事未必常存，誤以爲存。

陳那修改了龍樹的主張，改十四過爲九過：

1. 現量相違：卽感覺的錯誤。
2. 比量相違：卽結論的錯誤。

3. 自教相違：是違反佛教教理。
4. 世間相違：乃隨從塵俗的謬理。
5. 自語相違：所說的話自相衝突。
6. 能別不極成：兩事本有分別，誤以為沒有分別。
7. 所別不極成：不可分別的事，誤以為有分別。
8. 俱不極成：主詞與賓詞不能相連，因不能相攝。
9. 相符極成：主詞與可以相符，但不相合，強以相合。(6)

「雖樂成立，雖與現量等相違，故名似立宗。謂現量相違，比量相違，自教相違，世間相違，自語相違，能別不極成，所別不極成，俱不極成，相符極成，此中現量相違者，如說聲非所聞，比量相違者，如說瓶等是常，自教相違者，如勝論師立聲為常。世間相違者，如說懷兔非月有故，又如說人頂骨淨，衆生分故，猶如螺貝。自語相違者，如言我母是其石女，能別不極成者，如佛弟子對數論師立聲滅壞。所別不極成者，如數論師對佛弟子說我是思。俱不極成者，如勝論師對佛弟子，立我以為和合因緣。相符極成者，如說聲是所聞。」（商羯羅主菩薩，因明入正理論，玄奘譯）

相似爲不定，相違爲矛盾，不極成即不成爲不能立論。這幾種過的原因都在『因』中，即是有違於因的三相。

(4) 因

(甲) 因

『因』，爲宗所立論的理由；喻，則是因的根據。在三段理則論式裏，喻是大前題，因是小前題。兩者都是宗的理由。

「因者所由，釋所立宗義之所由也。或所以義，由此所以所立義故。又建立義，能建立彼所立宗故。或順益義，由立此因，順益宗義。令宗義立，是故名因。故瑜伽云：辨因者，謂爲成就所立宗義，依所引喻，同類異類，現量比量，及正寂量。建立順益，道理言論。」（窺基，因明入正理論疏卷上）

按照三段論文，推理的樞紐在於中端，如說：

中國人是有智慧的。

因爲中國人是有文化的。

凡是有文化的都是有智慧的，譬如印度人。

「有文化的」爲中端，中端爲小前題的賓詞，要概括命題的主詞，卽是宗的前陳，或宗的有法。中端又要和大前題的賓詞相合，這樣纔能證明命題，卽是說宗能够成立。

宗的成立以因的中端爲基礎，由因和宗和喩的關係而定。關係若是正確，宗則能够自立，關係若不正確，則便有三過：不成、不定、相違。

中端的關係爲能够正確，應具有三個條件，三個條件就是上面舉例時所說的：

第一，小端，卽宗的主詞要概括在中端以內，中端和小端有屬性的關係。例如：

宗：中國人是有智慧的。

因：中國人是有文化的。

宗的主詞——中國人，卽是小端，因的賓詞——有文化的，卽是中端。有文化的——中端，和中國人——小端，有屬性的關係；而且「中國人」概括在「有文化的」以內。

第二，中端和大端要相合。卽是小前題的賓詞要和大前題的賓詞相合：例如：

宗：中國人是有智慧的。

因：中國人是有文化的。

喻：凡是有文化的都是有智慧的，譬如印度人。

中端的賓詞——有文化的，和大前題的賓詞——有智慧的，要相符一致。第三，凡與大端不相符合的，也就和中端不相符合。這是從大前題的反面說。大前題爲「凡是有文化的都是有智慧的」。反面說爲「凡沒有智慧的都不能是有文化的」。反面若是正確，正面便更是正確了。

這三個條件和因的三相有關係：佛教因明學所講三相爲徧是宗法性、同品定有性、異品遍無性。上面的宗和因，卽代表徧是宗法性，大前題代表同品定有性，大前題的反面代表異品遍無性。

（乙）因之過

『因』爲能證明『宗』，要有上面所說的三個條件。三中缺一，『因』卽不能成立，便使『宗』不能自立。因之過分爲三類：不成、不定、相違。

(A) 不成

不成又分四種：兩俱不成，隨一不成，猶豫不成，所依不成。

（a）兩俱不成：辯論兩方都不承認因的理由。

　宗：聲是無常。

　因：眼所見故。

「眼所見」和「聲」不發生關係，辯論兩方都知道因不能成立；因爲因的媒介詞與宗和喻都不相合。

（b）隨一不成：則是因的媒介詞或者跟宗相合，或者跟喻相合，但不能和宗喻都相合。在辯論時，祇有一方因接受因的理論。

　宗：這個女子是美麗的。

　因：因爲我喜歡她。

　喻：我所喜歡的是美麗的。

這個因所講的理由，不能和宗和喻相合，也不爲兩方所承認。

（c）猶豫不成：則是因的理由，猶豫不定。

　宗：南村有賊。

　因：似有犬吠故。

有犬吠的事並不能證明就是有賊，何況有犬吠的事還不一定，則理由完全不一定。

(d) 所依不成：卽是因所依的喩，與因不相連。

宗：日本侵略中國是合理的。

因：日本小的緣故。

喩：凡是國小的就應侵略國大的。

一看就知道因所依的喩是不合理的。那裏能說國小的就可以侵略國大的呢？所以「日本侵略中國是合理的」這個宗，不能成立。

這上面四種不成，都是因爲缺少因的第一相，因的理由，不能使宗的命題成立，宗的命題便是錯的。

(B) 不定

不定，是中端雖能自成一種理由，但不能確實證明宗的命題。不定分爲六種：共不定；不共不定；同品一分轉，異品遍轉；異品一分轉，同品遍轉；俱品一分轉；相違決定。

這六種不定，都是因所用的中端媒介詞，不能够和宗的賓詞相合，因爲不完全是宗的主詞之特性，同時也是宗的主詞之異品的特性，同品異品既然都有，推論的結果，當然不定。

中端的媒介詞或者是共相，或者是別相。共相卽共通詞，別相卽特別詞。因着共相的媒介詞而不定，稱爲不共不定。在媒介詞爲同品異品共有的特性時，能有同品多異品少，異品多同品少的四等程度，乃有其他的四種不定。至於相違決定，則是兩種兩反的命題，都有理由可以成立，因此，命題成爲不定。

（a）共不定，是中端媒介詞爲一共詞，過於廣泛，對於大前題和大前題相反的命題都可以用。

宗：中國人是有智慧的。
因：有頭腦故。
喻：印度人有頭腦，是有智慧的。
　　犬有頭腦，是沒有智慧的

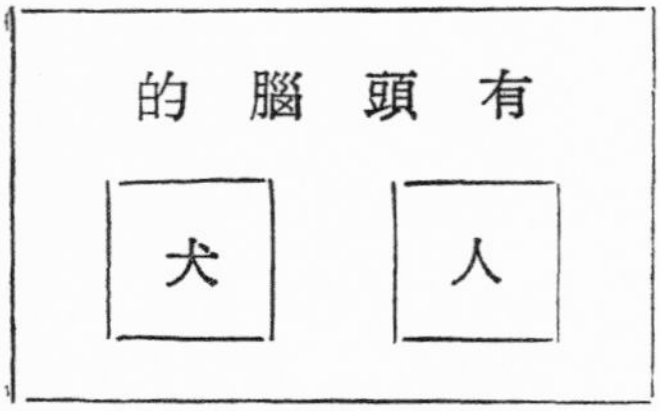

「有頭腦」這個中端，既可以用於印度人，又可用於犬。於是便不能證明中國人是有智慧的。

（b）不共不定，中端媒介詞爲一特別詞，過狹，和大前題的正反面都不相合。

宗：李白是詩人。

因：好醉酒故。

喻：好醉酒的人不一定是詩人；好醉酒的人不一定不是詩人。

這個「好醉酒」的中端媒介，不能包括詩人，也不能包括不是詩人。

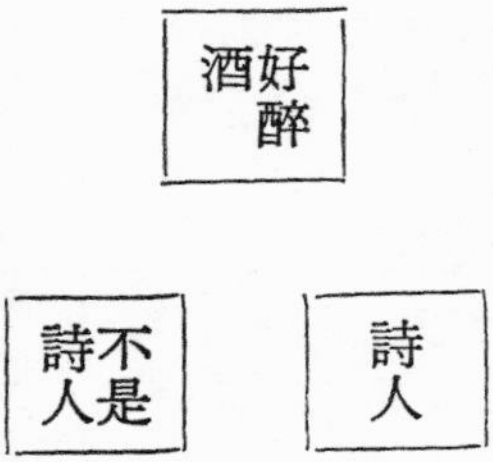

（c）同品一分轉，異品遍轉。是中端媒介詞和大前題正面的一部份相合，又和反面完全相合。

宗：林黛玉是不能生育的。

因：因爲她是女子。

喻：一部份女子不能生育，（不合於同品定有性，卻又和異品相合，）男子則都不能生育。

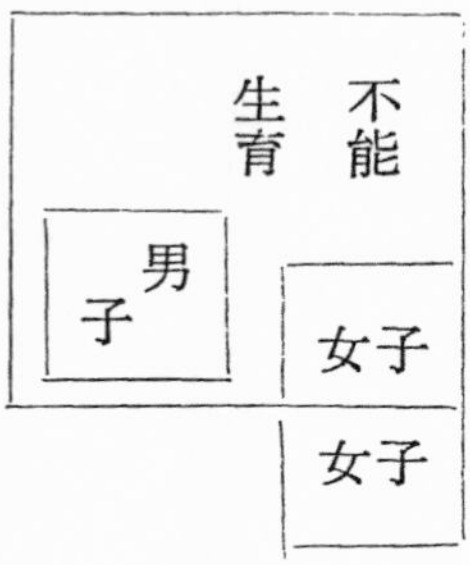

（d）異品一分轉，同品遍轉。和上面的一種情形正相反，中端媒介詞和大前題中正面命題完全相合，又和反面命題的一部份相合。

宗：寶玉不能生育。

因：是男子故。

喻：男子都不能生育，（這是同品定有性，本可以成立命題）然而女子一部份也不能生育。

這種命題也不能確定，因爲「因」不能完全排斥大前題的反面。

（e）俱品一分轉，中端媒介詞可以和大前題的正反兩面的一部份相合。

宗：孔子是男子。

因：因爲他是敎師。

喻：男子一部份可以是敎師，女子一部份也可以是敎師。

這種命題也不一定，不能成立。

（f）相違決定，相對敵的兩個命題，都有可以成立的理由。例如列子湯問記載孔子東遊見兩兒辯鬭，一兒曰：

宗：太陽初出時，離地球近，中午，離地球遠。

因：初出時大如車蓋，中午小如盤盂。

另一兒曰：

宗：太陽初出時，離地球遠，中午，離地球近。

因：初出時涼，中午熱。

兩小兒的大前題（喻）都可成立：

喻：凡近者看來大，遠者看來少。

凡遠者較涼，近者較熱。

對着這兩個小兒的爭辯，孔子也不能解決。這是相違決定。

上面的六個過失，解釋『因』的第二相，同品定有性。

(C) 相違

相違爲解釋因的第三相，異品遍無性，意思是說：中端不能證明宗的命題，卻能證明宗的反面命題，故稱相違，相違有四種：法自相相違因、法差別相相違因、有法自相相違因、有法差別相相違因。

（a）法自相相違因：法爲宗的賓詞，卽是後陳。後陳不能由因去證明，後陳的反面，卻由因證明了。

宗：神仙不死。

因：因爲是人。

喻：凡是人皆有死。

因的中端媒介「是人」，不能和宗的後陳（法）「不死」相合，以作證明，反而和反面「有死」相合，而予以證明。這個命題不含「異品遍無性」，因爲異品遍無應該是「凡是人都不死」，纔可以證明「神仙不死」。

(b)法差別相相違因：宗的賓詞（法）所有的差別性卽特性，和因的媒介詞相衝突，卽是宗的賓詞所有特性雖沒說出來，然而包涵在宗命題的意思以內。因所說的正和這種未說出的特性相衝突。

宗：狗常跟着主人。

因：因爲主人常給東西吃。

這個因和「常跟着主人」的意思正好相反，因爲「常跟着主人」的意思是有義氣。若是因爲常給東西吃就常跟着主人，則若別人也常給東西吃，便常跟着別人，狗對主人就沒有義氣。

(c)有法自相相違因：有法爲宗的主詞，主詞的自相爲主詞的自性。若是因所說的理由，卽是媒介詞和宗的主詞自性相違，因當然是有過。

宗：人是理性動物。

因：有感覺故。

理性是人的本性，但是理性和感覺則是相違的，便不能證明宗的命題，而且能證明宗的反面。卽是有感覺的是沒有理性的。

(d)有法差別相違因：宗的主詞的差別相和因相違，卽是宗的差別性沒有說出，但包涵在意義以內，因卻相反這種涵蓄的意義。

宗：靈魂非不滅。

因：非物質故。

非物質的和非不滅互相衝突，於是宗不能成立，因爲靈魂是非物質的，則已包涵「非不滅」的反面，卽是不滅。

(5) 喻

「喻，……梵云，達利瑟致案多。達利瑟致云見，案多云邊。由此比況，令宗成立，究竟名邊。他智解起，照此宗成立之爲見。故無著云：立喻者，謂以所見邊，與所未見邊，和合正說，師子覺云言，所見邊者，謂已顯了分；未所見邊者，謂未顯了分。以顯了分顯未顯了分，令義平等，所有正說，是名立喻。今順方言，名之爲喻。喻者，譬也、況也、曉也。由此譬況，曉明所宗，故名爲喻。」（窺基，因明入正理論疏卷中）

『喻』在因明裏，是爲支持『因』的，相當於理則學三支式的大前提；然須引用例證。用『所知的』推論出『所不知的』。

宗：聲是無常。

因：所作性故。

喻：凡所性，俱是無常，譬如瓶等。

喻爲大前提，爲已知的事理，用來支持因，以證明宗的命題，宗的命題爲未知的事理。因此喻是以「顯了分顯未顯了分。」

喻分兩種：一爲同喻，一爲異喻。同喻卽是以因的「同品俱有」爲根據，異喻則根之於「異品非有」。

（甲）同喻五過

『喻』的過，爲喻的理由和『因』不能配合，因便失去依據，『宗』的命題便不能成立，同喻之過有五：能立法不成、所立法不成、俱不成、無合、倒合。

(A)　能立法不成

能立法不成：能立為因，能立法為因的賓詞。若喻不能支持因，則能立法不成。

宗：某甲為有靈動物。

因：某甲有思想故。

喻：凡有思想者都是有靈動物。譬如乙丙等。

喻所說的理由為「凡有思想者都是有靈動物」不正確，「凡有思想者」較比「有靈動物」為廣，因為有一部份的有思想者不是有靈動物，例如神靈。那麼這個『喻』便不能支持『因』所說「某甲有思想故」，則能立法不成。

(B) 所立法不成

所立為宗，所立的法，為宗的賓詞。例如上一例裏的宗為「某甲為有靈動物」，所立法為「有靈動物」。上一例裏的『喻』不能支持『因』，因便不能立，結果宗也不能成立，即是「所立法不成，」又例如：

宗：螞蟻是昆蟲。

因：能合羣故。

喻：凡能合羣者即是昆蟲，如蜘蛛等。

這個喻所說的理由和上一例一樣，「能合羣者」較「昆蟲」爲廣，便不能支持因。所舉喻例「蜘蛛」則不合羣，和喻的大前題不合。

(C) 俱不成

喻的理由又不能支持因，喻的例證也不能支持喻的理由，便是俱不成。

宗：貓爲家畜。

因：以馴性故。

喻：凡是馴性的都是家畜，例如猛虎。

這個喻的例證，既和喻的理由「馴性的」不相合，又和「家畜」不合，因此『因』不能成，『宗』也不能成。便是俱不成。

(D) 無合

缺乏『喻』的理由，即是缺乏大前題，只有個例證，使『因』沒有『喻』作依據。若以三段式說即是小前題缺乏大前提。

宗：房屋不能是永恒的。

因：造作性故。

喻：喻如桌椅。

喻沒有說出「凡是造作都不能是永恒的。」因和宗缺乏聯繫，宗便不成。

(E) 倒合

『喻』的主詞已包括在『宗』的主詞以內，喻便倒合了；因爲正確的因明式，宗的主詞應包括在喻的主詞內。例如

宗：中國人都聰明。

因：會讀書故。

喻：在羅瑪的中國人都會讀書，譬如張某任某等。

這不是『喻』證明『宗』，而是『宗』倒來證明『因』了。又如

宗：孔子必定死了。

因：孟子是人。

喻：凡是死者都是人，例如孟子荀子。

喻的主詞和賓詞倒置了，理由便不正確，正確的是「凡是人都有死」，這樣纔能支持

因。於今卻說：「凡是死者都是人」便不正確，因爲禽獸也都有死。

上面所舉的例，都舉同喻爲例。

(乙) 異喻五過

同喻爲所用喻例，和因的主詞性質相同；異喻，則是所用的喻例和因的主詞的性質不相同。異喻的過有五：所立不遣、能立不遣、俱不遣、不離、倒離。

(A) 所立不遣

既用異喻，是從反面說，反面的論證、要能排除宗和因，即是大前提所提的反面論證，應排除小前提和結論。若不排除宗，則犯「所立不遣」。

「此明喻不能遣宗。蓋異法中應徧無性，今異喻有同所之，故曰不遣。」

(因明入正理論解。明 眞界集解)

宗：螞蟻是昆蟲。

因：能合羣故。

喻：若不是昆蟲則不能合羣，如蟋蟀。

蟋蟀和因的「合羣」相排擠，因爲蟋蟀並不合羣；但蟋蟀是昆蟲，和宗的法「昆蟲」相同而不排擠。

(B) 能立不遣

喻能排除宗，卻不排除因。

宗：螞蟻是昆蟲。

因：能合羣故。

喻：若不是昆蟲則不能合羣，譬如馬。

馬和因「合羣」不相排擠，因爲馬也合羣；但是馬和宗的「昆蟲」則相排擠，馬不是昆蟲。

(C) 俱不遣

「此明宗因俱不遣也」（因明入正理論解。明 真界集解）所舉之喻和宗及都不相排除。

宗：聲是常在。

因：無體質故。

喻：若不是常在便不是無體質，如虛空。

虛空，既是無體質，或是常在，這種喻不排除宗，也不排除因，沒有作證明的價值。

(D) 不離

「不離者，以於量上不陳離辭」（同上）

宗：人的身體無常。

因：有質礙性故。

喻：譬如虛空。

此喻，沒有說明喻的理由，卽是沒有說「若沒有質礙，便不是無常」，譬如虛空。

(E) 倒離

「倒離者，謂於量上，倒陳離辭。若正陳云，諸無常者，見彼質礙。先宗後因，方爲正陳。今既反此，故云倒也。」「倒離者，謂如說言諸質礙者，皆是無常」。（同上）

宗：某甲必死。

因：是人故。

喻：若不是人則不死，譬如火。

這種喻，理由不足，又上下倒置，應說：若是人則必死。

因明學解釋宗因喻的過，都以現量比量爲依歸；但也可以按照西洋理則學的解釋。

(三) 唯識論

(1) 緒論

佛敎的認識論，以唯識論爲中心。唯識論成爲一種學派或宗派，乃是佛滅以後兩三百年的事；但是唯識論的思想則是來自佛祖的經典，而且這種思想的中心點在別的宗派裏都有。佛敎的宗派或是講『有』，或是講『空』。熊十力說：「佛家宗派雖多，總其大別，不外空有兩輪。諸小宗談空者紛然矣，至龍樹提婆，談空究竟，是爲大乘空宗。諸小宗談有者紛然矣，至無着世親，談有善巧，是爲大乘有宗。」(7) 無論談『有』或談『空』，佛敎各宗都認定外界客體終歸於『空』，而一般人爲何以外界客體爲『有』，乃是因爲『我執』和『法執』，『我執』和『法執』爲何而成，則是來自『無明』。『無明』是一個認識論的問題。熊十力又說：「佛家哲學，以今哲學術語言之，不妨說爲心理主義。所謂心理主義者，非謂是心理學，乃謂其哲學從心理學出發故。今案其說，在宇宙論方面，則攝物歸心，所謂三界唯心，萬法唯識是也。然心物互爲緣生，刹那刹那，新新頓起，都不暫住，都無定實。在人生論方面，則於染淨，察識分明，而以此心捨染得淨，轉識成智，離苦得樂，爲人生最高嚮向。在本體論方面，則卽心是涅槃。在認識論方面，則由解析而歸趣證會。初假尋思，而終於心行路絕。」(8)

唯識論爲法相宗的主張。法相的定義，指着『法的特性』。法相宗的主旨，在於研究一切存在的特質，由無著所創，著有瑜伽師地論。他的弟弟世親繼續瑜伽的思想，予以系統化。無著又著有攝大乘論，世親作有注釋，唐玄奘譯成漢文，（佛陀扇多曾作第一次漢譯）玄奘成立法相宗，以窺基爲首要傳人。

法相宗主張萬法唯識論，識由種子功能而生，識的對象（境）不存在，爲空，識則存在，識的存在，不是刹那的識而是眞如的心。

法相宗不承認衆生都有佛性，和般若的思想不同，又極力攻擊大乘起信論所講的「眞如自身依其染淨因緣而顯現。」此宗以眞如爲法性，爲最後的實體。阿賴耶識則爲法相。

法相宗不主張一切有，也不主張一切空，因爲以一切爲識所成，識則存在。因此被認爲不是小乘，也不是大乘，而視爲權大乘。

⑵ 六識

佛教宗派對於認識問題解答的途徑、不都相同；然在不相同之中，又有共同之點。這共同之點，乃是六識。

『識』是認識，是分別。所謂六識，爲六種認識的能力，也是六種認識的官能。六識爲眼、耳、鼻、舌、身、意。這六識爲佛教各宗派所共同主張的。在六識以外，亦有主張七識，主張八識，甚至主張九識的宗派。

「八識之義，出楞加經。故彼經中（第二章）大慧白佛，世尊不立八識耶？佛言：建立。所言識者乃神知之別名也，隨義分別，識乃無量。今據一門，且論八種。八名是何？一者眼識，二者耳識，三者鼻識，四者舌識，五者身識，六者意識，七者阿陀那識，八者阿梨耶識。八者中六，隨根受名，後之二種，就體立稱。」（慧遠，大乘義章卷三）

前六識，「隨根受名」，按六識的官能取名詞。眼、耳、鼻、舌，大家都懂。身識，即是觸覺。觸覺滿身，故稱身識。意識，屬於心，爲人的反省，也是人的判斷，故稱意識。後兩識，「就體立稱」，按照兩識本體的作用之名，阿陀那或末那爲第七識，意思是思量。阿梨耶或阿賴耶，意思是藏。

八識分爲三等：第一等爲前六識，稱爲『了別能變』的識，能識別外間的事物。第二等爲『思量能變』的識，爲第七識，能够思維，生我執和法執。第三等爲『異熟能變』的識，能够生不和『因』的性相等的『果』。

佛教各宗，不分大乘小乘，都講六識。然也有幾種宗派所講的識，與衆不同。

小乘的成實宗祇講『一識』，一識依於六根，緣於六境，所有的識爲一。實際上仍是六識。

大乘起信論講『二識』，一爲無沒識，即阿賴耶識，藏有諸法的種子，藉五根器，乃能了別自識所現的境。二爲分別事識，即是意識，能分別色聲等六識。

楞伽經講『三識』，即眞識、現識、分別事識。眞識即如來藏，爲清淨心的眞智，離生滅之相。現藏爲藏識，即阿梨耶識。分別事識，即眼等六識。

起信論又講五識：業識、轉識、現識、知識、相續識。這五識實際上乃是阿梨耶識和意識的作用。

性宗講九識，在第八識以上，再加無爲的眞如識。梁眞諦譯無著的攝大乘論，立九識，第九識名「菴摩羅」Amala識，譯曰無垢識或清淨識。唐玄奘譯攝大乘論，祇立八識，以第九識爲第八識的異名，因第八識分染淨兩部份，阿賴耶爲染的部份，眞如識爲淨的部份。

六識稱爲了別識。了別識的成素爲根、境、塵。

（甲）六識成素

(A) 根

大乘義章第四說：「能生名根」，前五識有根，根能生識。俱舍論釋卷一說：「五根者，所謂眼耳鼻舌身根。」根就是器官或官能，就是眼睛、耳朵、鼻子、舌頭、身體。這些官能有生識的能力。

俱舍論頌云：

「彼及不共因，故隨根說識。」（俱舍論卷二，分別界品第一之二）

五識的分別，因着根而別，根不同，識乃不同。每種識有自己的器官，從器官的功用而後有識。故說五識，因爲有五種官能。

「隨根變識異，故眼等名異。」(同上)

識由根而異，因根而五識的名字也各不同，「論曰：彼謂前說眼等名，依根是依故，隨根說識，及不共者，謂眼唯自眼識所依。」(同上)

(B) 境

境是五識的對象，境也稱爲塵。俱舍論釋卷第一說：

「色陰謂五根，五塵及無教。

釋曰：五根，謂眼耳鼻舌身。五塵是眼等五根境，謂色聲香味觸及無教。

如此量，名色陰」(中分別界品第一)

俱舍論講五境，以五境各包含許多種。色境包含兩種：一顯色，二形色。顯色又分四種：青、黃、赤、白；形色有八種：長、短、方、圓、高、下、正、邪。

「釋曰：一顯色，二形色。顯色有四種，謂青黃赤白，餘色是此四色未異。形色有八種，謂長等。」(同上)

聲境有八種：執依爲因、非執依爲因、衆生名、非衆生名。這四種，每種又分可愛和非可愛，乃成爲八種。

「此中，有執依爲因者，謂言手等聲；非執依爲因者，謂風樹讓等聲；有衆生名者，謂有義言聲，異此，爲非衆生名聲。」(同上)

有執依爲因的「聲」，是手和執的東西作聲，如擊鼓。非執依爲因的聲，是四大所合成的聲，卽是自然界的聲。衆生名的聲，是大家已起名字的聲音。

舌境的味有六種：甜、醋、鹹、辛、苦、淡。鼻境的香有四種：香、臭、平等、不平等。觸境有十一種：四大、滑、澀、重、輕、冷、飢、渴。

俱舍論稱境爲塵，故講五塵。

(C) 塵

『塵』，在五識裏還另外有一種意義，卽是五根所緣的事物，以能認識自己的對象。如眼爲見色，須要有光。沒有光，眼不能看見。再者，色又附在一個物體上，這個物體也稱爲塵。所以眼根要緣着塵纔能有識。

塵在佛教術語中的意義，謂一切世間的事法，能够染汚眞性。五識所緣的事物以成識，使生我執和法執，便染汚了人，故稱爲塵。

(乙) 了別識變

前六識稱爲境了別識，了別是分別，分別外面的事物。這種分別乃是妄分別，不是眞的分別，因爲外面事物是空，原來不有。

但是現在把妄分別的妄，暫時撇開不講，祇講了別，了別就是感覺，感覺是我對外物的認識。然而外物乃是外在之物，在我以外；在我以外之物，怎樣能變成我的感覺對象，而進入我的心內呢？這是西洋哲學認識論所討論的焦點。在西洋哲學的認識論裏，概括說來分爲唯物論、唯心論和實在論三類，每類下面又分許多種。唯物論以人所認識的只是感官的對象，乃是形色的物，不是物的本體。唯心論以人所認識的祇是人腦中的觀念，而不是外物。實在論則主張人能認識外物的本體，但一切的觀念都由感官的感覺而來，觀念卻能代表外物的本體。實在論所講的識變，在於外物給予感官一個感覺印象，人的理性從印象而提出一個觀念，觀念和外物相合。

「識變說，勝論外道的極微論，等於西洋之散出說與波動說，純粹傾向於唯物論者也。小乘的和合論與和集論，則爲心物二元，而皆不免於心外有法之計。出此程度而現唯心的色彩，則識變說也。」(9)

散出說和波動說爲西洋物理學的學說，散出說謂光有光素，波動說謂光由以太而傳。極微說以極微爲物質的元素，乃色法的策源地，爲勝論哲學派的學說。和合論以極微具有造色的功能，而形成和合的地位，以映入人的眼官。集合論爲和合論的一種，以色有多相，其中一相爲現量境，與餘相相資助，以成一集合相，能生色識。

成唯識論則講『變』，以『變』爲識的來源，『變』有三種：異熟能變，即第八識；思量能變，即第七識；了別能變，即前六識。（成唯識論卷一）

我們先看前五識的變。再來講第六識的變。

眼、耳、舌、鼻、身五識，爲能夠有識，須有根、有境、有緣。根爲生識之能，這種能爲第八識阿賴耶所藏的種子，緣爲一種現行，種子因着現行所薰，乃生識的境。

唯識論以外面的境，即感覺的對象是假的，又是空的。空而假的對象當然不存在，不存在怎麼能夠爲五識所了別呢？這是認識論上的一個大問題。西洋認識論的唯心論和唯物論的問題，在於人的理智不能認識外面的客體，但並不否認外面客體的存在。佛教的唯識論則肯定外面的客體不存在，而是由於主體的心所造成的。

「且所執色，總有二種！一者有對，極微所成；二者無對，非極微成。彼有對色，定非實有，能成極微，非實有故。……

五識豈無所依緣色，雖非無色，而是識變。謂識生時，內因緣力，變似眼等色等相現，卽以此相爲所依緣。然眼等根，非現量得，以得發識，比知是有。此但功能，非外所造。外有對色，理旣不成，故應但是內識變現，發眼等識，名眼等根，此爲所依，生眼等識。」(成唯識論卷一，玄奘譯)

五識的對象爲『內識變現』。因此，五識所感覺的對象不是外面的物體，而是主體以內，由識所變的相。內識造相的來由，由於第八識中的種子和現行相合，乃造出感覺的對象。感覺的完成，不僅是五識和八識的工作，而是第八識、第七識、第六識和一種感官相合而成。

「觸謂三和，分別變異，令心心所觸境爲性，受想思等所依爲業，謂根境識更相隨順，故名三合。觸依彼生，令彼和合，故說爲彼。三和合位，皆

有順生心所功能，說名變易，觸似彼起，故名分別。根變異力、引觸起時，勝彼識境。」（成唯識論卷三）

觸覺的成素：有心的功能，有受想思所作的業，有感官，三者和合而有觸覺，這種觸覺爲一種變易，勝過普通所謂的感覺對象（境）。

在儒家和西洋的哲學裡，感覺的成素，是感官和外界對象，但是由心總其成。因爲心若不在，雖是眼對着對象，也並沒有感覺。不過，雖然心和眼都在，若是沒有外界的對象，仍然不能有感覺。這乃是一種常識，也是人的一種常情，大家都知道事情是這樣。

佛教卻說感官的對象不是實有的，而是空白的，是不存在的。問題便來了。若是沒有外界的對象，眼睛怎麼會看見物體，耳朵怎麼會聽見聲音呢？佛教可以說有時我們可以想着一種味道，口中就似有有那種味道，實際上並沒有嚐着那種味道。這種現象的發生，因爲有些感覺可以由想像去引起。眼睛和耳朵則不能由想像去發起，否則便是幻想。

「有設難言，頌曰：

若識無實境，則處時決定，相續不決定，作用不應成。論曰：此說何義，若離離實有色等外法。色等識生，不緣色等。何因此識，有處得生，非一切處，何故此處？有時識起，非一切時。同一處時，有多相續，何不決定隨一識生？……若實同無色等外境，唯有內識，似外境生，定處，定時，不定相續，有作用物，皆不應成，非皆不成。」(唯識二十論)

若沒有外界客體，爲什麼看見一個客體，必定在客體所在的地方和所在的時候呢？而且在同一時候或地點，若有許多客體，便看見許多客體呢？而且客體還發生作用。世親答說：人作夢，沒有外界的客體，卻也見到客體在一定的地方，在一定的時間，客體也有作用。

「論曰：如夢意，說如夢所見，謂如夢中，雖無實境，而或有處見有村園男女等物，非一切處，卽於是處。或時見有彼村園等，非一切時。由此雖無離實處，而處時定，非不得成。」(同上)

夢中的夢覺，是由於以往所有的感覺而成；若以往沒有一種感覺，夢中也不能夠有。不過夢中的夢覺是由內識而成，唯識論乃說由內識而生感覺，不是不可能。

「頌曰：識從自種生，似境相而轉。爲成內外處，佛說：『彼爲十』。

論曰：此說何義？似色現識，從自種子緣合轉變差別而生。佛依彼種及所現色，如次說為眼處色處。如是乃至似觸現實，從自種子緣合轉變差別而生。佛依彼種及所現觸，如次說為身處觸處。依斯密意，說色等十。」

(同上)

第八識阿賴耶為內識，識中所藏種子，為五識所依的根，外藉業行為緣，乃能生感覺。

(丙) 五識的性和量

玄奘的弟子窺基，曾請玄奘將唯識論的大義，集成短頌，以便誦讀。玄奘將八識分為四章，每章作頌十二句，又將五十一心所，分別集在本識位下，作為唯識學的規矩。明朝匡山五乳廣益作有解釋。

廣益以眾生日用見聞覺知，都離不了心。由心而起的作用稱為量。量有三種：現量、比量、非量。現量是直接感覺，感覺顯現外境，不作分析，不作名言，『無籌度心，親得法體，如鏡現像。又如見山便知是山，見水便知是水，不假分別。故名現量。』比量是推理的知識，由已知的事推知未知的事，『如離牆見角，知彼有牛，隔山見煙，知彼有火。以同時率爾意識，隨見隨即分別，即屬比量。似有比度，故名比量。』非量則是誤覺，說看見

某人，其實不是某人。『心緣境時，於境錯謬，虛妄分別，不能正知，境不稱心，名爲非量。』（八識規矩頌，明匡山五乳廣益纂釋）

境爲對象，也有三種：性境、帶質境、獨影境。性境爲現量所緣，直接的感覺顯明實境，沒有分析，卽是性境。又如直接的知識，直見妙性，也是性境。『言性者，實也，謂根塵實法，本是眞如妙性，無美無惡。以能緣之心無分別，故境無美惡。是爲性境。』（同上）帶質境爲比量所緣，卽比量的知識，帶質境有眞帶質境和似帶質境，卽是比量所緣的境有否帶外境本質，如第六意識『外緣五塵，比度長短方圓美惡等相，屬第二念意識分別，故爲比量。以此長短等相，是帶彼外境本質，變帶生起，名似帶質。以是假故，故云。』（同上）獨影境有兩種：『謂有質無質。其意識緣五塵過去落謝影子，名有質獨影，亦名似帶質，若意識緣空華兎角等事，名無質獨影。』（同上）

玄奘的五識頌：

「性境現量通三性，眼耳身三二地居。徧行別境善十一，中二大八貪嗔癡。五識同依淨色根，九緣七二好相隣。合三離二觀塵世，愚者難分識與根。變相觀空唯後得，果中猶自不詮眞。圓明初發成無漏，三類分身息苦輪。」（同上）

這十二句頌中，攝佛教的認識論和佛教的人生觀。認識的眞僞，和行爲的善惡相連，因着善惡乃有苦輪，息滅苦輪乃得常樂。前面六句頌，多屬認識論，從廣益所作的注釋，有幾個觀念表現得相當清楚。

第一句頌：「性境現量通三性」，以五識屬於現量，屬於性境，通於善性惡性無記性三性。

「以初映時，當第一念，未起分別，不帶名言，無籌度心，故名現量，所緣之境，卽屬性境。性者，實也，卽實根塵相分境，有實種生。以現量具三義：一、現在，簡過來；二、顯現，簡種子；三、現有，簡無體法。……唯五識緣五境時，具四義故，得法自相：一、任運；二、現量；三、不帶名言；四、唯緣，現在境，故名得法自相也。」（同上）

五識屬於現量，因爲是直接的感覺，祇現外界的境，不加名言分析。直接的感覺，認識現在當前的客體，隨着客體而運轉。故稱爲任運，緣現在境。

第二句頌：「眼耳身三二地居」，所謂三二，指三界和禪四地。五識在欲界都存在，在初禪離生喜樂地則祇有眼耳身三識，因初禪不食段食，離舌識，也離鼻識，不聞香味。若到第三禪定生喜樂地，則眼不見色，耳不聞聲，身不知觸，便五識都無了。

第四句頌：「五識同依淨色根」，言五識依根得名。五識都以色爲根，色不祇是顏色，而是一切形色，卽是具體的事物。所謂淨色根，是所依的根、不是淨虛，「非浮塵者，以彼虛假，有損壞故，故名爲浮。又無見聞覺知之用，名之爲塵。」（同上。八識規矩頌）五識以根爲依，不以境爲依，境爲所緣。根能發識，境不能發識。五識的根爲感覺器官，「此能覺知，故亦名勝。如眼能見色，耳能聞聲，鼻能嗅香，舌能嘗味，身能觸覺是也。問：淨色根究竟是何物？答：此無見有對色，雖有質礙，而非眼所得見，比量所知，非現量得，如何可指。然此識精圓映五門，隨浮根之照用，是知浮根則有五，而淨色唯一。」（同上）這種解釋出自楞嚴經，所謂淨色根，爲感覺官能，卽五識的感覺功能，淨根則爲感覺的外面器官。器官爲五種，可感覺的功能則是一。

第五句頌：「九緣七八好相隣」，說明五識所有的緣，五識爲能成就一種感覺知識，必要有緣。緣的意義很廣，包括感覺的各種因素。

眼識的緣有九：一，空緣，卽根境相離，中間無礙空隙之空也。二，明緣，卽日月燈等照燭之明也。三，根緣，卽發識之根也。四，境緣，卽諸識所緣之境也。五，作意緣，卽徧行中之作意也。六，分別依緣，卽第六識也。七，染淨依緣，卽第七識也。八，根本依，卽第八識也。九，種子緣，卽諸識各有自類種子也。（同上，八識論規矩頌）

眼識的成，有八項因素：空間、光明、眼睛、客體、心。這五項因素，爲一般認識論所講的，也是人們常識所知道的。其他三項因素，則為佛教所專有。因為識有宗有淨，也有無記染淨；這三性的因素，便是八項因素裡的後面三項因素。

耳識的因素有七，卽是除去明緣，耳朵在黑暗中也可以聽見聲音。鼻舌身三識的因素，除去空間緣和明緣，乃有七緣。

第六句頌：『合三離二觀塵世』，說明五識在有識時，對於客體的距離不相同。眼識和耳識和所識的客體，要有距離，否則看不見，聽不見。鼻舌身三識則和客體相接觸，乃能有識。『此頌五識取境不同也。耳眼二識，離中取境，鼻舌身，合中取境。何以知之？曰：知處不知處異，壞根不壞根別。……若無空緣，境逼附根，不唯無知、而且損根。如纖塵入眼，卽壞其目，大聲附耳，卽使人聾。故曰壞根別也。鼻舌身不具空緣，……故香臭入鼻，酸鹹上舌，寒熱著身，三根宛然分明了境，卽知不壞故。又如眼卽知色境在何方，耳卽知聲從何方來，而鼻舌身則不知境之處所。』（同上）

(3) 意識

（甲）意識的意義

第六識爲意識，即是心識。

「一切識由因緣生，而受一一之名，即以眼根爲緣，於色識生爲眼識，以耳根爲緣，於聲識生爲耳識。以鼻根爲緣，於香識生爲鼻識。以舌根爲緣，於味識生爲舌識。以身根爲緣，於觸識生而名爲身識。以意根爲緣，於法識生爲意識。」（中阿含經，茶啼經）

意識是以意根爲緣，所知的對象爲法。所謂意根卽是心，所謂法卽是意義。意識以心爲器官，所認識的對象不是物的形色，而是物的內容。同時，前五識也都靠着意識纔能成識；因爲若是心不在，則雖是眼睛在看，也等於沒有看見。

意識因着和五識的關係，如下：

- 第六意識
  - 五俱意識——明了意識
    - 五同緣意識
    - 不同緣意識
  - 不俱意識
    - 五後意識
    - 獨頭意識
      - 獨散意識
      - 夢中意識
      - 定中意識

「五俱意識者，與前五識俱起並生之意識。此意識明了取所緣境，亦名明了意識，不俱意識者，不與前五識俱起單獨發生之意識。五俱意識更有五同緣不同緣二種。五同緣意識者，與前五識俱起，同緣一境之意識，不同緣意識者，雖與前五識俱起，而緣他異境之意識。不俱意識亦有五後獨頭二種。五後意識者，雖不至前五識俱起並生，然非截然與前五識相離，前五識緣境後相續現行之意識。獨頭意識者，不與前五識俱起，孤獨現起之意識。此復有獨散夢中定中三種。獨散意識者，單獨發生，追憶過去，豫想將來，或比較推度作種種想像分別之意識。夢中意識，於夢中現起之意識。定中意識者，收心色無色界一切禪定中，五識悉不起，僅藉意識緣前境之意識。」⑽

意識是心的識，感覺的識要和心同時起；但是心可以在感覺以外有自己的識，一切思維推理，都是在感覺以外。所以意識有五俱意識和不俱意識。心在五俱意識和不俱意識所依的根，各不相同。

意根
- 色法……………………如上座部
- 心法
  - 過去意…………如有部等
  - 現在意…………如大眾部等

在五俱意識裡，意識所依的根爲色法。心和感官同是認識客體，感官直接認識客體，心則認識感官所有的認識，卽是感覺印象。感覺印象稱爲色，爲構成感覺所有的條件，如光，也都是色。五俱意識所依之根，乃爲色法。

除所依的色法外，意識應另有自身之根，佛教以這種意根爲心法。上座部以過去意識所有的識，能作爲意識的根，因爲心可以用以往所有的感覺印象和觀念，作思維推理的活動，而能有新的智識。大眾部則以意識和五識俱起有，也能另外有一意識，對五識的感覺予以分析。然這些過去和現在的意識，都應有本身之根，這種根乃是心。唯識論則以意識所依本身之根爲種子，由前生現行所造。然大眾部和上座部及有部都不講種子，只講心性清淨，經量部則講『一味和合細識』，一味識由無始來展轉和合而來，一味而轉，卽細意識，曾不間斷。由一味識生起五蘊。

大乘諸部所講的意根，龍樹菩薩予以破斥。他以「現在意」爲意根。

「内以現在意爲因，外以諸法爲緣，是因緣中生意識。」（智論，二十六）

『現在意』究竟是什麼？意是念念生滅，念念生滅之意不能爲意識所依之根。龍樹認爲意識雖念念生滅，然實際上本無謂生滅，乃是『心相續意』。相續之意卽現在意，爲意識所依之根。這裡所說相續意也就是相續次第生之心。

實際上，意識所依爲『心』。然大乘唯識以心不常存，刹那生滅。乃以意爲意識根。

（乙）心

在唯識論裡，心有『集起』的意義，集是結集，起是生起。結集爲結集種子，起爲生起諸法。因此，唯識論以阿賴耶種爲心。

「梵云質多，此名心也。卽積集義，是心義。集起義，是心義。以能集生多種子故，故能薰種，此識中旣積集已後起諸法，故說此心名爲心。」（唯識述記三）

但是佛敎各宗所說心之義很多，大日經住心品分別瑜伽行者之心相，說六十心，列擧心的作用，都名爲心，例如：貪心、瞋心、慈心、痴心、智心、人心、女心、商人心，農夫心……等。

宗鏡錄在第四卷論心，以心爲一，因俗人不明心體，故說多心，所說之心，都爲一心所變。

「云何一心而作三界？有三：一，二乘謂有前境，不了唯心，縱聞一心，但謂眞諦之一，或謂由心轉變，非皆是心。二，異熟賴耶，名爲一心，簡無外境，故說一心。三，如來藏性，清淨一心，理無二體，故說一心。是知凡聖二法，染淨二門，無非一心矣。」（宗鏡錄卷四）

心的本體爲如來藏性，清淨虛寂，不爲人所知，如來藏性爲眞如性，也是眞心。這種心依照情相體用本末，可以有十門：

「一，假設一心，則二乘人，謂實有外法，但由心變動，故說一心。下之九門，實唯一心。二，相見俱存，故說一心。此通八識，及諸心所，並所變相分，本影具足。……三，攝相俱見，故說一心。亦通王數，但所變相分，無別種生，能見識生，帶彼影起。四，攝數歸王，故說一心，唯通八識。以彼心所，依王無體，亦心變故。……五，以末歸本，故說一心。謂七轉識，皆是本識差別功能，無別體故。……六，攝相歸性，說一心，謂此八識，皆無自體，唯如來藏，平等顯現，餘相皆盡。一切衆生，卽涅槃相。……七，性相俱融，說一心。謂由心性，圓融無礙，以性成事，事亦鎔融不相障礙，一入一切，一一塵內各見法界，天人修羅不離一塵。九，全事相卽，說一心。謂依性之事，事無別事，心性旣無彼此之異，事亦一切卽一，一卽是多，多卽一等。十，帝網無礙，說一切心。謂一中有一切，彼一切中，復有一切，重重無盡，皆以心識如來藏性，圓融無礙，以眞如性，畢竟無盡故。」（同上）

所謂十門，祇有第一門「假說一心」，以心爲有，又以外面事物爲有，這是二乘人的想法。其餘九門，一部份爲唯識論的第八識和第七識；一部份爲如來藏性的心。然而這十門都是由心的作用去談心。關於心的本性，可以從十門中得到兩點：一，心能變識，卽是說識由心所變，外物由識所變；二，心的本體圓融無礙。

佛學大辭典說六種心：一爲凡夫肉心，卽爲五藏之心。二爲集起心，爲第八阿賴耶識：三爲思量心，爲第七末那識，恒審思量。四爲緣慮心，又稱慮心，了別心，通於八識，都能緣慮白分境界。五爲堅實心，卽自性淸淨心，不生不滅，堅固眞實。六爲積聚精要心，積聚諸經中的要義。（丁福保編，佛學大辭典頁六九九）

這六種心，所說心的特性，爲思量，爲了別，爲緣境生識。所說心的本性，則是淸淨堅實，不生不死。

從上面所講佛教對於心的論說，可以看到佛教大致有三種心，一爲凡夫未得道者所有的心，爲假心；二爲唯識論所說的心爲識；三爲大乘止觀的心爲如來藏性的眞如。凡夫的假心，沒有意義。唯識論的識，在下面將詳細講論。如來藏性的心則應加以解釋。如來藏就是佛性，佛性則爲眞正的實在。

「復次，如來藏義有三種應知。何者爲三？一所攝藏，二隱覆藏，三能攝藏。」（世親。佛性論顯體分第三，如來藏品）

世親爲適應唯識的阿賴耶緣起，講如來藏時，不講心。勝鬘經則講如來藏自性清淨心，大乘起信論則講超越的眞心。

佛教大乘所講的心，本體乃是佛性，爲唯一的眞實存在，不生不滅，清淨虛靜。佛教認爲人都有佛性，但都因無明所蔽。無明所蔽的心有各種作用，能思慮，能了解，能集起，因着所藏的種子，變起種種識，產生外界諸法。

爲解釋心的這些作用，乃有唯識論。但心的作用，不僅是識，還有各種行業。因此，唯識論乃講『心法』和『心所法』。

（丙）心法・心所法

心的作用，分爲心法和心所法。心法，也稱心王法。心王，即是心的主要作用，總了別所對的境。心所，爲伴作用，對心法而起的貪瞋等情，也稱心數。

心法爲心自體作用，稱爲心王。心的作用，就是六識：眼識、耳識、鼻識、舌識、身識、意識。前五識雖能自性分別；但若心不在，則無分別。心有意識，能計度分別，比較前五識的識，而且還能憶起已往的識，有憶念分別，也是隨念分別。唯識論除六識外，把第七識第八識也包括在心法以內。

心所法爲心法所引起的副作用，是情感，有四十六種：

心所法
- 大地法——受、想、思、觸、欲、慧、念、作意、勝解、三摩地。
- 大善地法——信、不放逸、輕安、捨、慚、愧、無貪、無瞋、不害、勤。
- 大煩惱地法——癡、放逸、懈怠、不信、惛沈、掉舉。
- 大不善法——無慚、無愧。
- 小煩惱地法——忿、覆、慳、嫉、惱、害、恨、諂、誑、憍。
- 不定地法——尋、伺、睡眠、惡作、貪、瞋、慢、疑。

心所和心王互相對應，名曰相應，心王爲主要作用，心所爲附加或伴隨作用，常隨心王而起。若和心王同時同性，又緣同一之境，卽是相應。

又另有一種分法，把心所分爲六位，六位有五十一種情。

心所（相應行）
- 偏行——觸、作意、受、想、思。
- 別境——欲、勝解、念、定、慧。
- 善——信、精進、慚、愧、無貪、無瞋、無癡、輕安、不放逸、行捨、不害。
- 根本煩惱——貪、瞋、痴、慢、疑、不正見。
- 隨煩惱——忿、恨、覆、惱、誑、諂、憍、害、嫉、慳、無慚、無愧，不信，懈怠、放逸、惛沈、掉舉、失正受、不正知、散亂。
- 不定——悔、眠、尋、伺。

這種區分和上面所列的心所法的區分是相同的，祇有些小節目不同。在這種區分裡有『別境』一項，則是上面心所法的區分裡所沒有的。

唯識論還講心不相應行法，共計二十四種；但不是心的作用，不是識，也不是情，所以稱爲心不相應行法。二十四種心不相應行法是：得、命根、衆同分、異生性、無想定、滅盡定、無想報、名身、句身、文身、生、老、住、無常、流轉、定異、相應、勢速、次等、方、時、數、和合性、不和合性。這二十四種既不是心的作用，和心沒有直接的關連。

從心法和心所法，我們可以看到心的作用，心法包括六識，六識便是心的作用。按唯識論所說，識都由種子而來，心則是種子的集起體。「雜染清淨諸法種子之所集起，故名為心。」（成唯識論卷三）

前五識祇有對境的自性分別；但為成為一成全的識，應該有計度分別，例如眼睛看見了牛，雖分別是牛，然不知道分別牛不是馬，不是別的物，這要靠心去計度分別。又假使眼睛看了也過去了，若沒有心去回憶，眼識便失去效用；這又靠心的境念分別。

唯識論有四分三類境的學說，解釋心變的作用和所緣的境。四分為：

一、相分，二、見分，三、自證分，四、證自證分。

相分，為感覺對着自己的對象時，在心裏所映的影像，就是感覺印象。因着印象，乃能分別外界事物。也就是現量。

見分，為心就感覺印象而發生的思慮，為心的作用，即是比量。用見分來證自己識上相分的功能。

自證分，為反省作用，心自知有相分。證自證分更自己保證自證分。安慧菩薩祇說自證分一分，難陀論師講相分見分二分，陳那菩薩講相分見分自證分三分，護法菩薩講相分見分自證分證自證分四分。

三類境爲：一性境，二獨影境，三帶質境。

境爲前五識的對象，爲外界事物。唯識論以外界事物爲識所變，識則由種子所變。

性境，爲眞實的外界，卽諸眞法體。色和心都是實體，相緣不謬，眞實符合境界的自相，使相分爲眞實。這就是前五識所緣色聲等五境。

獨影境，在沒有相分時，心獨自變現的影像，卽是幻想，如兎生角，龜有毛。

帶質境，一半是性境，一半是獨影境，卽心緣眞實之境，但所變現的影像，卻和相分不同。普通所講的抽象，就是帶質境。

四分三類境，又將心的作用，予以分析，心能够有了別外境的能力，也有幻想的能力，又有抽象的能力，還能自己反省自己。唯識論以這些能力的實現，都藉着種子和因緣，因此以第八識爲心。

心所法，更說明心的作用；因此，心所法應答心法而起，爲心的附屬作用，也就是感情方面的作用。

按照遍行、別境等區分法，可以簡略解釋心所五十一法。

遍行，爲普遍的心所，爲作意、觸、受、想、思。心中有意，願作一事，便決定要做，叫做作意。做一動作，便和當前的境(對象)發生關係，叫做觸。和當前的境發生了關係，馬上有苦或樂的感受，叫做受。有了感受，便對事情發生考慮，認識當前的事物，叫做想。有了想，所作的事便或善或惡，叫做思。這五項乃是行動的心理歷程，爲一切行動的普遍歷程。

別境，爲對各別的事境所起的心所，分爲五種：欲、勝解、念、定、慧。對於自己所喜歡的事境，希望能有，叫做欲。有了欲，進所了解所欲的事境，叫做勝解。以往有過這種事，常常不忘，叫做念。眼前有所喜歡的事境，希望取得，心便專注去想，叫做定。但心中也注意事境的善惡，予以分別，叫做慧。若是這種所希望的事境爲佛法，則定和慧的意義就更完全。

善，爲由善心相應所生的心所，共分十一種。對於善，另外對於佛法誠心相信，稱爲信。有了信心，努力實行，稱爲精進。若做了不善，自己心中覺得羞惡，稱爲慚；又對於別人，覺得無顏相見，稱爲愧。法相宗，把慚愧合在一起，善法便是十種。心向佛法，對於現世功名財利無所貪求，稱爲無貪。人家反目相看，言語無禮，心不以爲怒，稱爲無瞋。有了信心，對於世物無所迷惑，稱爲無癡。無所貪求，心中安逸，稱爲輕安。心中安逸了，不去要求聲色的享受，稱爲捨。對於人物都能愛護，不加戕害，稱爲不害。

煩惱，爲妄心相應的心所，使有情身心煩惱不安。一是貪，貪求現世的享樂。二是瞋，怨天尤人，對人起賊害的心。三是癡，癡是無明，不明佛法。四是慢，傲慢不服人，常以自己爲是。五是疑，對於佛法，懷疑不定，作事沒有智慧。六是惡見，或稱不定見，常相反佛法，顚倒是非。

隨煩惱，跟隨煩惱而生，爲六煩惱的分位，共二十法。一是忿，由瞋而怨人，心中生忿。二是恨，由忿再進一步便是恨人，結爲仇怨。三是惱，有了恨，便生惱，要想報復。四是覆，做了惡事，自己掩瞞，以隱瞞他人。五是誑，自充高明，誑言亂語。六是諂，諂媚有權有財的人。七是憍，顯露自己才能，自起傲心。八是害，對於人物，沒有憐憫心，常加戕害。九是嫉，妬嫉他人的優越點，心中不耐。十是慳，於法於財，都不願施捨。十一是無慚，作了惡事，不以爲恥。十二是無愧，不顧輿論的指責，作惡無忌。十三是不信，對於佛法眞理，不願信服。十四是懈怠，避惡行善，都沒有誠心，振作不起精神。十五是放逸，追求聲色享樂，不務正業。十六是惛沉，心中昏昏，精神沉沉。十七是掉舉，自性囂張，心神不安。十八是失念，自性散亂，事事善忘。十九是不正知，對於所接觸的事物，不能了解，乃生邪念。二十是散亂，自心躁暴，對於所緣，常流蕩移易。這二十種隨煩惱中在心所法的區分裏，從忿到慳，稱爲小隨煩惱。中間無慚無愧，稱大不善法，或稱中隨煩惱。再後面的八種，稱爲大隨煩惱。

不定，有四法，一爲睡眠，可以爲善，可以爲惡，然因睡眠，心不在焉，能以善爲惡。二爲惡作，也稱爲追悔，追悔也可善可惡，追悔善事爲惡，追悔惡事爲善。三是尋，對於義理佛法，粗淺地予以尋求。四是伺，深入研究，細細伺察義理法。

法相宗和唯識宗講論百法，除心法和心所法外，有色法十一種，有不相應行法二十四種。有無爲法六種。都不是心的直接作用。在這裏便不討論。

我們若研究心所法和心法的關係，我們可以知道五十一種心所法，在意識中都具足，在前五識中，則各有三十四心所法，即是除去煩惱中的慢、疑、不正見三種法，又除去隨煩惱法中的忿、恨、惱、覆、誑、諂、害、嫉、慳。再除去四種不定法。

前五識祇能了別自己的境，分別各自的自相。但是這種了別祇是極短的，稱爲刹那了別，不能持久，又祇能了別現在的境，不能想起已往的境。

意識能思，能了別色法的自相和共相，又能了別過去未來，有繼續不斷的了別。而且前五識都靠意識去完成。

至於第七末那識和第八阿賴耶識，也是心的識。

(4) 末那識・阿賴耶識

(甲) 末那識

末那識爲第七識，實則是意，也卽是心的工作。第六識雖也是意，然和第七識不同，祇稱意識，不稱爲意。第七識本是意，但爲避免與第六識相混，乃稱末那識。

末那識的來源和第八識阿賴耶識一樣。由無始以來，與阿賴耶識一起俱起，故是生來卽有。此識的作用是恒審思量。第六識雖思量，但不常常繼續，而有間斷；第七識則恆審量，沒有間斷。第八識雖也是恒常不斷，但不思量。

所謂恒審思量，乃是以第八識的見分爲本質，變爲相分，思慮量度爲我所屬，確執不捨，乃有染汚。

末那識有所依，依止阿賴耶識相續轉起。同時，末那識爲前六識的染淨依。因爲這識常有我執，前六識也就爲所染；若這識離棄我執而成淨化，其他各識也隨着淨化。末那識所依，以現行阿賴耶識爲不共依，以種子阿賴耶識爲共依。不共依是一識所依，共依是多種所同依；因爲各識的生起，必有所依。所依，就是所依托。末那識依緣現行阿賴耶識而執爲我，依緣種子阿賴耶識而執我所。現行阿賴耶識或解爲見分，種子阿賴耶識或解爲相分。末那識緣第八識的見分而有我執，緣第八識的相分而有我所執。

末那識以思量爲自己的作用，產生四種根本煩惱，卽我癡、我見、我慢、我愛，常是有漏識。然末那識也可淨化，可成爲無漏智，名爲平等性智，和出世末那。故末那識爲染淨依，末那識是染汚，別的識也都染汚；末那識淨化，別的識也淨化。

人的生死根本也在末那識。末那識緣第八識的見分以爲我體，遂生我執。我執旣然堅強，遂增六識的我執。六識和七識的我執種子成熟時，乃感異熟識而在界趣的中結生相續。

（乙）阿賴耶識

在佛教大小乘的宗派裏，對於阿賴耶識，有激烈的爭論。小乘不承認有阿賴耶識，大乘則承認有這種識。大乘雖承認有這種識，對於這種識的性質則有不同的主張。

小乘承認六識，六識有根有境。然前五識都以第六意識爲共所依，而第六識的根則是心，也稱爲意。

六識是間斷性的，因爲不是恒常繼續。第六意識，也是間斷性，因爲人不是常久不斷在思量。但是在不思量時，如人昏迷不醒時，或是熟睡時，意識便斷了，人卻還是人，而不是草木。小乘佛教主張在意識間斷時，仍舊有極細微的意識。從士林哲學去講人有靈魂，靈魂常存，靈魂的作用可以間斷。中國古代哲學不講靈魂而講心，心常在，作用不常繼續。人在昏迷或沉睡時，有靈魂或有心，小乘佛教則以爲是極細微的意識。

由極細微意識的主張，再探究極細微意識的所依和所緣。從佛說十八界的意根界，可以知道根界卽是心界，爲意識所依。因此，在第六意識以外有另一心識的存在，大眾系稱它爲根本識，分別說系稱它爲有分識，化地系稱它爲窮生死蘊，犢子系稱它爲不可說我。大乘唯識論則稱爲阿賴耶識。

成唯識論列說阿賴耶識的名稱，有十八個，都是佛經和經論裏所起的名詞，如種子識、現識、本識、宅識、藏識、根本識、異熟識、種子識、無垢識、所知依、阿陀那識……等等。這些名詞都根據這種識的一種特性而作。

阿賴耶爲梵語，Alaya 唐玄奘譯義爲『藏』，因這種識能藏一切法。從能藏一方面說，阿賴耶識藏有一切諸法的種子，阿賴耶識的自身稱爲能藏。從所藏一方面說，阿賴耶識爲第七識所藏，因阿賴耶識的種子要受第七識所熏，而生雜染諸法，阿賴耶識爲雜染諸法所覆。因此阿賴耶識有執藏的意思，就是因爲第七識堅執此識的見分爲我，而起我執。後期唯識學特別注意這種執藏的意義；因爲有了執藏的阿賴耶識，一切萬法的流轉還滅才有基礎。一切法來自種子，種子生現行是因爲有我執和法執。

阿賴耶識藏有行業所生的種子，便是前七識的所依。第七識一定要依托第八識才能成立，難陀論師以第七識依托種子賴耶，護法論師以第七識依托種子賴耶，又依托現行賴耶。其他六識也要以第八識爲所依托。而且眼耳鼻舌身五根，因着心識的執持才可以存在，同時對於以往的記憶，也靠阿賴耶識。因此，阿賴耶識爲輪廻的主體，作爲流轉還滅的聯繫者。

「此識有攝藏諸法雜染種子等義，名爲阿賴耶；由或善不善先業而引招爲現生無記之異熟報體，復名異熟識；又因緣所生如幻有法，及異生徧計所執之若我若法，皆以此識爲能變，故名爲初能變；如來證得二轉依時，捨此識雜染轉成清淨無垢，是名庵摩羅識；又或是能緣慮法，及能積集諸法種子，名之爲心；又或是染淨諸法根本，稱爲根本識；又此識爲識類中之第八數，故名第八識；又指所含藏一切種子，名一切種；又未離雜染時，如來無垢識爲無明染法所覆藏，乃名如來藏；以種種不同，故有種種異名也。」[11]

成唯識論以宇宙萬有一切諸法，都是心識所變現。八識中的前七識，沒有能變的功用，唯有第八識具有變現的功能；因爲一切諸法的種子，都藏在第八識中。

「論曰：初能變識，大小乘教，名阿賴耶。此識具有能藏所藏執藏義，故

謂與雜染互爲緣故，有情執爲自內我故，此卽顯示初能變識所有自相」（成唯識論卷二）

⑸ 種 子

（甲）種子的意義

種子，爲第八識引生自果的潛在功能。

「此中何法名爲種子？謂本識中親生自果功能差別。此與本識及所生果不一異，體用因果理應爾故。」（成唯識論卷二）

第八阿賴耶識，有能生色心諸法之功能。色心諸法稱爲現行；引生現行的功能稱爲種子，種子隱而不可見，它的功能則隨識而不同，色法心法的種子各個差別，功能也各個差別。「如是所謂種子者，能也，力也，用也。世間一切皆從此起。於此有數義：一、種子爲力，非色非心；二、力遍宇宙，故種子亦遍宇宙，一念起用，宇宙森然，種子無盡，宇宙亦無盡；三、種子無長短大小之分，現行起時，相由見帶。」[12]

佛經以阿賴耶識有六種特性：

「勝義諸種子，常知有六種：刹那滅俱有，恒隨轉應知，決定待衆緣，唯能引自果。」（攝大乘論本卷第一）

六種特性爲：刹那滅、果俱有、恒隨轉、性決定、待衆緣、引自果。

種子爲生法的功能，當功能成爲現行時，功能便滅了。因此種子有刹那滅的特性。但雖在現行出現時，種子已滅，可是種子和現行要相聯結，當現行出現，種子還未滅，兩者同時俱有，這同時的時間，只一刹那，然後種子消滅而有現行。因此種子有果俱有的特性。種子在轉滅生果的變化中，不就消滅盡了，一種能力在行事時，常由能到行，到了這一椿行的能是滅了，可是整個的能力尚在，尚能繼續行同類的行；如此，種子也要長時一類相續，不間斷。因此，種子有恒隨轉的特性。種子的相續，在引生現行的功能上，由功能的善惡性作決定，善的種子引生善的現行，惡的種子，引生惡的現行，無記種子，也引生無記現行。因此，種子有性決定的特性。爲使種子引生現行，須有各種因緣互相集合，熏習種子，種子乃起轉變。因此種子有待衆緣的特性。種子是同類相續，並且也是引生同類的果，色法種子引生色法現行，心法種子引生心法現行。因此，種子有引自果的特性。這六種特性，第一刹那滅和第二果俱有，表示種子的自相，其他四種則就和引生現行的關係而說。

從哲學的觀點去看，功能不是主體，而是附加在主體上。種子既是功能，種子的主體應該是阿賴耶識，阿賴耶識究竟是什麼？祇能說是心。但是佛教卻以阿賴耶識爲心。種子的自相，是在本體論的範圍內，但它的功能卻在於引生善惡的現行；這一點似乎有些像朱熹所講的氣質之性，氣質之性由氣而成，氣有清濁，氣質之性便有善惡的差別，而後乃有善惡的行爲，把本體論和倫理論混在一起，終於不能解決問題。

種子又名爲習氣。習氣的意義，氣爲氣分，習爲熏習，由現行熏習，留有氣分，藏在阿賴耶識內。在各種現行現起時，按照所有類別，熏習相應的習氣，留在第八識中，習氣就是種子。種子是就能引生現行而言習氣則是就現行熏習而言。一是看將來，一是看已往。

(乙) 種子的來源

成唯識論說：

「此中有義，一切種子皆本性有，不從熏生，由熏習力，但可增長。如契經說，一切有情，無始時來有種種界，如惡叉聚，法爾而有，界卽種子差別名故。又契經說，無始時來界，一切法等依，界是因義。瑜伽亦說，諸種子體，無始時來。性雖本有，而由染淨新所熏發。諸有情類，無始時來。若般涅槃法者，一切種子皆悉具足。不般涅槃法者，便闕三種菩提種子，如是諸文，誠證非一。」（成唯識論卷二）

成唯識論接着又說：

「然諸聖教，處處說本有種子，皆違彼義，故唯始起，理教相違。由此應知諸法種子，各有本有始起二類」（成唯識論卷二）

成唯識論以種子的來源有兩種：一是本有。一是始起。本有的種子，從無始來，在異熟識中，有生蘊處界功能。始起的種子，從無始來的種種現行所薰習而有。

「有義種子，各有二類：一者本有，謂無始來異熟識中，法爾而有生蘊處界功能差別。世尊依此，說諸有情，無始時來，有種種界，如惡叉聚，法爾而有，餘所引證，廣說如初。此卽名爲本性住種。二者始起，謂無始來，數數現行熏習而有。世尊依此，說有情心染淨諸法所熏習故。無量種

子之所積集，諸論亦說染淨種子，由染淨法熏習故生，此卽名爲習成種子。」（成唯識論卷二）

成唯識論的種子來源說，爲一折衷的學說，乃是護法論師的主張。其他學說尚有兩大派：一派是護月法師的唯本有說，一派是難陀論師的唯新熏說。

護月法師的唯本有說，以爲阿賴耶識所藏一切有漏無漏的種子，皆是法爾本有。沒有本有的種子，也就沒有熏習的功能；若是沒有熏習的功能，一切熏習而生的種子都不能生。因此始有種子，也是本有種子的增長，而不是新的種子，歸根來說仍舊屬於本有。在經論裏，能有一些證據，證明這種主張。經論有多處說明一切有情，從無始來，有種種的種子，法爾而有。護月強調祇有本有種子，引生現行果法，系統不亂。若有新熏種子和本有種子兩種則引生現行時，便免不了雜亂。

難陀論師持反面的學說，主張種子都是來自新熏，無論有漏種子或無漏種子，都由現行卽熏的法，熏習而有，不是來自法爾本有。有情人從無始有，一有卽有現行，現行卽熏習種子。無漏種子在無始時沒有，要有情人到了無漏位，有了無漏行，才有無漏熏習。種子稱爲習氣，習氣是由能熏法熏成的氣分。經論裏常說染淨諸法，都由於熏習而來。

「外或無熏習，非內種應知。聞等熏習無，果生非道理。作不作失得，過故成相違。外種內爲緣，由依彼熏習。」（攝大乘論本卷第一）

難陀論師主張無漏種子不是本有，更不是在有情人中被無知障礙所覆藏，而是在人了斷煩惱和無知等障礙，從新熏習而有。經論說人分多品，又說在地獄中可以成就三無漏根，難陀解釋不是生來種子有差別，也不是生來有無漏種，而是人在解斷煩惱障和無知障時有差別。

護月和難陀的主張都不能完全符合經論，經論常講熏習，又講熏習生果，則不能說種子裏沒有新熏的種子。另一方面，，經論裏也講如來藏，便不能說種子裏沒有本有的種子。護法論師乃倡折衷說，主張種子裏，有本有種子和新熏種子。

本有種子是阿賴耶識所藏能生一切法的功能，這種功能是無始之始便有，不僅僅是生來具有。新熏種子也是生來具有，因爲是從無始來，每一生的現行所熏生的種子。這兩種種子，相待相助，生起現行諸法。唯獨最初聞道而現起的無漏智，則是生於本有種子。

（丙）種子的種類

種子的區分，通常分爲有漏色心種子和無漏色心種子，有漏和無漏的分別，也從智識方面作區分，分爲有漏智和無漏智。有漏卽是引生同類煩惱和無明的愚昧；無漏則斷煩惱，不再輪廻。有漏色心種子，再分兩種，一、名言種子，二、業種子。名言種子，由名言所熏生的種子，爲引生善惡諸法自果的各別親因緣。如孝爲一個名字，由孝的現行熏生孝的種子。名言種子又再分爲表義名言種子和顯境名言種子。表義爲就說明義理方面而言，顯境爲就顯現了別的心和心所所緣的自境而言，卽是顯現感官的對象而有的種子。

業種子，爲造作善惡等業所生之種子，善業有善種子，惡業有惡種子，無記業有無記種子。善惡種子能生各自同類的自果，又能相助無記種子生自果。

對於兩種種子的本性，佛教各派所說不同。唯本有派和唯新熏派都主張種子祇有一品，由下品被熏而增勝，成爲中品，下品卽滅。中品被熏而增勝，成爲上品。或有主張種子有三品，下品受熏而成中品時，兩品同時俱在，下品增勝和中品等齊，但只有中品引生現行。中品受熏而成上品，三品同時俱在，下品和中品都增勝和上品等齊，但只有上品引生現行。

這兩種主張在綜合本有和新熏的折衷學派裏，所有的解釋都比兩個學派的解釋爲佳。而一品或三品種子，祇用於無漏種子。無漏種子爲本有種子，然常爲煩惱和無明所掩覆，按掩覆的程度，分成三品。

無漏種子不屬於第八識的無記性，而是屬於善性；有漏種子依識體說屬於無記性，依因果說則通於三性。有漏種子體性既是無記性，爲何能生三性諸法呢？攝大乘論以染衣作譬喻。染衣時以各種顏料花紋滲在一起，在入染時，衣上沒有各種顏色和花紋，染了以後，則現出不同的顏色和花紋。有漏種子在體相上不分善惡，在生現行時，依托各種因緣，乃生三性不同的果。

另外還有一種區分，分種子爲內種子和外種子。內種子爲阿賴耶識所藏種子，外種子爲前五識所變。內種子爲眞種子，外種子爲假種子；內種子爲親能生果，是因緣性。外種子辨所生果，不能親因緣，而是增上緣。

(丁) 熏習

熏習爲佛教的術語。熏的意義爲發，或到；習的意義爲生，爲近。即是發致果於第八識內，令種子生，又令種子長。熏習和生發有分別，熏習爲資助，生爲生起，資助乃是相助因以生果，種子能生種子，現行能熏種子。第八識有生種子的能力，然須假六七識的熏習方生。

種子和現行的關係，爲因果相續。無始本有的種子。含藏於第八識中，在開始時有眾緣和合，便引生現行；現行便是種子的果。現行在生起的刹那，有力熏習種子於第八識，即是新熏種子；新熏種子便是現行的果。這新熏種子有所緣的眾緣時，又引生現行。因此，有三法二重因果：舊種子、現行、新熏種子，這是三法。舊種子生現行，現行熏新種子，這是二重因果。前念種子生後念種子，前滅後生，自類相續。

在這三法二重因果中，熏習佔着很重要的位置；因爲有熏習，才有新種子。

攝大乘論解釋熏習說：

「復次，何等名爲熏習？熏習能詮。何爲所詮？謂依彼法俱生俱滅。此中有能生彼因性，是謂所詮。如苣勝中有華熏習，苣勝與華俱生俱滅，是諸苣勝帶能生彼香因而生。」（攝大乘論本卷一）

玄奘解釋說：

「釋曰：謂依彼法，俱生俱滅，此中有能生彼因性。是謂所詮者，謂卽依彼雜染諸法，俱生俱滅，阿賴耶識有能生彼諸法因性，是名熏習。」（玄奘。攝大乘論釋卷第二）

熏習爲一種功能，即現行能生新種子的功能，或使原有種子增長的功能。現行稱爲能熏法，阿賴耶識稱爲所熏法。能熏和所熏各自都具有四項條件。

所熏法所具四項條件：堅住性、無記性、可熏性、與能熏共和合性。堅住性：所熏法必須從無始之始而至究竟之終一直相續不斷，而且同類不變。無記性：所熏法必須是平等，不自帶善惡性。可熏性：所熏法必須自體空虛，能容種子。與能熏共和合性：所熏法必須和能熏法同時同處，不卽不離。以上四項條件，第八阿賴耶識具有，其他七識以及心法心所法，都不具有。

能熏法所具四項條件：生滅、勝用、增減、與所熏和合。生滅：能熏法應該是有爲法，刹那轉變，乃能熏習種子。勝用：能熏法具有善性、惡性、有覆無記性，而且三性的能力很強。增減：三性的能力，可以有增有減。與所熏和合：能熏法應該和所熏法同時同處，相應和合，不相隔離。以上四種條件，前七識和心法心所法都具有。

熏習的相狀有兩種：見分熏、相分熏。見分熏是熏能緣種子，相分熏是熏所緣種子。見分熏卽前七識緣各自的境，各識的見分留能緣的習氣於阿賴耶中，各識的相分卽熏成所緣的種子於阿賴耶中。前五識能熏阿賴耶的相分種子，第七識能熏第八識的相分見分種子，第七末耶識能熏第八識見分種子。

所謂見分，即是識能分別，能分別即是識的見分。識所分別，爲識的相分，也就是識所緣的境，爲客觀對象，自證分是對於識的見分，再加以認識的作用，也就是識的自體，爲見分相分共同所依。證自證分是自證分的內向作用，爲反省意趣。唯識論以第八識緣取實境爲自分的相分，其餘七識均托於第八阿賴耶識所變的相分，乃能有相分。相分種子自然可現其餘七識的境，相分種子爲能現境，應受前五識所熏。第八識的見分種子，爲生果的功能，生果的功能爲能生果，須受第六識和第七識所熏。

「依何等義立熏習名？所熏能熏，各具四義，令種子生長，故名熏習。……何等名爲所熏四義？一堅住性，若法始終，一類相續，能持習氣，乃是所熏。此遮轉識及聲風等，性不堅住，故非所熏。二無記性，若法平等，無所違逆，能容習氣，乃是所熏，此遮善染勢力強盛，無所容納，故非所熏。由此如來第八淨識，唯帶舊種，非新受熏。三可熏性，若法自在，性非堅密，能受習氣，乃是所熏。此遮心所及無爲法，依他堅密，故非所熏。四與能熏共和合性，若與能熏，同時同處，不卽不離，乃是所遮。……何等名爲能熏四義？一有生滅，若法非常，能有作用，生長習氣，乃是能熏。此遮無爲，前後不變，生長用，故非能熏。二有勝用。若有生滅，勢力增盛，能引習氣，乃是能熏。此遮異熟心心所等，勢力羸劣，故非能熏。三有增減。若有勝力，可增可減，攝植習氣，乃是能熏，……四與所熏和合而轉。若與所熏，同時同處，不卽不離，乃是能熏，……唯七轉識，及彼心所，有勝勢用而增減者，具此四義，可是能熏。」（成唯識論卷二）

⑹ 識變

唯識學以宇宙的一切都是心識所變。前期唯識學家無著和世親偏於主觀的唯心論，後期唯識學家陳那和護法偏於客觀的唯心論；然兩者都以萬法爲心識所變。識的自體變現起見分，成爲能認識的心法業用，再變現起相分，成爲所認識的客觀對象。唯識學的關鍵點乃在於識變。識變「有兩種意義：一是轉變義，就是因果同時的轉變；一是變現義，就是由因變成果的顯現。合言之，卽由能變的識自體分，轉變現起所變現的相見二分。」⒀

第八識所藏的種子，遇着所緣的緣乃引起前七識的現行，前七識的現行，又熏第八識而成種子。三者繼續展轉，第一是種子生現行，第二是現行熏種子，第三是新熏種子再生現行。在第一回合，能生的種子爲因，所生的現行爲果。在第二回合，能熏的現行爲因，所熏的種子爲果。第三回合和第一回合一樣。

所謂識變，是在第一回合出現；第二回合則是熏習。爲解釋識變，我們分步進行。

(甲) 業力

一個人的行爲有善有惡，所產生的結果稱爲業。業爲一種行爲，剎那過去，但是每次業都有招感後果的力量，這種力量稱爲業力。業力便是生起後果的功能，是一種動力；所以業力就是種子。在唯識論的種子說還沒有成立以前，佛家各派爲建立前後因果的關係，常用業力的觀念。成實論二世無家說：

> 「是業雖滅，而能與果作因，不言定知，如字在紙，罪業亦爾。以此身造業，是業雖滅，果報不失」（成實論卷三）

當時佛典稱業力爲『無表色』、『種子思』、『無作業』、『增長』、『不失』、『曾有』。業力的存在，「是微個而潛在的，相續不斷的，未來的果報是由它引起的，不論它的名稱是不是種子，已一律具有種子或熏習的含義。」(14)

功能。有部以業力爲四大所造的實色，屬於色法。經部則把業從身和語上分離開來，爲心上的功能。唯識論乃以業力爲第八識的種子。

（乙）有漏種子

從無始之始，一個人就有『本有種子』，種子具有顯現現行的功能。這項功能和業力相等。本有種子的功能爲本有，『熏習種子』的功能則是業力。本有和熏習兩種種子都有引起現行的功能，又有生起新的種子的功能。

具有這些功能的種子爲有漏種子，有漏使因果相續。中論的觀業品說：

> 「如芽等相續，皆從種子生，從是而生果，離種無相續。從種有相續，從相續有果，先種後有果，不斷亦不常。如是從初心，心法相續生，從是而有果，離心無相續。從相續有果，先業後有果，不斷亦不常。」

種子是功能，功能或來自本有，或來自業力，業力來自前生之業。業力得緣乃顯現現行，現行熏生新種子。所以說前念熏習後念。種子顯現現行，現行熏習種子的作用，稱爲相續、轉變、差別。俱舍論論種子說：

「從業相續轉變差別生。」（俱舍論卷三十）

「何名轉變？謂相續中前後異性，何名相續？謂因果性三世諸行。何名差別？謂有無間生果功能。」（俱舍論卷四）

功能又名習氣，潛存在種子裏，所以稱爲種子。種子遇着所依的緣，遂轉變爲前六識的識。

（丙）所　緣

前六識，卽眼、耳、鼻、舌、身、意六識遇着各自所緣的根，所緣的境，和作意差別時，乃能刺激第八識的種子。種子因潛有的功能，遂顯現六識的相分，成爲色法心法。識變的原因，靠着所緣；所緣就是緣因，是功能。識變所靠的緣有四種：因緣、等無間緣、所緣緣、增上緣。因緣是前法生後法，前法爲因，後法爲果。等無間緣是前後兩法，相隨而行，後法緊隨前法，不能同時俱有。所緣緣是兩法相待成緣，互相對待而相依，沒有第一法卽沒有第二法。增上緣是兩法相助成緣，一法協助另一法，增加它的功能。一切色法的生起，須有因緣和增上緣。一切心法的生起，則須足具四緣。

(A) 第八識所緣

所緣，就是第八識所緣慮依託。所緣有兩種：親所緣、疏所緣。

第八識所緣有兩類三法。兩類爲執受、處；三法爲根、身、器世界。

第八識種子，由善惡業力，在識內變生種子，和根、身，外變生器世界。所變的根身和器世界爲自體所緣，乃生能緣的見分，種子和五根爲識所執受，執是攝持義，受是領覺，即是前七識所執的我和法，而有器世界。器世界爲處，即是外境。

第八識以第七識爲不共依，前念自識爲開導依。

(B) 第七識所依

所依，謂所依止仗託。第七末耶識以第八阿賴耶識爲所依，凡現行阿賴耶及種子阿賴耶，都是第七識所依。若加分別，則現行阿賴耶爲第七識的不共依，種子阿賴耶爲共依，前念自識爲開導依。

按佛經分所依爲兩種：俱有所依、不俱有所依。即是能依和所依是否同時俱有。俱有所依又分兩種：共依、不共依。即是否爲多識所依或祇爲一識所依。至於開導依，各無間緣依，即所生境，引起後念。開導依爲三種心法所依的一種。心法所依分爲三種：因緣依，即種子依；增上緣依，即境根俱有；無間緣依，即開導依。

佛經又分俱有所依爲四種：同境依、分別依、染淨依、根本依。

第七識所緣，即依第八識爲所緣境、緣第八識的心王，執爲我，緣第八識的心所執爲我所。心王即見分，心所即相分。

(C) 前六識所緣

前六識爲眼耳鼻舌身意，所不共依爲六根，所緣爲六境，又都以第八識爲共依，第六識則以第七識爲不共所依。

前五識所依五根，爲同境依，又五識依第六意識以了別自識，故以第六識爲分別依。前五識和第六識都隨第七識而有染或淨，以第七識爲染淨依。前六識又以第八識爲根本依，因各識都依第八識而得生。

前五識，各自以根爲所依，以境爲所緣，都緣現在，祇有現量。

第六意識，遍緣有爲無爲一切諸法，有五俱意識和不俱意識兩種，看是否和前五識同時俱起而併生。五俱意識又有同緣和不同緣意識，看是否和五識同緣一境。不俱意識有五後意識和獨散意識，五後意識起在五識之後，但與前識相關連；獨散意識爲孤獨現起的意識，又分爲獨散、夢中、定中三種。獨散意識爲回憶過去和預想未來。夢中意識在夢中現起，定中意識爲禪定意識。

(丁) 識 轉

識究竟如何而成呢？

有兩個先有條件，第一有第八識的種子，第二有第七識的我執和法執。一個人相信有我，又相信有物。當感官和外物相接時，感官卽刺激種子，同時依緣各自的根，種子卽生相分而成爲感官的境，卽是對象；同時，感官又依第六意識而起了別識，卽自己知道所感到的外物，乃有一種感覺。因此感覺認識，是因種子的功能和所依的五根及第六識而成。第七識又執這感覺對象爲實有，於是便成器世界。

這六識的生起，以種子阿賴耶爲親因緣，以現行阿賴耶爲所依。前五識以五根爲不共依，以第六識爲共依。第六識則以第七識爲所依。第七識以現行阿賴耶爲不共依。

前六識既因種子功能和所緣的根——五境而生識，識生現行。識爲無記，現行則或善或惡或無記，和心所法相應。善惡現行所有業力強，於是熏習第八識的同類種子，增強種子的能力，而生新種子。這就是前念熏後念，念念相續。

「謂業爲先，後色心起中無間斷，名爲相續。」（俱舍論卷三十）

「經主於此作如是言，……思業爲先，後復心生，說名相續。」（順正理論卷三十五）

這是討論由『色心』轉變爲『心心』，心心相續受熏。

在種子本有論裏，常說熏習並不是熏成種子，而是「熏發種子使它的力量強化。心中攝藏的種子，經過六識及俱有法或善或惡的熏發，它就力量增盛起來。強盛到快要成熟時，再加以現緣的助力，就會感果。這是很明白的種子本有論。」⒂本有種子生果以後，還不消滅，仍舊存在，再遇到熏習，還可生果。

但是新熏種子說，則以種子由熏習而成。俱舍論是這種主張，還有種子本有和新熏的學說，也主張新種子由熏習而成。

後圖是本有種子說，以三法同時，用增則體也增。新熏種爲本有種的增強。

但新熏種的主張，則是以內種與緣會合時，便能生現，以等流因，生後種子，成兩種子，不合爲一。

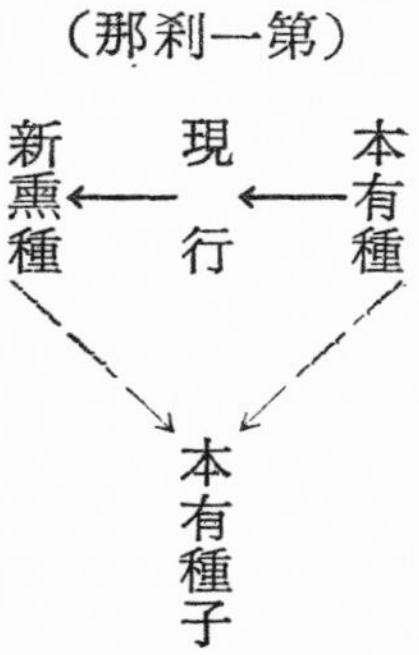

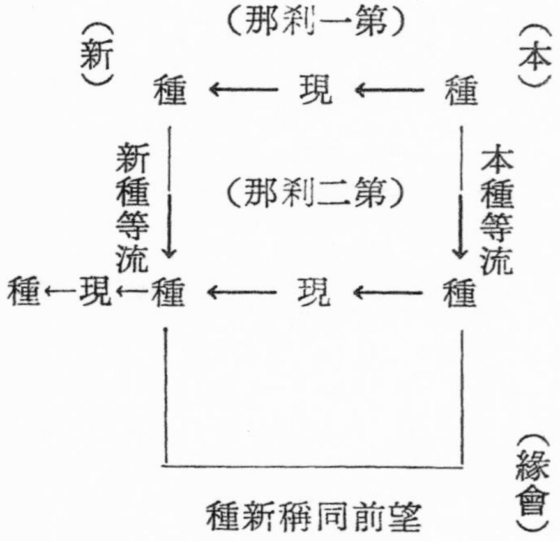

「等流種所生種，有本種等流和新種等流，都稱爲新種。新種有緣會而生現行，但不是兩種子合生現行，而是各自隨緣，各自分別生現行。」⒃

（戊）能變，所變

唯識論以阿賴耶識內變根、身，外變器世界。

內變根、身，即是輪廻投胎，即是生。這種內變，所托本質，爲父母的『不淨精血』；所緣之因，爲『阿賴耶識』；所依的根，爲『微細根』及『四下造根』；質、因緣、根，彼此會合乃有生。用普通話說：在阿賴耶識有我執的我，這個，我執的我爲輪廻的主體，借種子的功能，以父母的精血爲質，外藉各種根，便在母胎投生，成爲有而出生。這種能變，是由阿賴耶識變成了根、身，即是變成了人的身體，稱爲變體。

有了身體，便有五根，即是感官。同時在阿賴耶識中藏有種子。五根因着外緣的接觸，刺激同類種子，種子因着根和外緣的會合，乃生識的相分，成爲五識的對象，第六識認識這個對象，即是所謂了別，同時第七末那識依托第八識所成相分，執以爲實有，乃有『識』的器世界。這是所謂的相變識和心所法，即是和情感相應，便有現行。

根身爲識所變，器世界也爲識所變。

成唯識論說：

「證所變相，雖無量種，而能變識，類別唯三。一謂異熟，卽第八識，多異熟性故。二謂思量，卽第七識，恒審思量故。三謂了境，卽前六識，了境相麤故。……此三皆名能變識者。能變有二種：一因能變，謂第八識中等流異熟，二因習氣；等流習氣，由七識中善惡無記熏令生長；異熟習氣，由六識中有漏善惡熏令生長。二果能變，能前二種習氣力故。有八識生，現種種相，等流習氣爲因緣故。」（成唯識論卷二）

業力變成種子，種子變成識，識激發現行，現行再熏習種子。循環繼續。從『識』方面去看，認識的對象爲種子功能所顯現。有些像海水水氣，經過陽光的曝晒，顯現出蜃樓。感覺的功能仍舊是看見顏色，聽見聲音。但是顏色聲音等等感覺的對象是實有，祇是種子所現。而種子則又是識和心所法和合而成的現行的果。

(7) 一切唯識

(甲) 識外無物

「或執外境，如識非無；或執內識，如境非有；或執諸識，用別體同；或執離心，無別心所。爲遮此等種種異執，令於唯識深妙理中，得如實解，故作斯論。」(成唯識論卷一)

「若人於阿黎耶識迷第一緣生，或執自性是生死因，或執宿作，或執自在變化，或執八自在我，或執無因。若迷第二緣生，執作者受者，……由不了阿黎耶識體相及因果相，如彼生盲，不識象體相，作種種異說。若略說阿黎耶識體相是果報識，是一切種子，由此識攝，一切三界身，一切六道，四生，皆盡。」(眞諦譯，攝大乘論卷上，相品第二)

唯識的成立，用意在於破除各等『有』說。我是虛空，外物也是虛空，連心都是虛空，識的本身也是虛幻。

小乘佛教以現在的法爲實有，我則爲空。爲解脫煩惱，須要滅有而歸於無。但對於宇宙萬有卻沒有解釋。大乘以我和萬有都是因緣集合，因緣也沒有實體自性，祇有功能。成唯識論進而解釋萬物由來的因緣功能，都在於『識』。「第八識爲能藏亦爲所藏，人生世界皆其所變之相分，其所覺知者則爲前七托彼爲本質所變之相分，識有受熏持種與生起根身器界之用。前七識有作業能熏之力，天地人我皆識所變種，皆因識而顯，依識而住，假有諸相，識爲最勝，不於識外別有他物。故曰法相唯識；但識亦爲法，自性亦空，故先證法性本空，乃證法相唯識。」(17)

唯識論對於外面的對象，主張爲識所顯。識如何能生器世界的物質呢？物質本來就是因緣的和合，因緣就是功能，物質所以沒有本體。所謂四大的地水火風，即是障礙的功能，流潤的功能，炎熱的功能，飄動的功能。這四種功能都藏在種子裏，種子乃能顯現色法的相分，而成器世界。

(乙) 唯識中道論

『中論』乃是龍樹所倡，爲三論宗的特點。但唯識學也談『中道』。

中論和萬有實相論有關，實相論討論現象和本體的性質，從兩方面去研究：從肯定方面有三性：遍計所執性、依他起性、圓成實性；從否定方面也有三性：相無性、生無性、勝義無性。肯定的三性稱爲三性，否定的三性稱爲三無性。三性和三無性，不一不異，便成爲唯識的中道。中道爲實相的兩面觀，從客觀方面看，俗說爲有；從主觀方面看則是空。

實相 { 客觀的有 / 主觀的空 } 中道

實相 { 唯——無體法——非有 / 識——有體法——非空 } 中道

唯識的中道主張每一事物都具有三性和三無性，在每一事物中，卽每一法中，都可見非有非空的妙理中道。如遍計所執性，既執則非空，然實際上非有，故是情有理空。依他起性爲假有，既爲假有則非空，但實際上非有故是空。圓成實性爲眞空，故非有，然爲妙有又是非空。在每一性上，都表現中道。

(丙) 無漏種子

中道論爲唯識學的大乘因素，然並不是最後的目標。非有非空，還是沒有達到絕對境界，絕對境界應是絕對的一。這種境界由無漏種子而生。

無漏種子，稱爲佛性，又稱如來藏。從無始之始，在第八識中本有無漏種子，而後由聞正道，修行，又習成無漏種子；因此無漏種子有本有及習成兩種。

「分別論者雖作是說：心性本淨，客塵煩惱所染污故，名爲雜染。離煩惱時，轉成無漏，故無漏法非無因生。」（成唯識論卷二）

人人本有無漏種子，但因遭有漏種子的障礙，不能顯現功能。人若聞正道，發善心，增加『善心所』的功能，和無漏種子的緣生相應，乃發生無漏智。由無漏智再熏成種，便是習成的無漏種子。

無漏智使人修到究竟位，證得佛果，斷滅了我法，而成絕對眞理的法身。

對於無漏智，中國法相宗的唯識學有兩種意見：一種是眞諦的意見，一種是玄奘的意見，眞諦依據攝大乘論，主張有第九識，玄奘依據成唯識論祇說八識。按照眞諦的意見，無漏智屬於第九識，因爲阿賴耶識中有圓成實性，爲眞如門，乃是阿賴耶識中的『一心』，即是第九識。

第九識的主張，源於大乘起信論。攝大乘論袒護起信論，眞諦隨從攝大乘論。法相宗本來把法性和法相分開，平行而不相會合。法性爲本質，法相爲現象特徵。眞如乃是物的本質，和外面的事物相分離，不受現行的熏習。此眞如在第八識中，由無漏智而證知，因此便稱爲第九識。玄奘則主張在第八識中有眞妄兩元素，即有漏和無漏種子。「當一個人修行到圓滿境界時，第八識的無漏種子轉爲圓滿的智慧。同時前七識也轉爲超越的智慧：前五識轉爲成所作智，第六識轉爲妙觀察智，第七識轉爲平等性智，第八識轉爲大圓境智。這就是佛陀的四種智慧。」(18)

註

(1) 法舫　唯識史觀及其哲學，第五章，善導寺印
(2) 蔣維喬　中國佛敎史，中册，卷二，頁五十四，商務，民二十二年。
(3) 霍韜晦　因明與邏輯，見佛敎邏輯與辯證法。大乘出版社　現代佛敎學術叢書。
(4) 呂澂　佛家邏輯，見佛敎邏輯與辯證法，頁四八。同(3)
(5) 同上，頁四九——五〇。
(6) 羅光　中國哲學大綱　下册，頁一三四——一三六。臺灣商務印書館第二版。
(7) 熊十力　佛家名相通釋，頁一。廣文書局。
(8) 同上，頁六。
(9) 化聲　見色之研究。唯識思想論集(二)頁一九二。現代佛敎學術叢刋。
(10) 黃懺華　佛敎各宗大意。商務印書館。上册，第二種，頁六九。
(11) 太虛　阿陀那識論。現代佛敎學術叢刋。唯識思想論集(一)，頁五三。

(12) 黃懺華 佛教各宗大意，上冊。第二種。頁八。

(13) 筏喻 唯識學上的識變觀。現代佛教學術叢刊。唯識思想論集(一)，頁一二五。

(14) 印順 唯識學探源。——唯識學的發展與傳承，頁一四一。現代佛教學術叢刊。

(15) 印順 唯識學探源，頁一六四。

(16) 正觀 唯識述要，唯識學概論。頁八一——八二。現代佛教學術叢刊。

(17) 太虛 法相唯識學概論，唯識學概論頁二一。現代佛教學術叢刊。

(18) 高楠順次郎著，藍吉富譯 佛教哲學要義，頁九五。正文書局。

第四章　緣起宗論

㈠ 俱舍論——業感緣起

(1) 緒論

佛教的小乘講有，名爲一切有部。在佛滅後一百年間未分派別，以四阿含經爲代表經典。後來有四次結集，乃分出部派，成二十部，以阿毗達磨大毗婆沙論爲代表。由阿毗達磨產生俱舍論，成立俱舍宗。

俱舍論爲世親（Vasubandhu Ca. 420-500, A. D.）所造。世親爲無著的弟弟，爲子覺的哥哥，兄弟三人，都是佛教大師。無著弘揚大乘，世親宣講小乘有部，後轉入大乘，作唯識論。

在阿毗達磨俱舍論以前，有毗婆沙論。這部論著在中文翻譯中有兩百卷，爲阿育王迦膩色迦時，聚集了五百僧人，以世友（Vasumitra）、法救（Dharmatrata）等大師爲主持人，建立法會，經過十二年時間，結集了十萬頌的大毗婆沙論（Vibbasa Sastra）。這部大作根據迦多衍尼子（Katyayaniputra）的發智論又稱爲八犍度論而編。繼續毗婆沙論所有的阿毗達摩學說的重要著作，有阿毘曇心論，爲法勝的作品，有雜阿毘曇心論，爲法救的著作。

阿毘達摩爲梵語，它的意義，阿毘（Abhi）有『對於』『關於』『更上一層』的意思；達摩（Dharma）爲『法』。阿毘達摩一語的意思，爲『上等特殊的法』，即『關於無漏慧的法』。『對於』有兩層意義：一，對於涅槃；二，對於四聖諦。這樣便有兩種法：一是勝義法，爲常樂的涅槃實體；二是法相法，爲一切法的性相，望自體名性，望他緣名相。發智論，六足論以及各種足論（品類足論，識身足論，法蘊足論……）都爲對法論。

世親採取阿毘達摩學說作俱舍論。俱舍論思想的系別，可由下表窺見：

- 說一切有部
  - 迦溼彌羅阿毘達摩
  - 迦多衍尼子發智論—六足—脇尊的大毘婆沙論—新毘婆沙論
    - 正統派的眾賢Samghabhadra代表作有順正理論和顯宗論
    - 折衷派的世親，代表作有俱舍論
  - 乾達羅
  - 阿達

世親俱舍論的思想，屬於說一切有部，歸於小乘。然不純粹承繼大眾部，也不純粹承繼上座部；乃是折衷各部關於本體有的思想，可以作爲集有部的大成。

俱舍論一書有唐玄奘譯本，共三十卷。及陳眞諦譯本，爲二十二卷，名阿毘達摩俱舍釋論。兩本的內容都包含九品；分別界品，分別根品，分別世間品，分別業品，分別惑品，(分別隨品)分別賢聖品(分別聖道品)，分別慧品(分別智品)，分別三摩跋提品，破說我品(破執我品)。九品的內容是一、論元素，二、論感官，三、論世界，四、論行爲，五、論煩惱，六、論賢聖與途徑，七、論知識，八、論禪定，九、論破我。總括九品歸於四類：

一、明萬法的體用	明萬法之體	界品	
	明萬法之用	根品	
二、明迷界的因果	明迷界的結果	世品	苦諦
	明迷界的親因	業　品	集諦
	明迷界的疏緣	隨眠品	
三、明悟界的因果	明悟界的結果	賢聖品	滅諦
	明悟界的親因	智　品	道諦
	明悟界的疏緣	定　品	

四、附加明無我的眞理——破我品

俱舍論的內容含有內在的次序，先講本體，次講一般人對本體的看法和有的結果，後講佛法對本體的看法和有的結果，以證佛法三昧三法印：諸行無常、諸法無我、涅槃寂靜。

佛教對於萬法的本體，都以『緣起』爲根本理論。業感緣起說，解釋行爲的緣力。再進而解釋行爲業力的根源，乃有阿賴耶緣起說，又進而解釋阿賴耶的根源，便有眞如緣起說。

俱舍論屬於業感緣起說，講行爲的業力，主張『三世實有，法體恒有。』

在中國，翻譯俱舍論的高僧，先有陳眞諦的俱舍釋論二十二卷，後有唐玄奘的俱舍論三十卷。兩種譯本出來後，研究的僧人頗多，且作有注疏。替眞諦譯本作注疏的，有眞諦自己所作俱舍論疏六十卷，智愷的俱舍論疏八十三卷，唐惠淨的俱舍論疏三十卷，道岳的俱舍論疏二十三卷。這些注疏，現在都已逸失。爲玄奘譯本作注疏的，有神泰的俱舍論疏三十卷，普光的俱舍論記三十卷，法寶的俱舍論疏三十卷。俱舍論在唐時成爲一宗，唐以後，則沒有繼續發揚的人了。

(2) 三世實有

俱舍論在本體方面的主張是『三世實有，法體恒有。』印度的哲學，在傳統上都認爲沒有實體，因爲一切物體常在變化。旣在變化，便是『無常』；旣是『無常』，便不延續，所有存在，祇是『現在』。『過去』已經不存在了，『未來』還沒有存在。佛教的大衆部、法藏部、經量部都接受這種主張，俱舍論則強烈地反對。在印度哲學裏有數論派哲學，曾主張物體常在變動，但卻永遠存在。俱舍論採納這種思想，主張三世實有。這種實有當然不是固定不變的實有，而是刹那的實有。每一刹那的物，都是實有，在過去和未來跟在現在一樣的眞實，然並不是三世繼續同一的實有。

三世實有的主張，以二經二理爲根據。二經卽雜阿含經所說：

「苾芻當知！若過去色非有，多聞聖弟子衆，不應於過去色勤修厭捨。以過去色是有故，多聞聖弟子衆，應於過去色，勤修厭捨。若未來色非有，多聞聖弟子衆，不應未來色勤斷欣求。以未來色是有故，多應於未來色勤

斷欣求。」（雜阿含經 卷三）

「識由二緣生，其二者何？謂：眼聞聖弟子衆，及色，廣說乃至意及諸法。」（同上。卷八）

雜阿含經的第一段，從修行方面說三世實有，第二段從識方面說三世實有。俱舍論關於識的三世實有，在卷二說：

「故但於心，假說爲我。眼等爲此所依親近故，說名內色等；爲此所緣疏遠故。說名外。若爾六識應不名內，未至意位，非心依故。至意位時，不失六識界，亦非越意相。若異此者，意界唯應在過去世。六識唯在現在，未來，便違同宗許十八界皆通三世。又者未來現在六識無意界相，過去意界亦應不立。相於三世無改易故。已說內外十八界中，幾是同分，幾彼同分。」（玄奘譯。阿毗達摩俱舍論卷二，分別界品第一之二）

「是心世間說爲我，眼等爲此依止及親近故。是故說眼等名我依，色等爲境界故，稱外。若爾六識界應不成我依，何以故？六識未至意界位，不得爲心依。是時若作意界，卽六識作，非餘故。六識不離意界體。若不爾，意界唯過去，非未來現在彼部所許十八界有三世故。若未來現在識無意界體，相於過去中亦不可立爲意界。何以故？相於三世無不定義，故幾界有等分，幾界非等分。」（眞諦譯。阿毗達摩俱舍釋論）

這一段經的兩種翻譯，文句有不同，意義當然是一樣。經文的主張是「相於三世無改易」，「相於三世無不定義」。

在俱舍宗的『三世實有』的主張中，又有四種學說：一，法救『類不同』，以三世不過是類不同，根本法則沒有不同。二，妙音『相不同』，以三世的分別是在『相』上面，相是相狀，是因子。三，世友『位不同』，以三世的分別，乃是位不相同；位是地位，是作用。四，覺天『待不同』，以三世不同，祇是觀點的不同。世親採取第三說，即世友的學說，以實有的作用而分三世，未來是尚未發生作用的階段，過去是作用已經消息的階段，現在則是作用正在發展的階段。但上面經文所說「相於三世無改易」，乃是關於識的過程。前五識感覺以意識之相爲相，一識所有的相，即是認識，三世不改。若是過去的相改了，或者沒有了，意識便不能回憶過去的相。若是未來的相不是現在認識的相，未來的認識就不是現在所有的認識。

十八界是六根六境六識，所謂「十八界皆通三世」，「十八界有三世」，即是六識：眼耳鼻舌身意，從根方面說，從對象方面說，從認識方面說，都通三世。

同分，是促使種或類具有相同的生命形式的力量。內外十八界，有同分，有非同分。同分有情同分和法同分；有情同分是使有情彼此成爲同類的原因，法同分則通於非情。

上面所引的俱舍論的文據，即是所謂『二經二理』中的一種理。『二理』爲『有境理』和『有果理』。『有境理』說明心法的生起，必有所緣境。六識的前五識都依第六識意識，意識的境通三世，就如前面所說。意識既遍緣三世，三世應爲實有，而三世法也應實有。

「三世法得，各有三種，謂過去法有過去得，有未來得，有現在得。如是未來及現在法各有三得。又善等法得唯善等，謂善不善及無記法，如其次第，有善不善及無記三得。」（玄奘譯。俱舍論卷第四，分別根品第二之二）

「過去諸法有過去至，有未來至，有現在至。如是未來現在諸法，各有三至。偈曰：於善等善等。釋曰：若法，善惡無記性至，亦次第隨法同善惡無記性。」（眞諦譯。俱舍釋論卷第三，中分根品之二）

『得』，是一種繫屬於有情法的力量，即是繫縛『取得者之取得物』的一種力量。人中有智者愚者善者惡者，這是因爲有一種非色非心的法，在繫屬有情。這種繫屬的法或力量，稱爲得。在時間上，得有四類：法前得、法後得、法俱得、非前後俱得。時間上的關係，是能得和所得的關係。『能得』較『所得』爲先，且爲嚮導，稱爲法前得。『能得』較『所得』爲後，稱爲法後得。『能得』和『所得』同時有，如影隨身，稱爲法俱得。兩者不能分先後，如無爲法上的得，稱爲非前後俱得。

俱舍論說「三世法得各有三種」，是在講不相應法，卽心不相應行。『得』爲十四種不相應法的一種，不相應法，旣不是五蘊中的色蘊，又不是心的識蘊，所以是非色非心，而是一種潛勢力。俱舍論講三世法得，卽過去現在未來，而過去通現在和未來。善惡無記的三種得，通於三世，所得法便是三世實有。俱舍論在同一卷裡講『難得』時，也說「難得淨無記，去來世各三。」

『有果理』爲證明三世實有的第二種理由。凡是有了過去的業，便要招未來的果報。若過去業一去就不實有了，未來的果報就不應有了；那豈不是摧毀了業感緣起的原則了嗎？異熟的因果不同時起，因和果有前後的次序，過去因和果，應該可以聯繫起來。

「當辯三世，頌曰：過於三各四，現於未亦爾，現於現二果，未於未果三。

論曰：過去現在未來三業，一一為因，如其所應，以過去等為果。別者，謂過去業，以三世法，各為四果，唯除離繫。現在業以未來為四果，如前說，以現在為二果，謂士用及增上。未來業以未來為三果，除等流及離繫。不說後業有前果者，前法定非後業果故。」（玄奘譯。俱舍論卷第十七，分別業品第四之五）

俱舍論講六因，四緣，五果。六因是：能作因、俱有因、同類因、相應因、偏行因、異熟因。四緣是：因緣、等無間緣、所緣緣、增上緣。五果為：增上果、士用果、等流果、異熟果、離繫果。

五果的前四果屬於有為法，第五離繫果屬於無為法。從三世的關係說，有只取現在果，有遍取三世果，有取二世果。

過去業 ┬ 三世：過去、現在、未來
　　　 └ 四果：增上果、士用果、等流果、異熟果。

現　在 ┬ 未來—四果：增上果、士用果、等流果、異熟果。
　　　 └ 現在—二果：士用、增上。

未　來─┬─未來
　　　　└三果：增上、士用、異熟。

世親對於『業』與『果』，主張三世實有，前世的業者沒有業力存在，後世的果便不能生。俱舍論頌說：「世別由業生，思及思所作。思卽是思業，所作謂身語，此身語二業，俱表無表性。」

「論曰：非由一主先覺而生，但由有情業差別起。」（玄奘譯。俱舍論卷第十三，分別業品第四之一）

「前已說衆生世及器世差別有多種不同，如此不同，何因所作？非隨一作者以知爲先所造。若爾，云何諸衆生？偈曰：業生世多異。釋曰：世間多種差別，皆從業生。」（眞諦譯。俱舍釋論卷第十，分別業品第四）

「世別由業生」，雖指衆生世和品世，但也可以解釋到時間的三世，三世的差別，由業而生。業的力量，或在現世生果，或在來世生果。因此便有過去、現在、未來三世。「不說後業有前果者，前法去非後業果故」，業的力量不能在未存在以前，就生果，後世的業，當然不能爲前世的果。

三世的次第，可由兩方面去看：由法的本體去看，有法相生起的次第；由業感方面去看，有善惡業感的次第。法相生起的次第，先有生起之能，法則尚未生起，這叫做未來。能由因緣和合而成爲現實，法正存在，這稱爲現在。若是因緣離異，如有經相和滅相，法乃毀滅，這稱爲過去。善惡業感的次第，由過去業而感生現在果，由現在業而感生未來果。法相生起的次第是逆序，未來——現在——過去；業感生起的次第是順序，過去——現在——未來。

三世在兩種次第中變遷，但它的法體則都是實有。「如從全體的立場看，三世實有乃可謂是一種非連續的連續，亦卽不同性的連續。如從現實看，每一刹那的法體雖是不同，但三世都是現在一刹那的內容。再進一步說，法體本身，是超時間性的，這叫做自相。」(1) 世親的『三世實有，法體恒有。』祇是主張每一時的法體都是實有的。這種實有每一刹那都在變，在變的前後中實有法體並不是同一的，不連續存在。所以說是刹那實有。這種刹那實有不是佛性，又不是眞如；但是後來大乘便講佛性和眞如。

若以恒有的法體稱爲法的自相，以自相超越時間空間，這已經不是有部的思想，而是歸於大乘。有部在時間上建立無數的法體，每一法體爲刹那的實有存在。刹那的實有法體由因緣和合而有，因緣的中心是自己的行爲，行爲就是業。俱舍論列擧宇宙萬有爲七十五法，七十五法因着業緣的因果關係結合在一起。這種理論祇解釋『實有』，而『實有』的理論則沒有追到根底，後來唯識論便追究業緣，佛性眞如論便追究法的自相。

(3) 體用

俱舍論者的俱舍宗爲解釋『法體恒有』的變化，有『用滅說』和『體滅說』。法體旣然恒有，那麼一切的生滅變化，怎樣解釋呢？『用滅說』以有爲的法體絕對不生滅，祇是作用有生滅等變化，而有三世的分別。『體滅說』則以爲有爲法和無爲法的分別，在於有沒有生、住、異、滅四相，卽是有無變化。若是有爲法沒有生滅變化，便是無爲法，因此有爲法應當是體滅。但是有部的原理則是不能從無生有，也不能使有變無；因此體雖變，法體都常恒存在。而這種存在不是連續存在，祇是刹那存在。

俱舍宗以宇宙間有形的物體，都由『極微』構成。『極微』也稱爲『極細塵』，又稱爲『隣虛』，還可以稱爲原子，爲物體的構成素。

七個『極微』（Parama-anu）構成一『微聚』（Anu）。七字數目的來由，是由一極微，加上四方和上下的六極微，而有七極微。七極微成『一微聚』。再進，則七微聚成『一微塵』（Rajas）。

「辯三極少量，頌曰：極微字剎那，色名時極少。論曰：分析諸色，至一極微故。一極微爲色極少。如時分析諸名。及時至一字，剎那的時極少。……論曰：極微爲初，指節爲後，應知後復皆七倍增，謂七極微爲一微量，積微至七爲一金塵，積七金塵爲水塵量，水塵積至七爲一兔毛塵……。」（玄奘譯。俱舍論 卷第十二，分別世品第三之五）

眞諦譯極微爲『隣虛』，意思是說和虛無爲隣，再不能小，再小就是虛無了。

「釋曰：以隣虛爲初，應知後復皆七倍增。七隣虛爲一阿耨，七阿耨爲一鐵塵，七鐵塵爲一水塵，七水塵爲一兎塵……」（眞諦譯。俱舍論卷第九，分別世間品之四）

極微或隣虛的思想來自大毗婆沙論：

「時之極少，謂一剎那，色之極少，謂一極微，名之極少，謂依一字。……

問彼極微量復云何知？答：應知極微是最細色，不可斷截、破壞、貫穿。不可取捨、乘履、搏擊。非長、非短、非方、非圓、非正、非不正、非高、非下、無細分、不可分析、不可覩見、不可聽聞、不可齅嘗、不可摩觸，故說極微是最細色。此七極微成一微塵，是眼識中所取色中最微細者。……」（大毗婆沙論卷第一百三十六，大種蘊第五中具見納息第三之三）

極微雖是無形，然而仍是有量的色體，否則聚齊無色體，怎樣可以成爲有色體呢？極微各有堅、濕、煖、動，四種物質特性；這四種特性稱爲四大種。四大種的具體形，就是地、水、火、風。地水火風乃是宇宙萬物的四種元素，即是色界的元素。

佛教大小乘都分宇宙事物爲五類，五類稱爲五蘊。蘊在梵語爲『塞建陀』(Skandha)，有積聚的意思。五蘊爲色、受、想、行、識。第一蘊爲色法，其餘四蘊爲心法。這兩類法按作用方面說，分爲有爲法和無爲法，有爲法具有變化的特性，無爲法則不變化。

俱舍論把宇宙萬有分爲七十五法，唯識論分爲百法，成實論分萬有爲八十四法。法的數目不同，分類標準則相同，都是按照有爲法和無爲法，又按五蘊去分類。三家分類上的比較，可以列成下表：

萬有		俱舍七十五法	唯識百法	成實八十四法
有爲（五蘊）	色蘊	十一色（質礙）	十一色	十四色
	受蘊	一受（領納）	一受	一受
	想蘊	一想（取像）	一想	一想
	行蘊	五十八行（四十四相應 十四不相應）	七十三行（四十九相應 二十四不相應）	六十四行（四十九相應 十七不相應）
	識蘊	一識（六識一體）	八識	一識
無爲		三種	六種	三種

我們不別舉各種法名，也不加以解釋。但是我們要指出，佛教的萬有分類，把體的類和用的類相併列出。在五蘊裏，色法和心法屬於體，心所有法和不相應法，屬於用；而且最多的法，都是心所有法，卽是心的作用。至於無爲法，應該屬於體，然也可以屬於用，因爲是講特性。佛教把體用看成平等，因爲體由因緣和合而成，緣本是用。這樣，體用便不另外有本體上的差異，兩者可以不分，也可以相同。

宇宙整體的構成，俱舍論採用小乘有部的思想。在空間方面，「依俱舍論說：我人所住

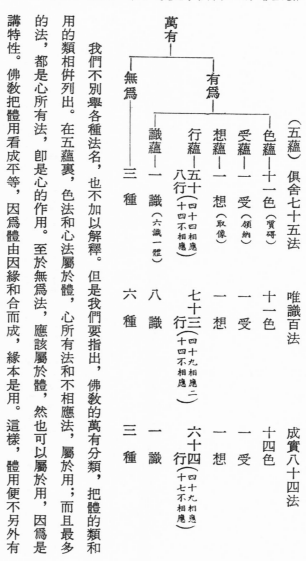

的世界，中央有一須彌山（Sumeru-Parvata），新譯作蘇迷盧山，譯爲妙高山，妙光山，其四周均以海圍繞。此山聳出水面八萬由旬，深入水底亦八萬由旬。它的寬有四萬由旬，其周圍又以山繞着。山的外圍又是海，海外又是山，如此共成九山八海。九山卽是須彌山、持雙山、持軸山、擔木山、善見山、馬耳山、象鼻山、持邊山、鐵圍山。內部的七海，都爲八功德水所成，只有最外邊的海爲鹹水所成。此第八的持邊山和第九的鐵圍山之間的海洋，四方有四大洲，名爲須彌四洲。東邊的叫做東勝身洲，人壽二百五十歲；南邊的叫做南瞻部洲，人壽不定，刼初刼末爲十歲；西邊的叫做西牛貨洲，人壽五百歲；北邊的叫做北俱盧洲，人壽千歲。我們居住的世界，卽爲南瞻部洲——閻浮提，有日月星辰懸掛於空中，繞轉須彌山的周圍。這樣的世界集合一千個叫做小千世界，小千世界集合千個叫做中千世界，中千世界集合千個叫做大千世界。因爲此大千世界有小、中、大三類故，叫做三千大千世界。如此的三千大千世界無量無邊而存在於上下四方，因此佛敎說世界是無量無量。

由旬是印度計算路程的數目，爲軍隊一日的行軍路程，大約等於七・五公里左右。」(2)

這是佛敎的宇宙器世界。在時間方面，佛敎談刹那，刹那爲時間裏最初的基數。

「論曰：刹那百二十爲一怛刹那，六十怛刹那爲一臘縛，三十臘縛爲一牟呼栗多，三十年呼栗多爲一晝夜。此晝夜有時增有時減有時等。三十晝夜爲一月，總十二月爲一年。」（玄奘譯。俱舍論卷第十二，分別世品第三之五）

宇宙的時間，以『刼』計算。刼爲梵語刼波（Kalpa）爲印度時間最長單位。我們所住的世界，分爲四期：成住壞空。成刼時期，須經過十九刼，先有風輪，次有水輪，後有金輪。世界成後，卽入住刼，住刼以無量的人壽刼計算，共長十二億七千九百八十四萬年。住刼以後有壞刼，經過水災、火災、風災。最後乃有空刼。

大刼
- 成刼（二十刼）
  - 第一刼——器世間成。
  - 第十九刼——有情界成。
- 住刼（二十刼）
  - 第一刼——唯減。
  - 第十八刼——一增一減。
  - 第二十刼——唯增
- 壞刼（二十刼）
  - 十九刼——有情世界壞。
  - 後一刼——器世界壞。
- 空刼（二十刼）

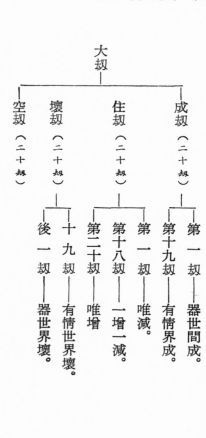

劫分爲小中大。小劫的時間爲一千五百九十萬八千年。二十小劫成一中劫，爲三億一千九百九十六萬年。四中劫成一大劫，共十二億七千九百八十四萬年。世界在成、住、壞、空之大劫中，繼續轉變，無限地存在。

(4) 無我

俱舍論的最後一品爲破執我品，表明本論的目的。佛教的大小乘都以我爲空爲假，又以我爲一切煩惱的根由。俱舍論雖主張『三世實有，法體恒有』；但不承認一繼續存在的實有。因此，『我』便也不能存在。一切人都以『我』爲一實體，在繼續的變易中不變；佛教稱這種我爲假我，生於人妄信有自我的『我執』。俱舍論乃有破執我品。

犢子部曾主張『非卽非離蘊我』，我不是蘊，我也不離蘊，我是自我。我若是蘊，在死後，蘊卽消散，輪迴時便無主體。若我離蘊，前生的我不是後生的我，則前生的善惡業，由另一我而受業報。世親用一對答語，辯駁這種主張：

「昔有大德，名曰龍軍，三明六通，具八解脫。于時有一畢鄰陀王，至大德所，作如是說：我今來意欲請所疑。然諸沙門性好多語，尊能直答，我當請問。大德受請。王卽問言：命者與身，爲一爲異？大德答言：此不應記。王言豈不先有要耶？今何異言，不答所問！大德質曰：我欲問疑，然諸國王性好多語，王能直答，我當發問。王便受教。大德問言：大王宮中諸菴羅樹，所生果，味爲醋爲甘？王言：宮中本無此樹。大德復責先無要耶？今何異言，不答所問。王言宮內此樹既無，寧可言果味甘醋！大德誨曰：命者亦無，如何可言與身一異！」（玄奘譯。俱舍論 卷第三十，破執我品第九之二）

『命者』卽是『我』，『身』爲蘊。畢鄰陀王問：我和蘊是一是不一，龍軍答說『我』本來沒有，怎樣可以說我與蘊是一是不一！好比本來沒有庵羅樹，怎樣可以說樹的果子是甘是酸！

「然犢子部執有補特伽羅，其體與蘊，不一不異，此應思擇爲實爲假。實有假有，相別云何。別有事物，是實有相，如色聲等；但有聚齊，是假有相，如乳酪等，許實許假，各有何失？體若是實，應與蘊異，有別性故。如別別蘊，又有實體，必應有因。……」（玄奘譯。俱舍論 卷第二十九，破執我

品第九之一）

『我』若是實體，則必有因；有因所生者，皆是無常，則是眾因緣所聚。若不是由因所生，則屬於無爲法，也不能執爲實有。因此我不是實有。

「如世間依薪立火。如何立火，可說依薪？謂非立薪，可立有火，而薪與火，非一非異。若火異薪，薪應不熱；若火與薪一，所燒卽能燒。如是不離蘊，立補特伽羅。」（俱舍論　卷第七九）

世間外道以薪和火，比譬我和五蘊，薪和火不一不異，我和五蘊也是不一不異，但是俱舍論辯駁說：

「若謂卽於炎熾木等煖觸名火，餘事名薪；是則火薪俱時而起，應成異體，相有異故。應說依義，此旣俱生，如何可言依薪生火？謂非此火，用薪爲因，各從自因，俱時生故。……是則應許補特伽羅與蘊俱生，或依止蘊，已分明許；體與蘊異，理則應許。」（同上）

世親以薪與火是不同，因爲沒有薪，便沒有火。火是假有，並非實有，我便也是假有。

而且薪是被燒，火是能燒，被燒和能燒，不能是非一非異。

「若應說言，所燒是薪，能燒是火。此復應說，何者所燒，何者能燒，名薪名火。」（同上）

犢子部又說我由六識所認知，眼認識色，依止而知有我；意識認識法，依止而知有我。境與我，非一非異。

世親辯駁說：

「若於一時眼識識色，因茲知有補特伽羅，此言何義？爲說諸色是了補特伽羅，因爲了色時，補特伽羅亦可了。若說諸色是了此因。然不可言此異色者，是則諸色以眼及明作等緣爲了因，應不可說色異眼等。若了色時，此亦可了爲色能了，卽了此耶，爲於此中，別有能了。若色能了，卽能了此。則應許此體卽是色。或唯於色，假立於此，或不應有。如是分別，如是類是色，如是類是此。若無如是二種分別，如何立有色。有補特伽羅有性，必由分別立故。若於此中，別有能了了時別故，此應異色。」（同上）

若說因眼識而知有我，是以色爲認識我的因。色因眼及諸明作意等緣和合而成，色和眼便不能說是相異，而應說是同一。又如眼能了別色；便應假立一種被了別的色，又以眼爲能了別，這樣眼便不是色。因此，我（有補特伽羅）有自性，自性不能是五蘊。這種自性祇是因緣的和合，不是實有。

「世尊於雜阿笈摩中爲婆羅門婆柁梨說：婆柁梨諦聽，能結縛結法，謂依心故染，亦依心故淨。我實無我性，顚倒故執有，無有情無我，唯有有因法，謂十二有支，所攝蘊處界。審思此一切，無補特伽羅。旣觀內是空，觀外空亦爾。能修空觀者，亦都不可得。」

俱舍論以無我論爲釋迦佛的遺敎，因此破犢子論和勝論以及數論所執的我。世親以我是諸蘊的相續。

「若我實無，爲何造業？爲我當受苦樂果故。我體是何？謂我執境。何名我執境？謂諸蘊相續。」（玄奘譯。俱舍論卷第三十）

「有部都主張無我，經量部又主張無事物。俱舍論則折衷兩者，主張『三世實有，諸法

恒有』，又主張『無我』。」(3)

(5) 業感緣起

俱舍論主張『三世實有，諸法恒有』，然而這種實有，也不過是因緣的和合爲刹那的實有。關於『因緣和合』，俱舍論主張業感緣起。

『業』在梵文爲Karma，卽是動作，或稱造作。一個人的行爲動作，將來要引起各種不斷的後果。俱舍論以宇宙的三世實有，就是業感所引起的果。

看起來，乃是一種矛盾，爲有行爲動作的業，應該有行爲動作的主體，卽是我，爲有果報，也應該有我，否則受果報的主體不是作業的主體，便沒有報應的意義；但是俱舍論『破執我』而主張無我。不過，佛教的因果觀，是因引起果，引起果時，因卽消滅；這是一種流動律。

有部的阿含經，講行爲力緣起，以十二因緣說明宇宙萬法的緣起。俱舍論採納十二因緣，但特別注重講說業力的緣起。

十二因緣爲：無明、行、識、名色、六入、觸、受、愛、取、有、生、死。在十二因緣中，有順逆兩種次序；順觀次序是無明緣行、行緣識、識緣名色、名色緣六入、六入緣觸、觸緣受、受緣愛、愛緣取、取緣有、有緣生、生緣老死；逆觀次序是無明盡則行盡、行盡則識盡、識盡則名色盡、名色盡則六入盡、六入盡則觸盡、觸盡則受盡、受盡則愛盡、愛盡則取盡、取盡則有盡、有盡則生盡、生盡則老死盡。這樣看來，無明是十二因緣中的第一因；然而佛教並不承認第一因，因爲十二因緣祇是組成一個『生命之輪』，不斷地循環着，成爲一個圓圈。

「宿或位無明，宿諸業名行，識正結生蘊，此後稱名色，從生眼等根，三和前六處，於三受因異，未了知名觸，在婬愛前受，貪資具婬愛，爲能得資具，遍馳求名取，有謂正能造，牽當有果業，結當有名生，至當受老死。」（玄奘譯。俱舍論卷第九）

死不是結局，生不是開始；生死相啣，結成一輪。時間和空間互相聯繫，時間以空間而分，空間又以時間而分。「生命之輪」即是「在時空關係中的生命體」。

『無明』導引出了『行』，行是生活的慾望。這兩個因算是『過去』的因。生活的盲目慾望造成一個潛意識，潛意識投入母胎，乃有名色，即是形體。有了名色乃有六入的六識的器官，這個已經完成的身體出生以後，就有感覺的觸，有感覺乃有受。這五個因稱爲過去世的五果。

五果而成了人，便有愛、恨、喜，……等等的感覺，因而生『取』，取是對於感覺的取捨，取捨爲『有』。現生的有，即是實際存在的表現，便成爲未生的因。愛、取、有爲現在的三因。三因所造成的果，爲未來的『生』和『老死』。

有部講十二因緣的和合而有人，宇宙萬有則又以四大因素的和合而有；但是沒有進入因緣理論的深處，沒有說明十二因緣和合的理由。後來唯識論便深入十二因緣的行爲力之起源，而以阿賴耶識予以解釋。後來大乘又以眞如解釋阿賴耶識的起源。所以有行爲力緣起、阿賴耶識緣起、眞如緣起。

俱舍論是有部的代表作品，主張行爲力緣起；但俱舍論講行爲力緣起，特別注重業感緣起。

業，有二業，三業，五業的分別：二業是思業和思已業；三業爲身業、語業、意業；五業爲身表業、身無表業、語表業、語無表業。

「契經說有二種業：一者思業，二者思已業，思已業者，謂思所作。如是

二業分別爲三，謂卽有情身語意業。」（玄奘譯。俱舍論卷第十三，分別業品第四之一）

思業，爲心思的造業，思已業爲心內所思慮表現於外，外面動作乃造業。思已業既是外面的動作，便祇能在身業和語業上出現。

從生果一方面講，動作無論是內心的思慮或者是外面的行動，都是一刹那卽滅，因爲動作一完，動作就沒有了。但是思業或思已業都有生果的能力，這種能力隱在心裏，無形無像，稱爲無表業。「此身語二業，俱表表無表業」（同上）

「關於無表業之本體，有部認爲是大種所造之色法，經部則認爲是思心所之種子，這是兩部的爭論點。」(4)

雜阿含經第十三說：「苾芻當知，法謂外處，是十一處所不攝，無見無對。」雜阿含經在這一章分色爲三種：有見有對，無見有對，無見無對。有見有對是一切可見的顏色，無見有對是不可見而有形跡的聲香味觸四塵，無見無對則是無表色，爲引生果的能力。

經部則以無表無對色，是指定境界之色，爲思種子。身業和語業爲外界物質動作，不能產生無表業。

問題就在這裏，身業和語業，是不是有善有惡，而引生報果？

經部以身語兩業的業力都來自心的思，所以都屬於思業。有部則以身業語業和思業互相分別，身業語業屬於色法。

色境和聲境能生善或善的無表色；原因是在於『等起』。俱舍論分諸法的善、不善、無記，有四種性質：勝義，即是絕對的善或不善；自性，即是自性本來善或不善；相應，即是和自性相應而起的善或不善；等起，即是身語動作和心思等起。所謂等起，乃是發起動作的心（思），這種心是善或不善，乃生身語二業的善或不善。因此，這種解釋和經論的解釋並不相矛盾。既有善或不善的無表業，無表業是否能引生未來果呢？

「勝義善解脫，自性慚愧根，相應彼相應，
等起色業等，翻此名不善，勝無記二常。」（同上）

爲生未來果，無表業應相續存在及到生果。無表業是否能相續存在呢？這是學者的爭論。俱舍論則主張無表業相續存在，能夠招引未來果。

「所言思所熏習，微細相續，轉變差別，名爲業道。此卽於果，假立因名。」（玄奘譯。俱舍論卷第十三，分別業品第四之一）

俱舍論以無表業由四大的微細所成，乃是身語行動所熏習而留於心內的引果能力，『等起』分兩種：『因等起』、『剎那等起』

「論曰：表無業等起有二：謂因等起，剎那等起。在先爲因故，彼剎那有故。如次，初名轉，第二名隨轉。謂因等起，將作業時，能引發故，說名爲轉。剎那等起，正作業時，不相離故，名爲隨轉。隨轉於業有何功能？雖有先因，爲能引發；若無隨轉者，如死業應無若何。」(同上)

表無業或無表業的等起分成兩種：因等起、剎那等起。第一種在業之先，有引起業的作用；第二種雖有先因，但在作表業的剎那一齊起。因等起叫做轉，剎那轉叫做隨轉，譬如手轉車輪，手爲因等起，大地爲剎那等起。

業感緣起注重在業力，業力引果，三世輪迴。業力所引的果爲煩惱。俱舍論在業品以後，有隨眠品，即講煩惱，然後乃進入修行的方法，以斷業力，超登智和定的境界。業感緣起認諸法爲有，就有而論緣起。

然而世親的思想，後來因兄長無著的影響，轉入大乘，對於緣起說也有改變。據中國翻譯佛經者所傳世親的緣起說，從歷史的前後說，先有北魏菩提留支所譯的十地經論，後有陳朝眞諦所譯的攝大乘論，最後有唐朝玄奘所譯的成唯識論。

世親的十地經論立三空論：人天我空、因緣法體空、眞如佛性空。以第八識爲常住不變自性淸淨心，此卽名爲眞如。眞如從無始受虛僞的惡習，成爲一切法的緣起，乃是第八能變的識。所以一切衆生悉有佛性，都有成佛的契機。

眞諦所譯世親的攝大乘論，立三空，立第八識，然第八識爲無覆無記，無明的妄識。三空中的第三空，爲如來藏自性淸淨心，又名眞如也名佛性。眞如乃是一切法的緣起，一切衆生皆有佛性。這種主張仍屬如來藏緣起。

成唯識論以阿賴耶識爲緣起的根本，其他七識都能變爲內外諸法的緣起。對於空，立有二空，二空所顯的眞如卽是唯識性，非能熏所熏，非隨緣的體性，但爲諸法所依。

	菩提流支等傳	眞諦三藏傳	玄奘三藏傳
眞如論	第八識卽是自性淸淨心此名眞如爲受熏體	自性淸淨心名曰眞如，又立第九識爲受熏體	諸法所依性卽是二空所顯理。名曰眞如，非受熏體

阿賴耶識	阿賴耶識即是眞如	無覆無記無明的妄識，或明亂識	無覆無記，爲無執，爲所熏所依，有爲諸法根本
緣起論	如來藏緣起	如來藏緣起	阿賴耶緣起
種性論	一性皆成	一性皆成	五性各別
空論	三空	三空	二空

上表說明中國譯者所傳世親的緣起論。這三種不同的思想，表示世親由小乘轉入大乘的歷程。

註

(1) 李世傑　俱舍的法體恒有論。現代佛教叢刊　俱舍論研究　頁二六五。
(2) 楊白衣　俱舍要義。現代佛教學術叢刊　俱舍論研究　頁一七八。
(3) 慈斌　俱舍論之無我思想。同上。頁二五一——三〇五。
(4) 李世傑　俱舍論的業力思想。同上　頁三一六。

(二) 唯識論——阿賴耶識緣起

在佛教的緣起觀裏，有阿賴耶緣起論，卽是唯識緣起。唯識論的思想，已經在上章研究佛教的認識論時詳細討論，現正祇就緣起觀和本體觀再補充說明。

在上一節曾說到中國的三位翻譯家，前後翻譯了世親的幾種著作，宣傳了他的緣起思想。世親在自己一生裏，思想曾有變換；但唯識論則是他最後期的思想。我們現在根據這種思想舉出最重要的幾點。

(1) 阿賴耶識

攝大乘論爲世親兄長無著的作品，是唯識論的先驅。對於阿賴耶識，解釋爲無覆、無記、無明的妄識。阿賴耶識的本性是眞妄相合。本性的眞爲眞如，眞如被無明所掩，乃起現實的存在。眞如斷絕無明而達到清淨無漏，便有無垢識，卽是第九識。攝大乘論的思想屬於眞如緣起說。

玄奘所譯的成唯識論，則以阿賴耶識爲藏識，本性無覆無記無執，但不是無明，能受熏習，乃生諸法，爲萬法的根本。

阿賴耶識不是佛性，也不是眞如，乃是心。心也是空。心的本體，爲超越現實的眞如，眞如爲法性，阿賴耶識爲法相。法性爲體，法相依法性而起。

阿賴耶識爲有爲有漏，不能成爲無爲無漏的佛性。但是阿賴耶識本性的眞如，則能因相應的種種修道法作增上緣，乃能成佛。

唯識論不主張萬法悉有佛性，也不承認一切有情都可成佛；所以主張五性分別，五性是：一、聲聞種性；二，緣覺種性；三，菩薩種性；四，不定種性；五，無種性。第五種無種性，便是永遠不能成佛的。

唯識論可以說是承認實有，因爲種子熏現行，現行熏種子，是須經過三世的，但祇對熏習種子一方面說，而不就緣起說：

「有說三世諸法皆有因果，感起無不皆成，何勞執有能持種。然經說心爲種子者，起染淨法，勢力強故。彼說非理，過去未來，非常難現，如空華等，非實有故。又無作用，不可執爲因緣故。若無能持染淨種識，一切因

果皆不得成。」（成唯識論卷三）

反對俱舍論的三世實有說，否認業力業生果的功效。而以一切因緣歸之於心之識。

⑵ 三類境

「性境不隨心，獨影唯從見，帶質通情本，性種等隨應。」（窺基。成唯識論掌中樞要卷上）這是三類境頌，傳爲玄奘所作，也有說是窺基所作。我們逐句解釋如後：

「性境不隨心」，性是體性，心有四分，卽相分、見分、自證分、證自證分。這句話的意思是客觀存在不隨四分去改變。例如眞如卽是性境。

「獨影唯從見」，獨影是沒有客觀對象的想像，乃是人的幻想，完全隨主觀的見分而變。

「帶質通情本」，帶質是帶有客觀性的識，質爲本質，帶質境的識雖帶有客觀對象，然不認識對象的自相，因此通情本，情是心的見分，本是本質；此種識含有主觀和客觀兩方面的成份。

「性種等隨應」，性是善、惡、無記三性，種是種子，等是三界繫等。諸法索三性、種子、界繫等複雜條件，不能以前三類境總攝一切，應適宜隨應處置。

從這四句頌語裏，可以見到唯識論者關於識和境(對象)的關係，所有的思想。唯識論者承認有客觀的性境，所以纔分別獨影境和帶質境，獨影境和性境相對待，一個是客觀，一個是主觀。但是這種客觀的性境究竟是什麼呢？

「一者性境，諸眞法體名爲性境，色是眞色，心是實心。」(窺基。成唯實論掌中樞要卷上)

窺基以「諸眞法體名爲性境」，眞法是什麼呢？以色和心而言，「色是眞色，心是實心。」

宋延壽的宗鏡錄引成唯識論樞要誌說：

「眞色眞心，俱是所緣，所變相分，俱名性境。或能緣心，而非妄執分別構畫，名爲眞心。眞心緣彼眞色等境所變相分，方名性境。若心緣心所變相分，相分無實，但帶質故。性者體也。體性是實，名爲性境。」(宗鏡錄卷第六十六)

體性稱爲性境，體性，爲本體自性。本體自性爲實，本體自性，乃是「眞心緣彼眞色等境，所變相分」。眞心是什麼？不是虛妄分別能緣心，卽是實心。

「何謂性境？從實種生有實體用，能緣心得彼自相，名爲心境。」（東沼。義燈卷一）

性境，爲實種子所生，不是虛妄幻想。有實體用，是實體，有實體用。能緣心得自相，意識得識客體對象自相。

前五識緣欲界五塵境所生相分，卽是對於客觀對象所有的認識，卽是性境。但是這種性境爲實種子所生，並不是離開第八識種子，眞正有獨立的客體。

前五識緣同一意識，所起相分，也是性境。

眞如，雖因不隨心而變，稱爲心境，但是眞如並不是普通所說的性境。

「以眞如不從見分種生，故名非同種。又眞如當體是無爲，但因證顯得，非生因所生法，故名非別種。性種說隨應者，性則性境，種謂種類，謂於三境中，各有種類不同，今皆須隨應而說。又約八識分別者，前五轉識，一切時中皆唯性境，不簡互用不互用。二種變中，唯因緣變，又與五根同種故。第六意識有四類。一明了意識，亦通三境，與五同緣實五塵，初率爾心中是性境。若以後念緣五塵上方圓長短等假色，卽有質獨境，亦名似帶質境。

二、散位獨頭意識，亦通三境，多是獨影、通緣三世有質無質法故。故緣自身現行心心所時，是帶質境。若緣自身五根，及緣他人心心所，是獨影境，亦名似帶質境。又獨頭意識，初刹那緣五塵，少分緣實色，亦名性境。

三、定中意識，亦通三境，通緣三世有質無質法，是獨影境。又能緣自身現行心心所故，是帶質境。又七地已前有漏定位，亦能引起五識，緣五塵故，卽是性境。

四、夢中意識，唯是獨影境。

第七識唯帶質境。

第八識，其心王唯性境。因緣變故，相應作意等五心所，是似帶質眞獨影境。

問：三境何以爲體？

答：初性境，用實五塵爲體，具八法成故。八法者，卽四大地水火風，四微色香味觸，約有爲說。若能緣有漏位中，除第七識，餘七皆用自心心所爲體。」（宗鏡錄卷第六十八）

唯識論分別八識的作用爲四類：一是前五識，二是意識，三是末那識，四是阿賴耶識。在作用時，每類識有所緣和所依。前五識雖由阿賴耶識的種子而熏而識的相分，但須要有外面物體的境。這種境稱爲性境，不隨心而變。所以有本質者，即是性境，無本質者則是獨影境。唯識論承認有識的實體，然而這種實體乃由末那識的無明妄執，以假我爲有，以假法爲實。因此，唯識論的實體，歸根還是心的作物，沒有任何元素或物可以離開識而獨立存在。

(3) 實相眞如

性和相的問題，使佛教有法性宗和法相宗。唯識論屬法相宗，主張法性和法相的差別，注意事業的相。

性是心之性，爲實體，無形無相，不可言說，無分別。

相是心之相，爲心性的用，有形相，可以言說，有分別。

通常以性指心，佛經常說無相無分別，以相指識。佛經又言有相有分別。宇宙萬法，由識予以分別；若人閉目沈思，一切萬法都不見有分別。所以說本性爲空無，唯有識存在。實爲相，爲解釋相的實有，乃有『實相論』。

唯識論的實相論，從肯定和否定兩方面去解釋性和相的關係，卽是本體和現象的關係。從肯定方面說，有三性論：遍計所執性、依他起性、圓成實性；從否定方面說，有三無性：相無性、生無性、勝義無性。總括三性三無性而成中道義，有不一不異的中道；『中道』爲唯識的實相。

宇宙一切萬有，都具有三性三無性。每一法，都是有漏妄情所念之名相，相是假，法是空，由遍計所執性而引生。

每一法的存在，是依因緣而生，這種生是假生，是無。所依因緣，分爲四類：親因緣、增上緣、等無間緣、所緣緣。能生的藏識種子爲親因緣，一切助緣爲增上緣，意識中的心王心所爲等無間緣，客觀對象爲所緣緣。

得道的人斷絕無明妄想，明白法空我空，而達到圓成的智慧，乃現圓滿成就的眞如。眞如不一不異，爲萬有的實相。眞如的性質，爲一種現實的客觀有，爲一種超越的絕對無。有和無，相反而成，不卽不離，不一不異，而爲一種中道的實相。

中道的解釋有兩種：一是『三性對望中道』，一是『一法中道』。三性對望中道，以肯定的三性，互成空和有的中道，遍計所執性以萬法從理論上說皆是無，卽是空；依他起性，以因緣和合而有，圓成實有性則以絕對實有爲有。所以兩性以萬法爲有。三性相望，乃是空和有，又是非空非有。

一法中道，以三性中的每一性都帶有空和有。遍計所執性，以萬法在理論上爲無，在情上爲有。依他起性以假有爲有，雖有亦無。圓成實性，以實相眞如是妙有，又爲超越的絕對無。

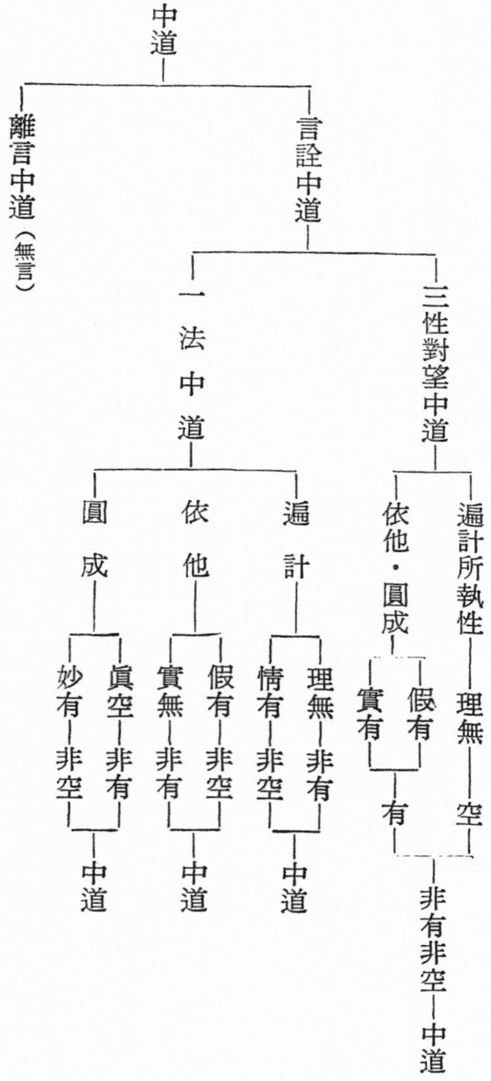

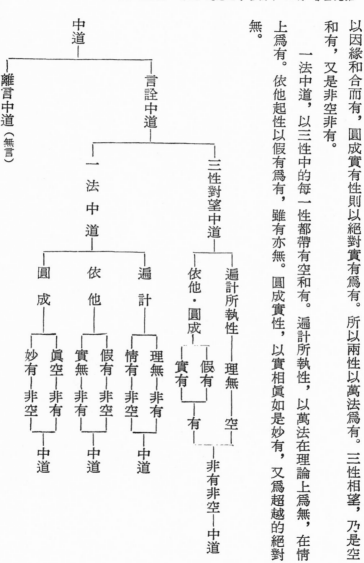

由上表(1)可見唯識論以三性卽一性，一性卽三性。成唯識論卷第七，講中道：

「故於唯識，應深信受，我法非有，空識非無，離有離無，故契中道。慈尊依此說二頌言：

虛妄分別有，於此二都無，此中唯有空，於彼亦有此。故說一切法，非空非不空，有無及有故，是則契中道。」

中道實體，不是識的對象，識的對象爲假有；中道實體，乃是眞如。

眞如爲實體，實體和事相的關係，不一不異，不卽不離。萬法的本體爲眞如，眞如不是心，也不是第八識，第八識本身時常在變，它被認識作用和業力所熏習，而變成了熏習現行的慣性和能力。眞如則爲識的本體。

唯識論不主張法性和法相同一，眞如便不能和法相聯結起來，和我們心中的物分離，不會被現實界現象所熏習。眞如不能受熏，也不隨因緣而起現行，而是超越有與非有的妙有。

然而，由識而現的宇宙萬法，雖是假，若是追究根由，則萬法假有的理，還是來自實相眞如，因此，實相本體和法相的關係，是不一不異，不卽不離。在萬法的多中有一，在眞如的一中有多。(2)

成唯識論在卷第十講涅槃。涅槃和眞如相連，眞如爲涅槃的體。

「涅槃義別，略有四種：一、本來自性清淨涅槃，謂一切法相眞如理，雖有客染，而本性淨，且無數量微妙功德，無生無滅，湛者虛空，一切有情平等共有，與一切法，不一不異，離一切相一切分別，尋思路絕，名言道斷，唯眞聖者，自內所證。其性本寂，故名涅槃。二，有餘依涅槃，謂卽眞如出煩惱障，雖有微苦所依未滅，而障永寂，故名涅槃。三、無餘依涅槃，謂卽眞如出生死苦，煩惱旣盡，餘依亦滅，衆苦永寂，故名涅槃。四、無住處涅槃，謂卽眞如出所知障，大悲般若常所輔翼，由斯不住生死涅槃，利樂有情窮未來際，用而常寂，故名涅槃。」

第一義的本來自性清淨涅槃，『體卽是淸淨法界』，也就是眞如。眞如的特性，「無生無滅，湛若虛空，……與一切法不一不異。」在一切有情中，都平等共有。但不能見，不能說。這一點和老莊的『道』不同，老莊雖說道不可言詮，然也勉強加以解說，而說明道爲萬物的根本。眞如則祇是萬法假有的理由，而是一種寂滅的境界。

(4) 五姓各別

唯識論雖主張「一切有情，平等共有」眞如，但不主張人人都能成佛。唯識論分人爲五姓（五性），主張五姓各別，和三論宗、天台宗、華嚴宗的「一姓皆成」的主張，互相衝突。就菩提流支所傳的十地經論和眞諦所譯的攝大乘論雖都是世親的著作，也主張「一姓皆成」。世親在唯識論乃改變了自己的思想。

「唯識宗從『性相別論』、區別了眞如和現象，而絕不許在二者間，有任何的相融，所以有情的現象——唯有從有爲的阿賴耶緣起，絕不能從眞如緣起。旣由有爲緣起，那麼，其緣起現象的機類，必然地亦自無法開覺佛果了。可見有爲，不一定相卽於覺體的無爲中，不過，話得說回來，性相別論的態度，畢竟只從性相兩者間的抉擇上述說而已，絕非毫無關連。也就是說，眞如爲現象所依而遍在故，眞如儼然地成爲現象的實性。因此，絕不能說，有情絕無開覺佛果的能力。事實上，不過是：現象旣從有爲的阿賴耶展開，其展開的種差別相，自有其種種差別的緣因，這就是五姓各別說的苦心和用意。所謂五姓，卽：菩薩定姓、獨覺定姓、聲聞定姓、不定姓、無姓有情的五類。」(3)

五姓的思想，不僅是在唯識論裡有，如十卷楞伽經、大般若經、勝鬘經、瑜伽論、莊嚴經、攝大乘論、法華論、佛地論等經都有。窺基在成唯識論掌中樞要卷上講述五姓：

「唯識成立本教所說之理，分別唯識性相義故，有義，但取行。唯識明五位，修唯識行。」

在樞要卷上，窺基引用各種經論，以證明五位各別。但是都沒有從理論方面去講。我們若加以研究，五姓各別的理論，應該從『性相別論』去追索。

唯識論主張法性和法相的分別，眞如爲性，一切法爲相。眞如在人心的深處，不受熏習。人心所有變化都在於識，有的人天生睿智，沒有惡果，自然能得慧智而顯眞如，乃卽成佛。有的人天生明智，但夾有有漏種子，便要經過修行，纔能得達智慧，也能成佛。有的人天生愚昧，滿心有漏種子，沒有辦法可以除去惡果，所以不能得達無漏智，就也不能成佛。唯識所說五姓，就是五種人。

菩薩定姓——這種人的天性睿智，見到生法兩空，發得四智，定能成佛。

獨覺定姓——這種人具有獨覺果的一分生空無漏智種子，決定能得證獨覺智，也能成佛。

聲聞定姓——這種人是聲聞人，但是可以得道，具有聲聞果的一分生空無漏種子，也能成佛。

不定姓種子——這種人天性不定，善惡種子相雜，但可以成佛。

無姓有情——這種有情人滿心有漏種子，今生絕對不能成佛。

這五種人在本質上都有眞如，但是眞如不顯出來，便不視爲佛性。性相分離，在性方面，眞如是在；在相方面，則只有識。識有有漏和無漏，識不達到無漏，眞如不能顯明。這似乎有點和王陽明的天理良知相似，天理良知在每一人心中都有，然能爲私慾所掩蔽。格除了物慾，天理良知乃顯。當然，王陽明的良知和唯識的眞如，完全不同；但在講說上，王陽明有些是採取佛教的。

(5) 阿賴耶識緣起

一切有部以萬法都由因緣而起，因緣爲十二因緣，因緣間的關係，在於業力；所以稱爲業感緣起。

唯識論則以萬法唯識，都由識而起；八識中可以引起萬法的，是第八識阿賴耶識。

我們在講佛教的認識論時，已經講過第八識所藏的種子，具有熏習現行的能力，現行又熏習種子，便有新種子再儲進藏識裡。種子熏現行，現行熏種子，繼續循環，一直到人得了佛道，修得『不分別智』，斷了種子的循環，進入無位涅槃。

萬法唯識，也就是萬法唯心。識是心的活動，一切萬有由心所現。第八識有漏種子，因着前五識的一個感官的刺激，現出一個相分，這個感官或是眼或是耳、鼻、舌、身便有見分，覺得有一實境在外面，心識對這個實境予以了別，第七識末那識便執以爲眞。外面的客觀物體便存在了。因此一切都由識而起。

這裡面的第一個問題，乃是感官刺激第八識的種子時，是因外面已經有個『性境』，而『性境不隨心』，這個性境怎麼來的呢？不能說這個性境由種子所造；否則便是獨影境了。爲答這問題乃有眞如緣起說，性境爲眞如的表現。

註

(1) 李世傑　唯識實相論。現代佛教學術叢刊。唯識思想論集㈢頁一五七。大乘文化出版社

(2) 同上，頁一五九。

(3) 龍慧五姓各別與一姓皆成的論諍。同上頁三二〇。

㈢ 楞伽經和攝大乘論——如來藏緣起

『眞如』（Tathata），表示眞眞的如如，如如就是如此，指着本質就是如此。眞如乃是超越有空的實相，也稱爲如來。釋迦佛曾稱自己是『覺者』，覺者便稱作『如來』。釋迦佛又稱自己爲『如去』，如去也代表覺者。『如是來』和『如是去』，可以說是『循着常道』而來往的『覺者』，而實際卽是表顯眞如的智者。

佛教講眞如緣起，以眞如隱而不顯，無形狀，不可言說；然而有外面的表相。眞如的表現，可以是高度形相，表現超越空無的寂靜；這就是眞如的實相；又可以是低級的形相，成爲生死的現象和生死相關連的萬法。(1)

(1) 楞伽經

楞伽經爲佛在楞伽山所講的經，答覆信徒的問難，現存漢譯三種。第一種爲南北朝宋朝求那跋陀羅的譯本，名楞伽阿跋多羅經，有四卷，也稱爲四卷楞伽。第二種爲元魏菩提流支的譯本，名入楞伽經，有十卷，也稱爲十卷楞伽。第三種，爲唐朝實叉難陀的譯本，名大乘入楞伽經，有七卷，也稱爲七卷楞伽。唐宋明各朝的佛教學者，著有楞伽經注疏多種，其中最重要的，有唐法藏所著入楞伽經心玄義一卷，唐智儼的楞伽經注卷二卷五，宋善月著楞伽經通義六卷，明德清筆記觀楞伽經記八卷。明宗泐所撰楞伽阿跋多羅寶經注解。

唐實叉難陀的大乘入楞伽經卷首有御製序文，序中說：

「所言入楞伽經者，斯乃諸佛心量之玄樞，羣經理窟之妙鍵，廣喻幽旨，洞明深義，不生不滅，非有非無，絕去來之二途，離斷常之二執。以第一義諦得最上妙珍。體諸法之皆虛，知前境之如幻。認假名之分別，等生死於涅槃。」

上面所引御製序中的一段話，道出楞伽經內容的特點，在於講『不生不滅，非有非無』的眞如。明宗泐所撰的楞伽阿跋多羅寶經注解書末，有僧如玘的跋，跋中說：

「夫楞伽一經，乃諸佛所說心法。佛說此法，令一切菩薩入自心境。」

跋中的話又指出楞伽經的特點，在『說心法』。

（甲）心爲意境界

「大慧言：世尊豈不建立八種識耶？佛言：建立。大慧言：若建立者，云何但說意識滅，非七識滅？佛言：大慧，以彼爲因及所緣故，七識得生。大慧，意識分別境界，起執著時，生諸習氣，長養藏識。由是意俱，我我所執，思量隨轉，無別體相，藏識爲所因爲所緣故。執着自心所現境界，心聚生起，展轉爲因。大慧，譬如海浪，自心所現境界，風吹而有起滅。是故意識滅時，七識亦滅。爾時，世尊重說頌曰：我不以自性，及以於作相，分別境識滅，如是說涅槃。意識爲心因，心爲意境界，因及所緣故。諸識依止生。如大瀑流盡，波浪則不起。如是意識滅，種種識不生。」（三八

叉難陀譯。大乘入楞伽經卷第三，集一切法品第二之三）

楞伽經講人的認識，以意識爲一切識所依。識有八種。八識展轉爲因，宗泐的註解說：「意識者，下通示諸識，展轉相因，未始不俱，乃體一而相異也，又有四意。一、境界分段者，言六識從六慧生也。二、習氣長養者，言六識不離七識八識也。三、我所計著者，言七識我所執，從思惟彼思彼緣而生。四、不壞身相下藏識，卽第八識，言因攀緣自心現境界等。此八識因於六識，能緣還緣。自心所現境界，卽六塵也。以計著故，而生六識，能總諸心。故云心聚生也。謂八識與六識，展轉相因而生。如此相因，有本有末，本謂八識轉諸生識，末謂六識起善起惡，七識則傳送其間。故云展轉相因。復以喻顯，海喻八識，浪喻六識。以六識爲境界，全境界乃自心所現，還收八識心海，轉生諸識。若生若滅、亦猶依海而有風，因風而鼓浪，展轉之相，其若是也。風息則浪滅，故云意識滅，七識亦滅。」（楞伽阿跋多羅寶經注解，卷三）

求那跋多羅的譯本和實叉難陀的譯本，稍有不同。最大的一點，是下面的譯文：

「佛告大慧，彼因及彼攀緣故，七識不生，意識者，境界分段計着，生習養，長養藏識。」（求那跋多羅譯）

「佛言，以彼爲因及所緣故，七識得生。大慧，意識分別境界，起執着時，生諸習氣，長養藏識。」(實叉難陀譯)

其中的差別，在於『七識不生』和『七識得生』。但兩譯本的文句雖不同，意義則究竟相同。求譯的『七識不生』，是說「以彼因及攀緣故，七識不生者，彼卽六識，言因及攀緣在六識，而七識執行我永常相離；若六識滅，則七識亦不生也。」(宗泐注解)說『七識不生』，是說六識滅，則七識不生；說『七識得生』，是說六識靠因緣而生，七識也就得生；兩者都是就七識和六識的關係說話，一從開始說，一從滅止說，關係的性質相同。

楞伽經的認識論，以六塵而生的六識，變成習氣，藏於第八識中。習氣卽是種子；但楞伽經沒有對『種子』建立系統的思想，這要等唯識論去建立。第八識既藏有習氣，習氣爲生識的能力，乃在前五識的因緣和合時，顯現境界，第六識意識予以分別，七境乃有執着，於是又養成習氣，藏於第八識。第八識爲海，第六識爲浪，六識爲風。展轉相因。心爲意境界，境界指着客觀對象，意識所有認識對象，都是自心所起。

「大慧，略說，心意意識及習氣，是五受陰因，是心意意識、習氣長養，凡愚善不善妄想。」(求譯。楞伽阿跋多羅寶經卷第四)

「大慧，舉要言之，五取蘊法，以心意意識習氣爲因，而得增長。凡愚於此而生分別，謂善不善。」（實譯。大乘入楞伽經卷第五，如來常無常品第五）

宗泐注解說：「略說者，對下廣說而言。心識習氣，乃生死之因，五陰乃生死之果，由不了心識習氣長養故。有三界六凡有漏妄想刹那善不善，即三善三惡也。」（楞伽阿跋多羅經注解卷四）五蘊即五識，五蘊的因就是習氣和心識。

由識而有相，由相而有名，由名而有語和文句。相是形相，即是感覺的印象。按着感覺印象（而後有觀念）製名。有了名乃有語句。

「此中相者，謂所見色等，形狀各別，是名爲相。依彼諸相，立瓶等名，此如是此不異，是名爲名。施設衆名，顯示諸相。心心所法，是名分別。彼名彼相，畢竟無有，但是妄心展轉分別，如是觀察，乃至覺滅，是名如如。」（大乘入楞伽經卷第五）

「名身者，謂依事立名，名即是身，是名名身。句身者，謂能顯義，決定究竟，是名句身。文身者，謂由於此能成名句，是名文身。復次，大慧，句身者，謂句事究竟；名身者，謂諸字名，各各差別，如從阿字，乃至呵

字；文身者，謂長短高下。復次，句身者，如足跡，如衢巷中人畜等跡。名謂非色。」（大乘入楞伽經卷第三，集一切法品第二之三）

這兩段文字很明白，不用注解就可以懂。先有相而後有名，有名而後有句，有句而後有文。但是第一段的最後一句話，「諸名諸相，畢竟無有，但是妄心展轉分別。」是說一切事物都不是實有，人所不道者，乃是自心所顯的相，這種相由習氣而生。

「心所見無有，唯依心故起，身資所位影，衆生藏識現。」（大乘入楞伽經卷第二）

（乙）法無自性

「諸法無自性，亦復無言說。不見空空義，
愚夫故流轉。一切法無性，離語言分別。
諸有如夢化，非生死涅槃。……」（大乘入楞伽經卷第三）

楞伽經常重覆地說明一切法都不是實有，都是心所現。一切法都無所生，祇由心識而引起，所以說都是「妄心展轉分別」，妄心則由因緣合和。

「佛言：大慧，一切法因緣生，有二種，謂內及外。外者，謂以泥團水杖輪繩人功等緣，和合成瓶。如泥瓶縷疊草席種牙酪酥，悉亦如是，是名外緣，前後轉生。內者，謂無明愛業等生蘊界處法，是爲內緣。起此，但愚夫之所分別。……大慧，漸次與頓，皆悉不生，但有心現身資等故。外自共相，皆無性故，唯識起自分別見。大慧，是故應離因緣所作和合相中漸頓生見。爾時世尊重說頌言：

一切法無生，亦復無有滅，於彼諸緣中，分別生滅相。非遮諸緣會，如是滅復生。但止於凡愚，妄情之所著。緣法中有無，是悉無有生，習氣迷轉心，從是三有現。本來無有生，亦復無有滅。觀一切有爲，譬如虛空花。離能取所取，一切迷惑見。無能生所生，亦復無因緣。但隨世俗故，而說有生滅。」（大乘入楞伽經卷第二，集一切法品第二之二。）

宗泐注解說：「一切都無生者，言一切法漸次與頓俱不生也。既云不生，豈有滅乎？但以本迷而起生滅之想耳，非遮滅復生者。佛之所以說無生滅者，非謂實無生滅，緣起爲斷。

凡愚妄計作如是說。若究其本性，何生何滅？但無始習惑迷轉，遂有三界。生滅三有者，卽三界也。」（楞伽阿跋多羅寶經注解卷二）

一切事物都由因緣和合而生，因緣並非實有，都由心所現，而心亦是妄心。因此事物不是實在的事物，因緣不是實在的因緣，則所謂生滅也就不能是實有的現象。楞伽經說生分漸次生和頓生。「若一切頓生者，則能作之因，所作之果，無有分別，求其因相不可得也。若一切漸生者，求其體相，亦不可得。故喩云：如不生子，安有父名。」（同上，宗泐註解卷二）漸次生是因果相續，頓生是因果同時有。這兩者，楞伽經都認爲不是實有。

「復次，大慧，一切法不生，是過去未來現在諸如來所說。所以者何？謂自心現性，非性離有，非有生故。大慧，一切性不生，一切法如兎馬等角，是愚癡凡夫，不覺妄想，自性妄想故。」（求譯。卷第一，一切佛語心品第一之一）

一切法由心所現，一切法的性不是實性，所以沒有自性，也沒有生，沒有滅。愚癡凡夫妄執息所現爲有，一切法乃有。愚癡凡夫爲何妄執所現爲有呢？乃是妄計自性的作用。

「當善知三自性。何者爲三？所謂妄計自性，緣起自性，圓成自性。大慧，妄計自性從相生。云何從相生？謂彼依緣起事相種類顯現，生計著故。大慧，彼計著事相有二種妄計性生，是諸如來之所演說，謂名相計着相，事相計着相。大慧，事計着相者，謂計着內外法。相計着相者，謂卽內外法中計着自共相，是名二種妄計自性相。」（實譯。卷第二，集一切法品第二之二）

『三性』在佛性的宗派裡，是一個共通的名詞；唯識論則特別講三性三無性。三性爲遍計所執性、依他起性、圓成實性；三無性爲相無性、生無性、勝義無性。楞伽經也講三性，以遍計所執性爲妄計性。妄計性起於相，相爲依他緣起所顯的種種事類，妄計性則執這些事相爲實有。所執的相有兩種：一爲名相，一爲事相，這是兩種妄計自性相。妄計自性之所以起，由於心的分別。若是僅僅祇有五識的感覺，則不會有妄計自性，就是因爲心對感覺加以分別（了別），乃有妄計自性。妄計在於第七識，了別在於第六意識。所以說若是意識滅，第七識也滅。

「佛言：大慧，分別不生不滅，何以故？不起有無分別相故，所有外法皆

無有故，了唯自心之所現故。但以愚夫分別自心種種諸法，著種種相，而作諸說。」（實譯。大乘入楞伽經卷第四，無常品第三）

愚夫了別自心所現種種相，執以爲有。若能不起分別，以心外的法皆是無有，『分別』也就不生不滅了。妄計自性之所以有，歸根還是惡業，惡業長養習氣，習氣流轉爲識。

「若有若無，自心所見，無外物故。如此皆是愚迷凡夫，從分別習氣而起，實無一法，若生若滅，如因夢幻所見諸色。」（實譯。大乘入楞伽經卷第四，無常品第三）

對於外物的空無，楞伽經說得非常清楚。外物由心所現，心中有習氣而對外物予以分別；因着分別乃有妄計自性。

「楞伽王，世間衆生，猶如變化，凡夫外道不能了達。楞伽王，能如是見，名爲正見。若他見者，名分別見。由分別故，取着於二。楞伽王，譬如有人於水鏡中，自見其像；於燈月中，自見其影，於山谷中，自聞其響；便生分別，而起取着，此亦如是。法與非法，唯是分別，由分別故，不能捨離，但更增長，一切虛妄，不得寂滅。寂滅者，所謂一緣。一緣者，是最勝三昧。從此能生自證聖智，以如來藏爲境界。」（實譯。大乘入楞伽經卷第一，羅婆那王勸請品第一）

這段引文，是在大乘入楞伽經的開端第一節，已經明白地指出，一切法祇是影像，由心起分別，乃生執著，遂以爲實有。若能了解這種虛妄，則一切都寂滅。寂滅的境界爲如來藏境界，爲自證聖智，稱爲如如。

（丙）如來藏

如來藏的思想，源自大眾部的『心性本淨，而爲客塵所染』的主張。小乘各宗反對這種主張，大乘的南北兩派中，北派也反對。大般涅槃經則正式提倡『一切眾生皆有佛性』，以佛性爲如來藏，如來藏的思想乃正式成立。

一切萬法，由心所現，心乃是萬法的根原。心由識而有作用，心所現外法，由識而現，故應說『萬法唯識』。然而楞伽經卻止在『由心所現』的斷語上；祇要破了妄想，一切法便都寂滅。所以應說『萬法唯心』。宗泐注解說：「入楞伽云：見一切法如實處者，謂能了達唯心所現也。」（楞伽阿跋多羅經註解卷第二下）。

楞伽經說「見一切法如實處」，指出法有實處；因此一切萬法有虛幻相，有如實處。虛幻相是凡夫的迷著，這有三種緣因：一是不知自心現量，二是壞正因緣所生法，三是緣自性相作實有計著。

「大慧，如實處見一切法者，謂超自心現量。」（求譯楞伽經卷第二，一切佛語心品第二）

如實處見，爲超自心現量，現象爲直接的認識，自心現量爲對自心的直接認識。愚夫俗人不知自心現量，不認識自己的心，所以乃有妄見。有正智的人，則有超自心現量，認識超於自心的實有，這種認識稱爲『如實處見』。這種如實處見稱爲如來藏境界。

「大慧：有七種性自性：所謂集性自性、性自性、相自性、大種性自性、因性自性、緣因自性、成性自性。復次，大慧，有七種第一義：所謂心境界、慧境界、智境界、見境界、超二見境界、超子地境界、如來自到境界。」（求譯。楞伽阿跋多羅寶經卷第一。一切佛語心品第一之一）

宗泐注解說：「此七種性，名義或約，妄釋是凡非聖，恐非經意。如下文云：此是三世如來性自性第一義心。又曰：凡夫無性自性，豈非性義是聖非凡耶？故當約聖釋於七中。前六不出因果，謂集性自性，卽萬善聚齊因也。由集因故有性有相，性內而相外也。大種自性者，謂四大種果也。大種本通凡聖，合約聖報，所謂色常等。色常謂眞性，卽法性。五陰果故，有因有緣，因親而緣疏也。因果所成者，成，成自性也，卽後文第一義心也。」「言境界者，入楞伽經云：所行卽所行境界，而有通別之異。前六種通於菩薩及佛自到境界。第七種唯屬於佛心境界者，卽心所造詣第一義處也。心能發慧，慧力既勝則成智用，智用既成則正見現前，正見現前則超斷常二見，乃至超越菩薩境界，至如來自到境界也。」（宗泐。楞伽阿跋多羅寶經註解卷第一上）

佛說七種自性和七種第一義心境界。七種自性是外面的現象，這些現象由因緣而起。七種第一義心，則是破七種自性的心理行動和狀態。境界稱爲行，行時有行時的心理狀態。爲破對外面現象的執著，須有心的智慧。智慧分七等：心、慧、智、見、超二見、超子地、如來。這七等境地，一級一級往上升。

如來境界是怎樣呢？

「以性自性第一義心，成就如來世間，出世間，出世間上上法。聖慧眼入自共相，建立如所建立，不與外道論惡見共。」(求譯。同上)

宗泐註解說：「自此以下，明如來依自性第一義，成就自行，化他德用也。成就世間者，示同人法而化他也。出世間者，通三乘也。出世間上上法者，惟佛與佛能究竟也。」「聖慧眼者，佛知佛見也。自相者，自證之法也。共相者，化他之法也。由自悟入佛之知見，建立種種法門，會諸眾生，依法修行，亦皆悟入佛之知見。然所建立法門，皆是全體起用，故不同外道戲論邪見也。」(同上)

如來境界爲佛境界，佛有慧智正見，不以外物性相爲有，也不以破除性相爲空，而是見如實處，卽見眞如。這種正見，以『一切法離所作因緣』，『無生無滅』。

「大慧，一切法離所作因緣不生，無作者故。一切法不生。大慧，何故一切性離自性？自自覺觀時，自共性相不可得故，說一切法不生。何故一切法不可持來，不可持去？以自共相，欲持來無所來，欲持去無所去。是故一切法離持來去。大慧，何故一切法不滅？謂性自性相無故，一切法不可得故，一切法不滅。大慧，何故一切法無常？謂相起無常性，是故說一切法無常。大慧，何故一切法常？謂相起無生性無常常故，說一法常。」（求譯，卷第二。實譯，卷第三。）

如來境界正見一切法不生不滅，無常亦常。一切法不生，因爲沒有自性，祇有外相。一切法不滅，因既不生，也就不滅。一切法無常，因一切法所有是相，相生滅無常。一切法常常，因既相不實有，不能稱爲無常，所以常常。這是一種中道觀。

如來境界是佛境界，得生死涅槃，佛身常住。

「大慧，此菩薩摩訶薩，不久當得生死涅槃，二種平等，大悲方便，無功用行，觀衆生如幻如影，從緣無起，知一切離界，離心無得，行無相道，漸昇諸地，住三昧境，了達三界，皆唯自心得，如幻定絕衆生影像，成就智慧，證無生法，入金剛喻三昧，當得佛身恒位，如如起諸變化，力通自在。」（實譯。大乘入楞伽經卷第一）

生死平等，一切寂滅，菩薩成就智慧，堅持定心，乃得佛身常住。求那跋多羅譯『佛身』爲『如來身』，求氏接着又講『化身』。

佛教講三身：法身、報身，應身。法身爲自性身，卽佛身，或如來身；報身，爲佛自受用身」；應身，即是化身，爲救他人所顯的身。天臺光明玄曰：「法報應是爲三。三種法聚故名身，所謂理法聚名法身，智法聚名報身，功德法聚名應身。」唯識論第十說：「一自性身，謂諸如來眞淨法界，受用變平等所依，離相寂然，絕諸戲論，具無邊際眞淨功德，是一切法平等實性，卽此自性，亦名法身，大功德法所依止故。二受用身，此有二種。一自受用，……二他受用……。三變化身，謂諸如來由成所作智變現無量隨類化身，居淨穢土爲未登地，諸菩薩二乘異生稱彼機宜現稱說法，令各獲得諸利樂事。」

修得正智，有中道觀，證無生法，乃入涅槃，得法身常住，卽是證得眞如。爲不造成迷糊，應該懂得幾個名詞，『如來』，『如來佛』，『如來藏』，『眞如』。這幾個名詞，用意雖不相同，實際所指的對象都是相同，是同一實體的不同名詞。

眞如爲絕對的實有，超過一切有無，不可言說。眞如隱藏在普通人性中，稱爲佛性，佛性稱爲『如來藏』。『如來』是釋迦佛在開悟得道以後，用爲代表『我』，卽是代表一位得有常道的智者。如來也表示過去諸佛聖道的現在繼承，如去就表示過去諸佛的聖道傳統。(2)

楞伽經說：「說一切法不生。何故一切法不可持來，不可持去？以自共相，欲持來無所來，欲持去無所去。是故一切法離持來去。」普通的一切法，卽宇宙萬有，本來就沒有自性，乃是空無，無所來，無所去。唯有『眞如』，乃絕對實有，便能有來有去，故可稱爲如來如去。

「佛告大慧，我說如來藏，不同外道所說之我。大慧，有時空，無相無願，如實際法性，法身涅槃，離自性，不生不滅，本來寂靜，自性涅槃，如是等句，說如來藏，已如來應供等正覺，為斷愚夫畏無我句。」（求譯。卷第二）

如來藏即是自性根本清淨心，為實際法性，不生不滅。這種不生不滅，為積極的意義，即是佛性恒存，沒有開始沒有終了。至於說一切法不生不滅，則為消極意義，因為一切法本來不存在，就沒有生滅可說了。

「爾時，大慧菩薩摩訶薩復白佛言：『世尊，願為我說如來應正等覺自覺性，令我及諸菩薩摩訶薩而得善巧，自悟悟他』。佛言：『大慧，如汝所問，當為汝說。』大慧言：『唯世尊如來應正等覺，為作非作，為果為因，為相所相，為說所說，為覺所覺，如是等為異不異？』佛言：『大慧，如來應正等覺，非作非非作，非果非因，非相非所相，非說非所說，非覺非所覺。所以故？大慧，俱有過故。若如來是作，則是無常。若是無

常，一切作法應是如來，我及諸佛，皆不忍可。』」（實譯。卷第五）

如來是正覺，圓滿中道，非作，非非作，非果非因。「出過一切諸戲論法，卽是如來。」如來卽是正等覺體，正等覺者永離一切諸根境界，爾時世尊重說頌言：

「出過諸根量，非果立非因，相及所相等，如是悉皆離。
蘊緣與正覺，一異莫能見，旣無有見者，云何起分別？
非作非非作，非因非非因，非蘊非不蘊，亦不離餘物。
非有一法體，如彼分別見；亦復非是無，諸法性如是。
待有故成無，待無故成有。無旣不可取，有亦不應說。
不了我無我，但着於語言，彼溺於二邊，自壞壞世間。
若能見此法，則離一切過，是名爲正觀。」（實譯。卷第五）

如來不能視爲一個法體，因爲不能用理智去分別，也不能把如來視爲與別的法體有分別的一個法體。如來爲一絕對體，超過理智的一切名詞術語。理智的名詞術語都是有限的，相對的，分別的，如來則是絕對體，不能分別；因此不能言說，有如老子所說「道，可道，非常道。」如來對着普通所說的有，應該說是無；對着普通所說的無，應該說是有。

這個絕對的如來，能够表現在各種性相裏，它的本相法身，是超越有無的寂靜；而在宇宙的一切法，就是愚夫所執着的妄相。

妄相由心的妄想和計着而來，心的妄想由於業的習氣，然而心所藏的習氣，怎樣能顯出這些形相呢？這是由於愚夫妄認了如來的形相。如來眞如在每個人的心裏，每個人都想得到如來藏境界；然因惡業習氣，愚夫走錯了往如來藏境界的路，而以妄相爲眞。

> 「爾時，大慧菩薩摩訶薩白佛言：世尊，世尊修多羅說如來藏，自性清淨，轉三十二相，入於一切衆生身中，如大價寶垢衣所纏。如來藏常住不變，亦復如是。而陰界入垢衣所纏，貪慾恚癡，不實妄想，塵勞所汚。一切諸佛之所演說。云何世尊同外道說我，言有如來藏耶？世尊，外道亦說有常，作者離於求耶，周徧不滅。世尊，彼說有我。
>
> 佛告大慧，我說如來藏，不同外道所說之我。大慧有時空，無相無願，如實際法性，法身涅槃，離自性，不生不滅，本來寂靜，自性涅槃。」（求譯。卷第二）

唐實叉難陀所譯大乘入楞伽經卷第二，與上段譯文，稍有差別，其爲「說如來藏，本性清淨，常恒不斷，無有變易。具三十二相，在於一切眾生身中，爲蘊界處垢衣所纏，貪恚癡者妄分別垢之所污染。如無價寶在垢衣中。」實譯較求譯更明白。大慧菩薩所說並不是外道所說，而是修多羅所說，修多羅爲契經，爲本理，乃是佛法。

如來藏，爲圓成自性，爲自證聖智，爲眞如。

「大慧，從所依所緣起，是緣起性。何者圓成眞性？謂離名相事相一切分別，自證聖智，所行眞如。大慧，此是圓成自性，如來藏心。爾時，世尊卽說頌言：名相分別，二自性相。正智眞如，是圓成性。」（實譯。大乘入楞伽經卷第二）

如來藏乃是正智眞如，眞如具有三十二相，在一切眾生身中，這雖是講佛的應身，然卽是說眞如在一切法所顯外相。宗泐註解三十二相：「應身之用。眾生迷佛所悟，轉淨爲染，故云，轉入眾生身中。」佛的應身，以不同外相表現於眾生中，乃是眞如以各種外相，顯露在一切法中。因此，楞伽經所講一切法的緣起，雖由心而起，實際上，則是如來藏緣起，一切法由眞如而顯。眞如是超越一切有無的絕對實性。

如來藏和阿賴耶識的關係，在楞伽經中不很明白。楞伽經以如來藏卽是阿賴耶識，但又說如來藏不在阿賴耶識中，阿賴耶識有生有滅，如來藏則不生不滅，則阿賴耶識不是如來藏，如來藏應是第九識。但是第九識的思想在楞伽經中尚在萌芽期，到了攝大乘論，才明白地提出。

註

(1) 高楠順次郎著 藍吉富譯 佛教哲學要義 頁三三。正文書局

(2) 同上

(2) 攝大乘論

攝大乘論，爲無著的著作。無著爲世親的兄長，習大乘，作攝大乘論。這本書有三種漢譯本：一，後魏佛陀扇多的譯本，有二卷；二，陳眞諦的譯本，共三卷；三，唐玄奘的譯本，共三卷。按法華玄義私記第一卷末所說，攝大乘論，在西方有七百卷，有一品名攝大乘品，無著造論作解。註釋攝大乘論的書，有陳眞諦所譯世親的攝大乘釋十五卷，隋達摩笈多

譯，世親著的攝大乘論釋十卷，唐玄奘再譯世親的攝大乘論釋十卷。

陳眞諦所譯攝大乘論有一篇序文，作者爲僧人慧愷。愷和眞諦同作翻譯，他說：「愷謹筆受，隨出隨書，一章一句，備盡研覈，釋義若竟，方乃著文。……故今所翻，文質參半。與僧忍等，同共稟學，夙夜匪懈，無棄寸陰。即以其年樹檀之月，文義俱竟，本論二卷，釋論十三卷，義疏八卷，合二十三卷。此論乃是大乘之宗極，正法之秘奧，妙義雲興，淸詞海溢。……如來滅後將千一百餘年，彌勒菩薩投適時機，降靈俯接，忘己屈應，爲阿僧伽法師，廣釋大乘中義。阿僧伽者，此言無著法師。得一會道，體二居宗。……本論卽無著法師所造也。法師次弟婆藪槃豆，此曰天親。……稟厥兄之雅訓，習大乘之弘旨。無著法師所造諸論，詞致淵理，玄趣難曉。將恐後生復成紕紊，故製釋論，以解本文。」

唐玄奘譯本也有一篇序文，題爲大唐三藏聖教序，文中多稱讚玄奘的品德，很少談到攝大乘論，祇有幾句話：「蓋眞如聖教者，諸法之玄宗，眾經之執躅也。綜括宏遠，奧旨遐深。極空有之精微，體生滅之機要。」可以用於攝大乘論。

攝大乘論的內容，元魏佛陀扇多的譯本，沒有分章品；眞諦譯本，分三卷，共十四章；玄奘譯本中，也分三卷，只十一章。

	上卷	中卷	下卷
眞諦譯本	依止勝相中眾名品第一 相品第二 引證品第三 差別品第四 應知勝相品第二之一	應知勝相品第二之二 應知勝相品第二之三 應知勝相第三 入因果勝相第四	入因果差別勝相第五 依戒學勝相第六 依心學勝相第七 依慧學勝相第八 學果寂滅相第九 智差別勝相第十
玄奘譯本	總標綱要分第一 所知依分第二	所知相分第三 入所知相分第四 彼因果分第五	彼修差別分第六 增上戒分第七 增上心學第八 增上慧學第九 果斷分第十 彼果智分第十一

按照玄奘譯本的分章，各章的內容如下：

第一章，講十相殊勝。指明下面十章所討論的問題。

第二章，講阿賴耶識，熏習，種子。

第三章，講三種相：依他起相、遍計所執相、圓成實相。

第四章，講悟入唯識性，悟入所知相，悟入極喜地。

第五章，講施、戒、忍、精進、靜慮、般若、六波羅密多。

第六章，講菩薩十地。

第七章，講菩薩戒儀。

第八章，講六種差別。

第九章，講無分別智。

第十章，講菩薩無住涅槃。

第十一章，講三種佛身：自性身、受用身、變化身。

總括十一章，前面一半，從第一章到第四章，討論阿賴耶識，後面一半講修行；修行的歷程，由下而往上升，先有六波羅密多，以後有戒定慧三種境界；最後兩章，則講眞如如來。

源。

（甲）第九識

攝大乘論詳細討論阿賴耶識，給唯識論預備了很好的路。先說此識的名稱和名稱的來

阿賴耶識，「謂薄伽梵於阿毘達摩大乘經伽他中說。」

阿陀那識，「如解深密經說」。

心「如世尊說心意識，此中意有二種：第一、與作等無間緣所依止性，無間滅識能與意識作生依止。第二、染汚意，與四煩惱恒共相應。一者薩迦耶見，二者我慢，三者我愛，四者無明。此卽是識雜染所依，識感由彼第一，依生第二雜染了別境義故，等無間義故，思量義故，竟成二種。」

（玄奘譯。攝大乘論本卷上，所知依分第二）

阿賴耶識的相有三種：自相、因相、果相。

「復次，成立此識相。云何可見此相？略說有三種：一立自相，二立因相，三立果相。立自相者，依一切不淨品法習氣，爲彼得生攝持種子作

器，是名自相。立因相者，此一切種子識，爲生不淨品法，恒起爲因，是名因相。立果相者，此識因種種不淨品法無始習氣，方得生，是名果相。」（眞諦譯，攝大乘論卷上。相品第二）

三相，是由三方面解釋阿賴耶識。第一由自性方面去解釋此識自性是什麼？玄奘解釋說：「謂緣一切雜染品法，所有熏習，能生於彼功能差別識，爲自性。」（玄奘 攝大乘論釋卷第二）阿賴耶識是一種識，這種識，以一切雜染不淨法的熏習，作爲因緣，有引生六識的功能。這種功能是什麼？是所攝的種子。玄奘解釋說：「攝持種子者，功能差別也。」（同上）

從因方面去解釋，乃是種子。玄奘說：「此中安立因相者，謂卽次前所說品類一切種子，阿賴耶識由彼雜染品類諸法熏習所成功能差別，爲彼生因。」（同上）種子卽是功能，由熏習而成，又由熏習而生六識和現行。種子所以是因。

從果方面去解釋，玄奘說：「此中安立果相者，謂卽依彼雜染品法無始熏習，此識續生，而能攝持無始熏習，是名安立此識果相。」（同上）種子因熏習而生之識和現行，現行再熏而生新種子，「此識續生」，卽是果。

何謂習氣？

「何法名習氣？此習氣名，欲顯何義？此法與彼法相應，共生共滅後，變爲彼生因。此卽所顯之義。譬如麻，以華熏習，麻與華同時生滅，彼數數生，爲麻香生因。」（眞諦譯 攝大乘論卷上，相品第二）

習氣就是熏習，熏習好像用香熏麻，麻有香氣，香氣由熏習而來。香氣和麻共生共滅，沒有麻就沒有香氣，香氣消了，麻的香也沒有了。種子由雜染不淨法而受熏，乃生六識和現行，現行再熏種子而生新種子，種子熏現行，現行熏種子，玄奘解釋說「謂卽依彼雜染諸法，俱生俱滅，阿賴耶識有能生彼諸法因性，是名熏習。」（攝大乘論釋卷二）眞諦釋說：「此謂能受熏習法，彼謂能熏習法，共謂一時一處，同生同滅。若法有生滅，則有能熏所熏。若異此，則不然。能熏者，相續短，所熏者，相續長，故能熏已謝，所熏恒在，後變爲彼生因。變，卽當彼如彼生功能，此亦復爾，此卽所顯之義。義卽名所目，名卽義所成。」（眞諦。攝大乘義釋卷第二）

世間一切法由阿賴耶識而成，凡夫不明此中道理，說其他種種緣因。

「若人於阿黎耶識迷第一緣生，或執自性是生死因，或執宿作，或執自在變化，或執八自在我，或執無因，若迷第二緣生，執我作者受者，……由不了阿黎耶識體相及因果相，如彼生盲，不識象體相，作種種異說。若略說阿黎耶識體相是果報識，是一切種子，由此識攝，一切三界身，一切六道，四生，皆盡。」（眞諦譯。攝大乘論卷上，相品第二）

阿賴耶識的種子爲果報，由有漏業而熏習新種子，由種子而熏習不淨現行，然後有相應的煩惱。這種主張，也是唯識論的主張。

但是對於出世淨心，攝大乘論主張不能由種子熏習。

「世間心與正思惟相應，出世淨心與正見相應，無時得共生共滅。是故此世心非關淨心所熏，旣無熏習，不應得成出世種子。是故若離一切種子果報識，出世淨心亦不得成。」（眞諦譯　攝大乘論相品第二）

世間心不能受淨心所熏，旣沒有熏習，便不能生出世種子。若沒有出世種子，出世淨心也不能有。

「因此，出世心昔來未曾生習，是故定無熏習；此出世心從何因生？汝今應答最清淨法界所流正聞熏習爲種子故，出世心得生。」（同上）

出世淨心怎樣生成呢？是由最淸淨界所流的正慧，熏習成正慧的種子。這種最淸淨界是什麼呢？

「此聞慧熏習爲與阿黎耶識同性爲不同性？若是阿黎耶識性，云何能成此識對治種子；若不同性，此聞慧種子以何法爲依止？……應知此法，屬法身攝。若聲聞獨覺所得，屬解脫身攝，此聞熏習非阿黎耶識，屬法身及解脫身攝。」（同上）

最淸淨界的聞慧熏習不是阿黎（賴）耶識，屬法身所攝，爲法身所流。攝大乘論在第八識阿賴耶識以外，主張有『正聞熏習』，或『聞慧熏習』，這種識應稱爲第九識。

『阿黎耶識與染污一時更互爲因。』這是一個原則，眞諦解釋說：「阿黎耶識，或爲一切法因，或爲一切法果。一切法於阿黎耶識亦爾。」（攝大乘論釋卷第二）阿賴耶識旣和染污法互爲因果，便不能與出世淨法互爲因果。

玄奘所譯攝大乘論釋卻稍有不同，他認爲正聞熏習的種子，雖由最淸淨界流出，但仍在阿賴耶識中。

「言最清淨，由佛世尊所證法界，永斷煩惱所知障故。從最清淨法界所流經等教法，名最清淨法界，等流無倒聽聞，如是經等故名正聞，由此正聞所起熏習，名爲熏習，或復正聞，卽是熏習，是故說名正聞熏習，卽此熏習，相續住在阿賴耶識，爲能起出世間心，是故說言從最清淨法界所流正聞熏習種子所生。」（玄奘譯。攝大乘論釋卷第三）

攝大乘論講四種清淨法：

「云何應知眞實性，由說四種清淨法。應知此性四種清淨法者：一、此法本來自性清淨，謂如如空，實際無相，眞實法界。二、無垢清淨，謂此法出離一切客塵障垢。三、至得道清淨，謂一切助道法及諸波羅蜜等。四、道生境界清淨，謂正說大乘法」。（眞諦譯。攝大乘論卷中，應知勝相第二之二）

眞實性爲最清淨的實在性；此實在性，可由四方面去看：從本性方面去看，是如如空，是眞實性；從特點方面去看，是脫離一切塵垢，卽和世間一切諸物相脫離；從修養方面看，是由各種修養方法而修得；從宣揚方面去看，是由大乘的正法作宣揚。

這個無垢清淨的眞實，隱在人的心田，如同金子隱在土中，有地、有土、有金。

「譬以金藏土爲譬。譬如金藏土中，見有三法：一地界，二金，三土。於地界中，土非有而顯現，金實有不顯現。此土，若以火燒煉，土則不現，金相自現。此地界，土顯現時，由虛妄相顯現，金顯現時，由眞實相顯現。是故地界有二分。如此，本識未爲無分別智火所燒煉時，此識由虛妄分別性顯現，不由眞實性顯現。若爲無分別智火所燒煉時，此識由成就眞實性顯現，不由虛妄分別性顯現。」(同上)

攝大乘論講三性相：依他性相、分別性相、眞實性相。依他性相，乃是依種子而生，凡是識都依種子，分別性在於分別眞實性的顯現，眞實性可以有三種顯現：染污的顯現、清淨的顯現、染污清淨的顯現。在分別性的顯現時是染污顯現，在眞實性的顯現時是清淨顯現，在依他性顯現是可以是染污可以是清淨的顯現。

「佛世尊說法有三種：一染污分，二清淨分，三染污清淨分。依何義說此三分於依他性中？分別性爲染污分，眞實性爲清淨分，依他性爲染污清淨分。」(同上)

因此，金藏在土中時，可以由這三分去看，由分別性去看，看到土；由無分別智去看時，看到金。分別來自意識，來自心。依他性來自種子。第八識藏識由種子和意識而成。清淨眞實便不能由第八識所顯，而要不由意識和種子而顯現，即是眞實性的顯現，就是自性法身的顯現。這種顯現稱爲第九識。圓測解深密經疏卷三說：

「眞諦三藏，依決定藏識立九識義，如九識品說。言九識者：眼等六識，大同唯識論第七阿陀那，此云執持，執持爲人爲我所……第八阿黎耶，……第九阿摩羅識，此云無垢識，眞如爲體。……」

「如依此義，說無常無二，如此說苦樂無二，善惡無二，空不空無二，有我無我無二，靜不靜無二，有性無性無二，有生無生無二，有滅無滅無二，本來寂靜不寂靜無二，本來涅槃非涅槃無二，生死涅槃無二」（同上）

這樣，斷絕一切的分別，一切平等，唯有絕對眞實。攝大乘論雖不明白地提出中論，這也就是中論。吉藏中論疏卷七說：「舊地論師以七識爲虛妄，八識爲眞實，攝大乘師以八識爲妄，九識爲眞實。」

（乙）究竟圓滿

一切凡夫偏執識所現，不知所執乃屬虛妄，故須修行以入唯識，知道一切都因識而存在，更入唯識果，能脫離塵垢煩惱，修成圓滿。

第一步的修行，爲六波羅蜜：施捨、戒、忍、精進、靜慮、般若。此六波羅蜜在修行上，可以造成一種高超的心境。

「云何由六波羅蜜得入唯識？復云何六波羅蜜成入唯識果？此正法內，有諸菩薩不著富樂心，於戒無犯過心，於苦無壞心，於善無懶惰心。於此散亂因中不住着故，常行一心，如理簡擇諸法，得入唯識觀。……加行功用，由信樂正說愛重隨嘗願，得思惟故，恒無休息行故，修習六波羅蜜，究竟圓滿。」（眞諦譯。攝大乘論卷中，入因果勝相第四）

修六波羅蜜，菩薩脫離世間的願欲，一心修習佛法，得清淨信樂境界。然後拾級而登上十地。

「何者爲十？一、歡喜地，二、無垢地，三、明焰地，四、燒然地，五、難勝地，六、現前地，七、遠行地，八、不動地，九、善慧地，十、法雲地。」（眞諦譯。攝大乘論卷下，入因果修差別勝相第五）

這十種地，爲破十種無明，每一地有一積極的義理，以破一種無明的愚昧。

「何者能顯法界十相？於初地由一切遍滿義應知法界，於二地由最勝義，於三地由勝流義，於四地由無攝義，於五地由相續不異義，於六地由無染淨義，於七地由種種法無別義，於八地由不增減義，於九地由定自在依止義，於十地由業自在依止義，由陀羅尼門三摩提門自在依止義。(1)云何初地名歡喜？由始得自他利益功能故。云何二地名無垢？此地遠離犯菩薩戒垢故。云何三地名明焰？由無退三摩提及三摩提依止故，大法光明依止故。云何四地名燒燃？由助菩提法能燒一切障故。云何五地名難勝？其俗二智更互相違，能合難合，令相應故。云何六地名現前？由十二緣智依止故，能令般若波羅蜜現前住故。云何七地名遠行？由至有功用行最後邊故。云何八地名不動？由一切相及作意功用不能動故。云何九地名善慧？由最勝無礙辯智依止故。云何十地名法雲？由緣通境知一切法一切陀羅尼及三摩提門爲藏，故譬如虛空免障故，能圓滿法身故。」(同上)

攝大乘論自己解釋了十地的名義和義理，修行十他法能得四種相，即是四種功效：信樂相、行相、通達相、成就相。心中有信仰佛法的快樂，勇行不息，乃能通達，而成就圓滿。行波羅蜜時，應同時守戒律，再行增上心，有增上慧。增上心使心安定，知道佛法甚深，永斷障礙。

「甚深佛法，云何名爲甚深佛法？此中應釋爲常住法身。是諸佛法以其法身常住故。又斷滅法，是諸佛法以一切障永斷滅故。又生起法，是諸佛法以變化身現生起故。……」（玄奘譯 攝大乘論本，增上心學分第八）

這裏講法身和化身，都屬於眞如，爲清淨性本體。玄奘所譯攝論釋解釋這段經典說：

「法身卽是轉依爲相，離一切障，常住眞如，無變易故。或無垢穢，無有罣礙，無上妙智，如無色界，而非異熟，是無漏故。此亦當住法身所攝，無差別故。」（玄奘譯攝大乘論釋卷第八，增上心學分第八）

增上心使心安定，由定而入慧。慧是無分別智。一切法都是由心的分別而生，無分別智則除去一切分別，只觀絕對的眞如。

「釋曰：心旣在定，能如實知故，等持無間，說增上慧學。……何等名爲

增上慧學？謂無分別智。」（玄奘譯。攝大乘論釋卷第八，增上慧學分第九）

這種無分別智的本性，有五種特點。

「論曰：此中無分別智，離五種相，以爲自性：一離無作意故，二離過有尋有伺地故，三離想受滅寂靜故，四離色自性故，五離於眞義異計度故。離此五相應知，是名無分別智。」（玄奘譯　攝大乘論本卷下，增上慧學分第九）

世親解釋論中所說五離相，若單獨舉出來，只有第五離相可以代表無分別智，其他四種離相，則不僅僅是無分別智所有，如第一離相，是無作意，一個人睡熟了，沒有作意，也沒有分別，但這不能稱爲無分別智。如第二離相，凡是有靜慮的人，無論聲聞，都能離過有尋有伺地，但不是無分別智。如第三離相，無想，可以使煩惱斷滅，然無想則無心，無心則智不成。只有第五離相，才是眞正無分別智然而上面四種離相，都是無分別智的特點，和第五離相連在一起，就眞正代表無分別智。

無分別智和般若波羅蜜同是一種智，沒有分別。修到般若波羅蜜的人，遠離外道，遠離我執。外道人安住在我執裏，以爲有我，以所見爲智慧。修般若波羅蜜的人則不執我爲有。(2)

「般若波羅蜜多與無分別智，無有差別。如說菩薩安住般若波羅蜜多，非

處相應，能將所餘波羅蜜多修習圓滿。」(同上)

修般若波羅蜜多的人，以禪定的方法，斷絕煩惱，度到涅槃，對於一切法都不執着，沒有分別。

「遠離五種處故：一、遠離外道我執處故，二、遠離未見眞如菩薩分別處故，三、遠離生死涅槃二邊處故，四、遠離唯斷煩惱生喜足處故，五、遠離不顧有情利益安樂住無餘依涅槃處故。」(同上)

這五種遠離，表示斷絕一切分別，遮生死和涅槃的分別，都不持着，也不以斷煩惱爲滿足，又不以安住涅槃，不救有情人爲安樂。這種修行使人進入圓滿境界。又從無分別智和聲聞智的差別，更顯出無分別智的圓滿，達到最高峯。

「聲聞等智與菩薩智有何差別？由五種相應知差別。一、由無分別，謂於五蘊等法無分別故。二、由非少分差別，謂於通達眞如，入一切種所知境界，普爲度脫一切有情，非少分故。三、由無住差別，謂無住涅槃爲所住故。四、由畢竟無差別，謂無餘涅槃界中，無所盡故。五、由無上差別，謂於此上，無有餘乘勝過於故。」(同上)

無分別智稱爲菩薩智，不以五蘊所顯爲眞，不加分別。已能通達眞如，進入一切所知境界，不拘於斷絕一些分別，又不住涅槃內，而願超渡一切有情。達到無餘涅槃，得至高智慧，對一切法，畢竟無分別。(3)

(丙) 眞　如

攝大乘論在最後兩章，講果斷分，又名講學果寂滅勝相，講彼果智分，又名講智差別勝相。

斷絕一切煩惱，菩薩無住涅槃，捨離一切雜染法，但不捨離生死，而有寂靜。最後顯現無分別智的勝相，即是佛身。佛身有三身：自性身、受用身、化身。

「彼果智殊勝，云何可見？謂由三種佛身，應知彼果智殊勝。一、由自性身，二、由受用身，三、由變化身。此中自性身者，謂諸如來法身，一切法自在轉所依此故。受用身者，謂依法身種種諸佛衆會所顯清淨佛土大乘法，樂爲所受故。變化身者，亦依法身，從覩史多天宮，現沒受生受欲，踰城出家，往外道所，修諸苦行，證大菩提，轉大法輪，入大涅槃故。」

(玄奘譯　攝大乘論本卷下，彼果智分第十一)

三佛身的意義，頗爲明顯。自性身稱爲法身，爲眞如本性本體。受用身爲眞如在諸佛所顯，爲出纏的如來藏，樂受佛法的益處。化身是眞如在諸菩薩所顯，到凡夫外道內，修苦行，證佛法，以超渡外道凡夫。玄奘所譯以隱者爲佛性，顯者爲如來藏，這兩身合成一法身；化身則分爲二，化菩薩者爲應用身，化小乘者爲化身。

三身原是一實體，由三方面去看，乃有三身。這種實體，乃是眞如。眞如的本性怎樣？可以由法身的相而知法身有五種相：

「諸佛法身以何爲相？應知法身略有五相：一、轉依爲相，謂轉滅一切障雜染分依他起性故。……二、白法所成爲相，謂六波羅蜜多圓滿得十自在故。……三、無二爲相，謂有無無二爲相。……四、常住爲相，謂眞如清淨相故，本願所引故，所應作事無竟期故。五、不可思議爲相，謂眞如清淨自內證故，無有世間喻能喻故，非諸尋思所行處故。」（玄奘譯 攝大乘論本卷下，彼果智分第十一）

這五相，爲眞如境界的五種特性。眞如境界由斷滅一切雜染諸法而來，由六波羅蜜多所修成，對於一切法不分有無，一切平等，乃能常住。本性既絕對自在，又超越一切相對；因此，沒有語言可以講解，不可想，不可說。

爲達到眞如境界，應該從識方面修行，由識而後到行的修行。把外道凡夫所有妄識，轉入無分別智。

「應知法身由幾佛法之所攝持？略由六種：一、由清淨，謂轉阿賴耶識得法身故。二、由異熟，謂轉色根得異熟智。三、由安住，謂轉欲行等住，得無量智住故。四、由自在，謂轉種種業自在，得一切世界無礙神通智自在故。五、由言說，謂轉一切見聞知言說戲論，得令一切有情心，喜辯說智自在故。六、由拔濟，謂轉拔濟一切災橫過失，得拔濟一切有情一切災橫過失智故。」（同上）

脫離阿賴耶識，脫離色根，脫離貪想，脫離業果，脫離一切名言，誠心一切有情。在這些脫離和轉變中，前四項都是關於認識方面的，脫離業行，則沒有種子；脫離阿賴耶種子，則沒有熏習，就不起現行的業，也沒有新生的種子。若是脫離阿賴耶識，則七識都不能起，色根也滅了，貪欲也沒了。但是使我們注意的，則在於脫離阿賴耶識。無分別智卽是如來智，就是眞如智，不是阿賴耶識，而是所謂第九識。

對於如來的特性，攝大乘論舉出許多方面的特性。其中，對於如來自己認識自己，應有的念，舉出七種：

「一者，諸佛於一切法得自在轉，應修此念。……二者，如來其身常住，應修此念。……三者，如來最勝無罪，應修此念，……四者，如來無有功用，應修此念。……五者，如來受大富樂，應修此念。……六者，如來離諸染污，應修此念。……七者，如來能成大事，應修此念。……」（同上）

這兩種認識，是修行者應該想念法身的特點，又是法身對於自己的認識。至於受用身和變化身，則是在世間，便是無常，而且可見，

「受用身非卽自性身。……佛受用身及變化身既是無常，云何經說如來身常？此二所依法身常故。」（同上）

受用身和變化身，都是法身所顯；法身是常，其餘兩身也說爲常。而且受用身和變化身繼續顯現，「如常受樂，如常施食，如來身常應知亦爾。」（同上）

法身眞如則是眞如本性，一切圓滿。

「如是顯示清淨佛土，顯色圓滿，形色圓滿，分量圓滿，方所圓滿，因圓滿，果圓滿，立圓滿，轉翼圓滿，眷屬圓滿，任持圓滿，事業圓滿，攝益圓滿，無畏圓滿，住處圓滿，路圓滿，乘圓滿，門圓滿，依持圓滿。」(同上)

一切圓滿的眞如，爲絕對實有者，無始，無量，絕對平等。攝大乘論最後說：

「諸佛法身，無始時來，無別無量，不應爲得更作功用。」(同上)

法身唯一，諸佛共一法身。法身顯示給諸佛，法身自性顯示；然而顯示諸佛的身，乃是受用身或變化身。法身的本體爲眞如，唯一不變，不可見，不可聞，不可言說。

法身顯示於萬物，則由阿賴耶識而顯。阿賴耶識因所依的種子，而成妄識。萬物所顯的眞如相，乃是妄相，不是有，而是空。但因爲眞如所顯，相雖是空，是虛妄，本體眞如則是眞。

註

(1) 陀羅尼，意思是能持，集種種善法，能把持不散不失。或翻譯爲總持，或遮持。三摩提，意思是方便隨緣止。智論云：一切禪定攝心，皆名三摩提。

(2) 般若波羅蜜。般若的意義爲智慧，了通一切法。波羅蜜（多），爲度，度到彼岸，即是由生死此岸，渡到涅槃彼岸。

(3) 涅槃，爲寂，常恆清涼。分有餘和無餘。若三界煩惱盡，證有餘涅槃。焚身去智，入無涅槃。言少分者，是修四諦，向涅槃界。

(四) 大乘起信論——真如緣起

大乘起信論是一冊不長的佛典，篇章不多；但是在中國的佛教思想裏則是一冊重要的經典。現代研究中國佛教思想的人都注意它。因着注意它，便引起了不少的考據問題。現存的中文譯本有兩種：一種是陳眞諦所譯，不分卷章；一種唐實叉難陀所譯，分上下兩卷。兩譯本都標明原本是馬鳴所著。隋唐和明朝都有僧人作註疏，最重要的有唐法藏所作起信論義記七卷，起信論別記一卷，起信論疏註四卷，宋子璿錄起信論筆削記二十卷，明德清纂略法藏的註疏爲起信論疏略二卷。

從考據方面，第一個問題是作者究竟是不是馬鳴。第二個問題，眞諦是不是譯者。關於這兩個問題，學者的意見很多，梁啟超、章太炎、歐陽竟無都曾參加辯論，日本學者望月、松本、村上也都發表著作。及到現在，這些問題都不能有確實的答案。(1) 我對於考據，沒有多加研究，只假定此書是馬鳴的著作。

這部經典的內容，在作者心中是爲發起大乘的佛法：

「論曰：為欲發起大乘淨信，斷諸衆生疑暗邪執，令佛種子相續不斷，故造此論。」（實叉譯。大乘起信論卷上）

論中所講的重要點：有『一心二門』，即眞如門，心生滅門；有『三大』，即體大、相大、用大；有『眞如』，『阿賴耶識』，『熏習』等問題。

本論的重要主張，爲眞如緣起說，以眞如爲萬法的實相，以生滅說明萬法的緣起。

眞諦譯本有智愷作的序文。序文說：「夫起信論者，乃是至極大乘，甚深秘典，開示如理緣起之義。其旨淵弘，寂而無相；其用廣大，寬廓無邊。……如於如來滅後六百餘年，諸道亂興，魔邪競扇，於佛正法，毀謗不停。時有一高德沙門，名曰馬鳴，深契大乘，窮盡法性。……遂囑英賢：慧顯、智韶、智愷、曇振、慧旻，與假黃鉞大將軍太保蕭公勃，以大梁承聖三年，歲次癸酉，九月十日，於衡州始興郡建興寺，敬請法師敷演大乘，闡揚秘典，示導迷徒。遂翻譯斯論一卷，以明論旨玄文二十卷，大品玄文四卷，十二因緣經兩卷，九識義章兩卷。傳語人天竺國月支首那等，執筆人智愷等，首尾二年，方訖。……」梁啟超認爲這篇序是僞作，乃是臆測，沒有證據。

(1) 衆生心

「摩訶衍者，總說有二種。云何爲二？一者法，二者義。所言法者，謂衆生心，是心則攝一切世間法出世間法。依於此心，顯示摩訶衍義。何以故？是心眞如相，卽示摩訶衍體故；是心生滅因緣相，能示摩訶衍自體相用故

所言義者，則有三種。云何爲三？一者，體大，謂一切法眞如平等，不增減故。二者，相大，謂如來藏具足無量性功德故。三者，用大，能生一切世間出世間善因果故，一切諸佛，本所乘故，一切菩薩皆乘此法，到如來地故。」（眞諦譯 大乘起信論）

(甲) 心

在全書開端的這一段文章裏，指明了全書的內容，在於心，在於研究心的二相，和法身眞如的體、相、用。

我們現在先就研究起信論的『心』。

心稱爲衆心，乃是一切衆生的心。心是唯一，在衆生裏沒有分別。就好比說，朱熹以人性唯一，不分善惡，稱爲天地的性。衆生的心是一，本性相同。

衆生唯一的心，本性清淨，稱爲眞如，乃一絕對平等，不增不減，不生不滅的實體。這種心，不是意識的心，意識的心是一種認識的官能，常起變動，不能常住。也不是第七識的執着，執着爲心的一種虛妄判斷，也爲心的一種心理狀態。這種心又不是阿賴耶識，阿賴耶識不清淨，產生有漏的妄識。

衆生的心爲衆生的眞實本體，也是萬法的眞實本體，可以有動作，由動作乃有顯現，動作稱爲熏習。熏習有兩種：一種是眞如熏無明，則現眞如本體；一種是無明熏眞如，則現雜染諸法。

衆生本體清淨的心，但常被無明所蔽，這種心就成爲妄心。譬如朱熹所說一個人所得的氣是濁，則他的性便因多私慾而是性惡。一個人所得氣是淸，則人心清明見底而見到人性本來之善，他的性便是善。若是衆生之心，脫除無明，本來清淨之心便顯出本體。

儒家理學家沒有以人心爲人的本體，而以人性爲本體。但是以性、心、天命，所指的對象相同，只是看法不同。心，是從性之動方面去看。儒家以心爲精神，以心的動神妙莫測。起信論以心爲本體，本體的動就是識。識在起信論看來，常是不淨的。因爲識由八識所成，八識的根本爲阿賴耶識，阿賴耶識則是不淨。除非人加修行，達到實智，實智乃是心的本體眞如的自性顯現。

（乙）三種心

普通一般人的心，常被無明所掩蔽，爲能除去無明，起信論講三種心：一是信成就發心，二是解行發心，三是證發心。這三種心，第一種信成就發心爲信心，信佛法，勉修行；然因無量世來有漏種子積聚很多，所以在修行上，時進時退，信心不定，但若能發三種信心，則能生諸善根本，得菩薩善力所護，「業障清淨，善根不退，以眞如轉一切障，具一切功德，故隨順眞如，修行善業。」（實叉難陀譯 大乘起信論卷下）所謂三種信心：一、發正直心，如理正念眞如法故；二、發深樂心，集一切諸善行故；三、發大慈悲心，願拔一切眾生。

解行發心，既在信心有成就，乃轉勝入行。「此嘆勝也。前位信滿入解，今此，行滿入向，更深發心故。解卽十住，行卽十行。住行爲能發，十向爲所發，謂依此解行發廻向心故。」（大乘起信論疏略卷下。法藏著明德清纂略）十住卽是十地，得般若智而生功德，稱爲住地。十行，爲菩薩利他之行。(2)

證發心者，起信論說：

「證發心者，從淨心地乃至菩薩究竟地，證何境界。所謂眞如，以依轉識說爲境界。而此證者，無有境界，唯眞如智，名爲法身。」（實叉難陀譯大乘起信論）

一切境界，都是現實，必依轉識而現，若得眞如智，則不能有境界。修行從一地進至十地，但沒有到達正智時，常似有境界，常依識而轉現。

（丙）修行

在修行中，最重要者使心能住，能住則定，不妄生境界，不心馳於外。

「若修止者，住於靜處，端坐，正意，不依氣息，不依形色，不依於空，不依地水火風，乃至不依見聞覺知，一切諸想，隨念皆除，亦遣除想。以一切法本來無想，念念不生，念念不滅。亦不得隨心外念境界，後以心除心。心若馳散，卽當攝來，住於正念。是正念者，當知唯心無外境界。卽復自心，亦復自相念念不可得。若從坐起去來進止，有所施作，於一切時，念念方便，隨順觀察，久習淳熟，其心得住。以心住故，漸漸猛利隨順，得入眞如三昧。」（眞諦譯。大乘起信論）

這種靜坐，有如禪坐，摒除一切想念，只觀內心，不觀外面境界。『心外無境界』，即是『心外無現實』，有似王陽明的『心外無理』。王陽明講善惡之理，都在自心，故反觀自心。起信論所講心住，以心絕無所依，沒有理論和證據可想。心若馳散，就要收回來。但也要看清自心也是無相，卽使在行動施捨時，要把心放在行動以外，不想所作的事。這樣習練久了，心乃得住，得入眞如三昧。

「眞如三昧者，不住見相，不住得相，乃至出定亦無懈慢。若諸凡夫，不習此三昧法，得入如來種性，無有是處。」（同上）

『三昧』有外道三昧，乃是我見、我愛、我慢。諸禪也有世間三昧，卽四禪，四空定，及不淨安般等。眞如三昧則爲忘心而不住見相，忘意而不住得相，出定後仍努力不懈。起信論之心，爲一明鏡，能顯現眞如法身。這種顯現名眞如智。『唯眞如智，名爲法身。』

宋朝楊時、羅從彥、李侗，以心的本體爲『中』，『中』卽本然純淨之心；以人的收心靜坐，在能體認心的本體；心的本體，則是喜怒哀樂未發時之『中』。因此，靜坐等於息止一切情感之動。這種靜坐有些相似起信論所講『坐於靜處』。朱熹爲李侗的門生，不贊成李侗的靜坐工夫，以『中』爲動時的心理狀態，動而中節謂之中和，不動則不能有中和。

起信論之心，按起信論疏筆削記說：

「彼曰法界，此曰一心，謂此一心，是法之性，故曰法界。……萬有不出一心，是故一切全爲心性，心性無外，攝無不周也。……然諸教中，皆說諸法一心，而淺深有異。今約五教，約爲辨之。一、愚法聲聞教，假說一心，謂世出世間染淨等法，皆由心造業之所感，推徵則一心之義不成。故云假說。二、大乘權教，明異熟賴耶，以爲一心三界，萬法唯識變故。三、終教，說如來藏，以爲一心識境諸法，皆如夢故。四、頓教泯絕染淨，以說一心，顯體離言，絕諸相故，爲破諸數假名一也。五、圓教，總該萬有，以爲一心，事理本末，無別異故。如上所說，前二教淺，後三教深。於三教中，義有深淺，體唯眞性。今之所辨者，卽第五也」。（子瑢錄。起信論疏筆削記卷第五）

（丁）心卽眞如

起信論所論的心，屬於佛教五教中的圓教，沒有體相，沒有生滅，超越空有。這種心，乃是眞如法性本體。但是起信論所用的方式，則不屬於圓教，因爲除眞如門外，講生滅門；

生滅門則包括世間法和出世間法，爲眞如的相和用。起信論疏筆削記又說：「通教但說諸法皆空，別教則說一切法相，終教講如來藏、隨緣而起染淨諸法，頓數唯辨眞性，圓教明性相俱融。」（同上，卷第五）因此「此論中，說如來藏緣起，是終敎，說眞如門，是頓敎。又眞如門時理法界，生滅門是事法界，二門不二，理事無礙，法界一心，是一眞法界，此卽圓敎。」（同上）

起信論講論『心』，從兩方面去講。在印度佛敎裏，龍樹從實體方面說萬法皆空，無著從緣起方面說萬法唯識。三論，中論則調協有和空，般若涅槃講如來藏以解釋識變緣起。起信論講論『心』，從實體方面，講眞如門，從緣起方面，講生滅門。

般若主張眾生皆有佛性，佛性爲心的本體。由佛性而講如來藏，如來藏也是心的本體，是佛性，只是由染法所汚的方面講。由如來藏而講眞如，則直指心的本體，淸淨不染，不生不滅。

⑵ 眞 如

「顯示正義者，依一心法有二種門。云何爲二，一者心眞如門，二者心生滅門。……

心眞如者，卽是一法界，大總相法門體。所謂心性不生不滅，一切諸法唯依妄念而有差別。若離心念則無一切境界之相。是故一切法，從本已來，離言說相，離名字相，離心緣相，畢竟平等，無有變異，不可破壞。唯是一心，故名眞如。……

此眞如體無有可遣，以一切法悉皆眞故，亦無可立，以一切法皆同如故。當知一切法不可說不可念，故名眞如。」（眞諦譯。大乘起信論）

（甲）兩種存在

起信論以心有兩種存在，一種存在是本體的眞實存在，不可言說，稱爲眞如。一種爲現象的存在，現象是假，是空，由無明業所造，或由識所造，稱爲生滅門。這兩種存在，不相離異，沒有眞如本體便沒有現象生滅，「若離心念，則無一切境界之相。」因此起信論講心的二門。

心的本體爲眞如。

眞如爲一絕對體，沒有相，相是形狀，是觀念。沒有相，卽是無形無狀。老子以道是無形狀，因爲是空虛渺茫；而且也不可形，不可狀，因爲是混沌不清。眞如無形無狀，乃是因爲超出形相上。形相爲有限的表相，就是有限的現狀。但是並不按照士林哲學說，以至高實體爲絕對精神體，無形相，因爲形相爲物質現象；佛教不分精神物質，並且不願意分別，一分別，就落於有限的相對，而不是絕對平等了。眞如無形相，是因爲形相爲業和識所造，乃是虛假。

眞如本體離相離言，不可言說；但是從人一方面去看，總須加以解釋，使人能明瞭眞如究竟是什麼，起信論乃說眞如有兩種義：

「此眞如者，依言說分別，有二種義。云何爲二？一者如實空，以能究竟顯實故。二者如實不空，以有自體，具足無漏性功德故。」（眞諦譯 大乘起信論）

（乙）空

眞如藉『空』來解釋，空字有什麼意思呢？

「所言空者，從昔已來，一切染法不相應故。」（同上）

『空』是和世間一切現象不發生關係。世間一切現象爲染法，爲不淨法；因爲由無明所引起，又結一切煩惱果，使眞如不能顯現。眞如本體超越一切世間法，不受世間法的影響，也和一切世間法不發生關係。雖說一切世間法的生滅，都以眞如爲根基，然而這種關係，不是眞如本體所發生的，而是由外在的無明所造。眞如本體是實空，「從昔已來，一切染法不從相應。」

所謂實空，即是本身是實，沒有一切世間的現象。

「當知眞如自性，非有相，非無相，非非有相，非非無相，非有無俱相；非一相，非異相，非非一相，非非異相，非一異俱相。乃至總說，依一切衆生以有妄心，念念分別，皆不相應，故說爲空。」（同上）

這種說法，和道家莊子、列子、淮南子描寫『道』的說法，有些相似。例如莊子「齊物論」講『道』：「有始也者，有未始有始也者；有未始有夫未始有始也者，有有者，有無也者，有未始有無也者，有未始有夫未始有無也者。」淮南子「俶眞訓」講『道』：「有始者，有未始有有始者，有未始有夫未始有有始者，有有者，有無者，有未始有有無者，有未始有夫未始有有無者。」但是莊子和淮南子的講法，是一步一步向上推，用否定去否定，每一級是代表一種實體，道是最高的實體，爲『未始有夫未始有有無者。』起信論的講法，則都用否定，否定再否定，然所有層次不代表不同的實體，而是一步進一步地解釋唯一的眞如。眞如超越一切的相，跟一切相沒有關係，所以不能說是有，也不能說是無。凡是人所能想到的，都不能用之於眞如，眞如爲絕對的平等，沒有相對的差別。

（丙）一法界

所謂『實不空』，因眞如有自體，而且具有一切無漏的功德，自體是實有，是存在，而且是絕對的實有存在。空是妄念，是虛假，是染污，似乎是有，實則爲空。眞如則離一切妄念，當然不是空。

「若離妄心，實無可空。言不空者，已顯法體空無妄故，即是眞心常恒不變，淨法滿足，故名不空。」（同上）

眞如，爲一法界。眞諦疏解說：「即無二眞如。爲一法界，此非算數之一，謂如理虛融平等不二，故稱一。又對下依言有二義，故今約體，但云一也。依生聖法，故云法界，中邊論云，法界者，聖法因義故也。」眞如從本體上說，祇有一種意義，一種解釋，祇能成一法界。

眞如又稱眞心，因爲眞如所指的是心的本體，所以稱爲眞心。然又有其他解釋，「心若在初門，但名眞實，眞如若在後門，但名本覺。應知眞心是總，眞如是別。」（子璿。起信論疏筆削記卷第二）心分眞如門和生滅門，眞如和生滅互相分別，眞心則是總，眞如乃是別。但因眞如代表心的本體，和眞心沒有分別。起信論稱眞心是『應分別心』。

「問：太虛空界，亦空寂，亦曠大，與心何異？答：太虛則以無爲體，故云空；一向凝然，故云寂；闕其德用，曠義不成，爲心所包，大義無準，豈同眞心，彌滿清淨，不容他德。」（子璿。起信論疏筆削記卷第二）眞心既是寥廓空寂，是不是和道家所講的太虛相同？太虛『以無爲體』，完全從消極方面去看，眞心則由絕對積極方面去看，『彌滿清淨』，兩者不相同。

（丁）特性

眞如的自體相爲：

「從本已來，自性滿足一切功德。所謂自體，有大智慧光明義故，徧照法界義故，眞實識知義故，自性清淨心義故，常樂我淨義故，清涼不變，自在義故。……名爲如來藏，亦名如來法身。」（眞諦譯。大乘起信論）

第一，從本已來：眞如爲唯一，沒有開始也沒有終結。無始無終，也就是唯一：

第二，自性滿足一切功德：功德代表善德，代表完善，但不指由修行而有的功德。眞如沒有修行，而是自性滿足一切功德。

第三，有大智慧光明，遍照法界：眞諦註釋說：「以義目之，名智慧，以相取之，名光明。」這是從人方面說，智慧是德，光明是相。眞如本體無所謂智慧光明。

第四，眞實識知：眞如沒有妄知，沒有分別識，而有智慧的眞實識知，確知自體。

第五，自性清淨：眞如脫離一切染汚不淨，沒有無明妄想，沒有染汚煩惱。

第六，常樂我淨：眞如「性德圓備，窮三際而無改，曰常。在衆苦而不干，曰樂。處六道而莫拘，曰我。惡九相而非染，曰淨。」（眞諦。大乘起信論疏）

第七，清涼不變：「無惑之熱惱故，曰清涼，此顯般若德也。無報之生滅故，曰不變。此法身也。」（同上）

上面所舉七種特性，爲眞如自體相。在起信論裏前後多次重覆講述這些特性，但不能用爲描述一空虛的實體。眞如爲超越一切相對性的實有，然絕對無爲，不能視爲神靈，也不能視爲造物主。雖爲世間一切衆生的本體，「謂如實知一切衆生及與已身眞如平等無別異故。」（眞諦譯，大乘起信論）但也不是泛神論的神，又不是黑格爾的絕對精神。在起信論開端時，便說：

「從本已來，離念說相，離名字相，離心緣相，畢竟平等，無有變異，不可破壞，唯是一心，故名眞如」（眞諦譯。大乘起信論）

(戊) 生 滅

眞如爲一絕對體，離相離言，和世間萬法（事物）沒有關係；但是一切世間法卻以眞如爲根基，這就是眞如緣起。

心有兩門，一是眞如門，一是生滅門。眞如門爲本體，生滅門爲現象。生滅現象不是眞如本體所生，不是和本體相關連；而是一種外在的因原，假藉眞如而引起。外在因原，卽是無明。無明掩蔽眞如，引起世間一切法。

(A) 無 明

無明爲心識之相

「一切心識之相，皆是無明。無明之相，不離覺性。非可壞，非不可壞，如大海水，因水波動，水相風相，不相捨離。而水非動性，若風止滅，動相則滅，濕性不壞故。如是衆生，自性清淨心，因無明風動，心與無明，俱無形相，不相捨離。而心非動性，若無明滅，相續則滅，智性不壞。」

（眞諦譯 大乘起信論）

無明屬於覺性，覺性不是指感覺，而是指可知性，心本來清淨，沒有念和相，這就是覺，爲阿賴耶識的特性。起信論說：

「此識（阿賴耶識）有二種義。……，云何爲二？一者覺義，二者不覺義。所言覺義者，謂心體離念。離念相者，等虛空界，無所不遍。法界一相，卽是如來平等法身。依止法身，說名本覺。」（眞諦譯 大乘起信論）

無明看來應是不覺，但起信論說：「不離覺性」，卽是不能在眞如以外另有無明，而是在眞如本性上加蓋了無明，所以無明『不離覺性』。因此，也是「非可壞，非不可壞。」因是不是實有，祇是心不正時所生。以譬喩來說：無明是風，心是水，風吹水，水乃動。若無明滅，心便不動。

無明爲心識之相。心識便該是意識。

「復次，生滅因緣者，謂衆生依心意識轉。此義云何？以依阿賴識，有無明不覺起，能見能現能取境界，分別相續，說名爲意。」（實叉難陀譯 大乘起信論卷上）

心識能分別，則爲意識，意識依阿賴耶識而起，分別各種識的相，卽是對象。對象本來沒有，乃是虛空，但意識卻以相爲實有，加以了別，而第七識乃要執着，信以爲實，這就是無明。

無明的因緣爲阿賴耶識所起意識，大乘起信論說：

「此意復有五種異名。一、名業識，謂無明力不覺心動。二、名轉識，謂依動心，能見境相。三、名現識，謂現一切諸境界相，猶如明鏡現象色像。現識亦爾，如其五境對至卽現，無有前後，不由功力。四、名智識，謂分別染淨諸差別法。五、名相續識，謂恒作意，相應不斷，任持過去善惡等業，……故三界一切，皆以心爲自性，離心則無六塵境界。何以故？一切諸法，以心爲立。從妄念起，凡所分別，皆分別自心。不見心，無相可得。是故當知一切世間境界之相，皆依衆生無明妄念，而得建立。」（實叉難陀譯。大乘起信論卷上）

起信論說得很明白，心識爲意識，因把持前世之業，心乃見而又了別五識的境相（對象）。五識的境界，當前立現，感覺的知和感覺的相同時現起，心又同時予以了別。意識的相，常和心相應，成爲業報，業報又起無明，無明妄念又起心之相。因此，人的認識不是認識外界的實體，而是見自己的心相。『凡所分別，皆分別自心。』意識所了別的識相，不是外物的相，而是自心妄念所起之相。若能不見自心之相，就沒有萬物之相。『不見心，無相可得。』這就是徹底的唯心論，不僅是在認識界，人所認識的，是自己的心相。而且外界的事物，也都不存在，祇是自心所妄想而成，故曰「是故當知一切世間境界之相，皆依衆生無明妄念，而得建立。」

(B) 熏習

起信論對於熏習的主張，有種特點：即是主張眞如熏習和無明熏習。

「復次，以四種法熏習義故，染淨法起，無有斷絕。一，淨法，謂眞如。二，染因，謂無明。三，妄心，謂業識。四，妄境，謂六塵。」（實叉難陀譯。大乘起信論卷上）

四種熏習，第一種爲生滅門的眞如，不是眞如本體，而是眞如的用，乃是淨法。眞如本體清淨，在用時，能轉染爲淨。其餘三種，皆是染法，旣能染染相續，又能熏習眞如，使有生滅。

這兩種熏習，解釋一切染淨法的緣起。

「眞如淨法，實無於染，但以無明而熏習故，則有染相。無明染法，實無淨業，但以眞如而熏習故，則有淨用。」（眞諦譯　大乘起信論）

一切眾生的心本來清淨，爲何眾生卻是愚昧無明，妄執本來虛空的物相爲實，而使心成了染心呢？那是因爲如來藏爲惡習所熏。如來藏卽是眞如藏在眾生染心中。眞如成爲如來藏，是因被惡業所熏。

「是心從本已來，自性清淨，而有無明，爲無明所染，有其染心。雖有染心，而常恒不變。」（同上）

所謂常恒不變，是指心的本體，卽自性清淨之心。染心妄心則有生滅之變。這有點像朱熹論人性，人性本善，何以有惡人？惡人之性是惡，惡性由何而來？朱熹說由於氣濁，理在濁氣中，性乃成惡性。眞如本來清淨，遭無明所熏，乃有妄心。

若是人心本來清淨，何以能爲無明所熏呢？佛教各宗派都以無明爲惡業之報，在無始之始，人生萬刼開端時，因爲人不是無始的，有開始的一生，然後有萬世的輪廻。在一個人生命最初開始時，祇應有本來清淨之心，這個心怎樣墮於無明呢？

「以不達一法界，故心不相應，忽然念起，名爲無明。」（眞諦譯。大乘起信論）

大乘起信論疏略詳解這一段論文說「此顯上無明緣起之由也。此根本無明，最極微細，未有能所王數差別，卽心之惑，故云不相應，非同心王心數相應。唯此無明爲染法之緣，是極微細，更無染法能爲此本，故云忽然念起也。如瓔珞本業經云：四住地前更無法起，故名無始無明住地。是則明其無明之前，無別有法，爲始集之本。故云無始。卽是此論忽然之義也。此約麤細相依之門爲無前，亦言忽然，不約時節以說忽然也。」（德清纂略。大乘起信論疏略卷下）

大乘起信論，以無明的始起，爲忽然而起。所起是什麼，是一念。這個念極微細，爲物質性的法，以後無明因妄念多而加重，乃更粗，所以是「麤細相依」。在無始無明以前，不能有另一法爲根基，「無別有法，爲始集之本。」第一無明之念因何而起？因着心對自己的法界不能通達，乃有惑，遂忽然起念。

第一無明念旣起，於是更相轉續，無明加重加深。無明熏習眞如，人心遂成妄心。妄心卽是意識。「意識者，卽此相續，依諸凡夫取著轉深，計我我所，種種妄執，隨事攀緣，分別六塵，名爲意識，又復說名分別事識。此識依見受煩惱增長義故。」（眞諦譯。大乘起信論）一有妄念，便有偏執，隨卽有煩惱相應。人生痛苦，由是而生。「無明熏有，義有二種。云何爲二？一者，根本熏習，以能成就業識義故；二者，所起見愛熏習，以能成就分別識義故。」（眞諦譯大乘起信論）眞如受無明熏習，乃有妄念，生三細六麤的九相。三細爲業相、能見相、境界相；六麤爲智相、相續相、執取相、計名字相、起業相、業繫苦相，眞如依無明起初念，名爲業識，開始惡業。既已動念，能心起分別識，能見外相，名爲能見相，又名爲轉識。有了了別識，乃有外面境界，卽是外面對象，名，爲境界相。這是三細相都還在主觀以內，既能觀外界的相，遂生妄智，而又執以爲實，從此有受取等業，繼續不斷，產生惡業，引起痛煩惱。這就是眞如緣起的三細六麤說。

(C) 眞如熏習

人既有了無明，活在很深的煩惱痛苦中，有什麼方法可以脫離煩惱，除去無明，重見自己的本來淸淨心？

妄心的生滅有自己的因緣，『因』是『不覺』，『緣』是妄作境界。若能斷因緣，則妄心可滅。

「此二種生滅，依於無明熏習，而有所謂依因依緣。依因者，不覺義故，依緣者，妄作境界義故。若因滅則緣滅，因緣故，不相應心滅；緣滅故，相應心滅。

問曰：『若心滅者，云何相續？若相續者，云何說究竟滅？』

答曰：『所言滅者，唯心相滅，非心體滅。……』

『無明立爾，依心體而動。若心體滅，而衆生斷絕，無所依止，以體不滅，心得相續。唯癡滅，故心相隨滅，非心智滅。』」（眞諦譯 大乘起信論）

心體不滅，心相可滅；心相爲無明，心相滅，無明也滅。無明滅，則有心智，心智爲本覺。

這種方法稱爲眞如熏習，能起淨法。

「云何熏習起淨法不斷？所謂以有眞如法故，能熏習無明。以熏習因緣力故，則令妄心厭生死苦樂，求涅槃，以此妄心有厭求因緣故，卽熏習眞如。」（眞諦譯，大乘起信論）

有如熏習的開始，不是凡夫自己能够開始的；因爲他根本不認識自己的處境，不知道自己是在無明中，須要佛教中得道的智者，以佛法開導，使他能了悟自己所處境地，引起對涅槃的信心，因而尋求滅絕無明，得眞如熏習的效用。

「眞如熏習義有二種。云何爲二？一者自體相熏習，二者用熏習。自體相熏習者，從無始世來，具無漏法，備有不思義業，作境界之性。依此二義，恆常熏習，以有力故，能令衆生厭生死苦樂，求涅槃，自信己身有眞如法，發心修行。」（眞諦譯。大乘起信論）

眞如本體具有能力，能助凡夫滅絕無明。眞如之用，則藉菩薩救人之宏願，以助凡夫。凡夫聽信得道智者的開導，發信心修行，先修各戒所命，再努力精進，實行之度。菩薩的宏願，可以加強修行者的信心和決心。

修行的人，雖有信心決心，不一定就能得到脫離無明；因其所有業種可能很深，必須經過一生兩生甚至多生，若繼續修行，纔能如願以償。所以在凡夫中，有能早得道，有的得道晚，就是因爲各人所有業障不等。

「問曰：若如是義者，一切衆生悉有眞如，等皆熏習，云何有信無信，無量前後差別，皆應一時自知有眞如法，勤修方便，等入涅槃。」（同上）

一切的人都有眞如自體有能力斷滅無明，那麼一切的人都應同時自證眞如，爲什麼有的人相信，有的人不相信，在解脫的一面，有無量的差別？

「答曰：眞如本一，而有無量無邊。無明從本已來，自性差別，厚薄不同，有過恒河沙。等上煩惱依無明起差別，我先愛煩惱，依無明依差別。如是一切煩惱依於無別所起，前後無量差別。」（同上）

眾生雖同有唯一的眞如，但是無明所加給各人的惡業煩惱，則有無量的差別，每人的根基既不相同，則修行的結果也不相同。

其如在眾生心裏，本有熏習的能力，但祇是熏習的因，還需要熏習的緣，因緣具足，纔能修行有效。

「又諸佛法，有因有緣，因緣具足，乃得成辦。如木中火性，是火正因。若無人知，不假方便，能自燒木，無有如是。眾生亦爾，雖有正因熏習之力，若不遇諸佛菩薩善知識等，以之爲緣，能有斷煩惱入涅槃者，則無是處。」（同上）

熏習的正因，是眞如，熏習的外緣，是諸佛菩薩的願力。因緣若不具足：或有外緣，內心淨法力量不够；或有內心熏習力，而沒有諸佛菩薩能趨渡；也不能超向涅槃。

「因緣具足者，所謂自有熏習之力，又爲諸佛菩薩等慈悲願護，故能起厭苦之心，信有涅槃，修習善根，以修善根成熟，則值諸佛菩薩示教利喜，乃能進趨向涅槃道。」(同上)

諸佛菩薩的願力，卽是眞如熏習的第二義，爲『用熏習』。諸佛菩薩的宏願，就是如來的報身，也就是化身。如來法身，和作用沒有關係。諸佛菩薩，已證眞如，有如實知，然未入涅槃，所見者爲如來報身，不是如來法身。見報身而有度衆生之願，乃有如來化身。

若人能具足因緣，修行善根，能由生滅門入眞如門，離一切念相，歸於眞如。在這樣修行時，乃有三種心：信成就心、解行發心、證發心。

所謂信心有四種：「一者，信根本所謂樂念眞如法故；二者，信佛有無量功德，常念親近供養恭敬，發起善根，願求一切智故；三者，信法有大利益，常念修行諸波羅蜜故；四者，信僧能正修行，自利利他，常樂親近諸菩薩衆，求學如實行故。」(眞諦譯　大乘起信論)

有了信念，還要修行，修行是行善，行善有五門：一施門、二戒門、三忍門、四精進門、五止觀門。這五門和六波羅蜜相同，爲修行的門徑。

在止觀裏，觀世間一切法，生滅不停，過去法如夢，現在法如電，未來法如雲，忽爾而起，忽爾而滅，沒有自我。又觀衆生凡夫，因無明熏習，心身苦苦，無邊無限，甚爲可閔。因此，生決定智，起廣大悲，發大勇猛，立大誓願，願使心離諸分，親近一切菩薩，聽聞正法，修行不息，乃能度苦海，入住涅槃第一義樂。

(D) 證證眞如

由生滅門入眞如門，兩門不相離，眞如爲本行，生滅爲妄，若離眞如，「則無一切界之相」，（眞諦譯 大乘起信論）「一切衆生心爲眞如本體，「離言說相，離名字相，離心緣相，畢竟平等，無有變異，不可破壞，唯是一心。」（同上）但因無明熏習，衆生心遂起妄念，阿賴耶識妄生境界，意識妄生了別妄心偏執爲實。心所相應，乃有煩惱，世界諸法也因妄念而起。這就是所謂眞如緣起。若因聽信佛法而認識無明的害，發信起心，依賴菩薩宏力，修行善根，努力不懈，百刼不退，必能脫離妄念，證證眞如。

起信論乃純爲唯心論；唯識論雖也是唯心論，然以一切歸於阿賴耶識；起信論雖也講阿賴耶識，然一切都歸於心。心爲眞如爲眞心。眞如有三大：體大，包攝一切法；相大，在無明包裏之中，成爲如來藏，有量性功德；用大，能生世間出世間一切法。心的眞如本性，清淨無染。祇因無明熏習，心妄念，妄念引起一切世間法。一切世間法就是世界萬物，這些萬物都是心的妄念。

心有妄念時，便是『不觀』，不知道自己的處境，不知道一切法是妄念，也就不知道自性本是清淨，沒有一切名相，更沒有煩惱。

因着佛法，人起信心，努力修行，又供奉菩薩，得他們的助力，人乃起『覺』，離名字，離念相，證證眞如，乃有『本覺』，『本覺』本是眞如自性，從始就有，故名『始覺』，又名『究竟覺』。因此，人由生滅門，進入了眞如門，住涅槃而有常樂我淨。

註

(1) 可參考大乘起信論與楞嚴經考辨。現代佛教學術叢刊(2)。

(2) 十住：發心住、治地住、修行住、生貴住、方便具足住、正心住、不退住、童貞住、法王子住、灌頂住。
十行：歡喜行、饒益行、無瞋恨行、無盡行、離痴亂行、善現行、無着行、尊重行、善法行、眞實行。